舵手证券图书
www.zqbooks.com

知识领航财富人生

舵手俱乐部 www.duoshou108.com

外汇交易大师的工具与策略
最有效的外汇交易技术

（美）约翰·雅阁森　韦德·汉森 著
魏强斌 译

山西出版传媒集团
山西人民出版社

图书在版编目（CIP）数据

外汇交易大师的工具和策略／（美）雅阁森，（美）汉森著；魏强斌译．太原：山西人民出版社，2013.12

ISBN 978-7-203-08326-9

Ⅰ.①外… Ⅱ.①雅… ②汉… ③魏… Ⅲ.①外汇交易 Ⅳ.①F830.92

中国版本图书馆CIP数据核字（2013）第266692号

著作权合同登记号　图字：04-2013-031

John Jagerson, S. Wade Hansen
Profiting With Forex: The Most Effective Tools and Techniques for Trading Currencies
ISBN: 978-0071464659
Copyright © 2006 by McGraw-Hill Education.

All Rights reserved. No part of this publication may be reproduced or transmitted in any form or by any means, electronic or mechanical, including without limitation photocopying, recording, taping, or any database, information or retrieval system, without the prior written permission of the publisher.

This authorized Chinese translation edition is jointly published by McGraw-Hill Education (Asia) and Shanxi People's Publishing House & Beijing Wenyuan Culture Development Co., Ltd. This edition is authorized for sale in the People's Republic of China only, excluding Hong Kong, Macao SAR and Taiwan.

Copyright © 2014 by McGraw-Hill Education (Asia), a division of McGraw-Hill Education (Singapore) Pte. Ltd. and Shanxi People's Publishing House & Beijing Wenyuan Culture Development Co., Ltd.

版权所有。未经出版人事先书面许可，对本出版物的任何部分不得以任何方式或途径复制或传播，包括但不限于复印、录制、录音，或通过任何数据库、信息或可检索的系统。

本授权中文简体字翻译版由麦格劳-希尔（亚洲）教育出版公司和山西人民出版社合作出版，此版本经授权仅限在中华人民共和国境内（不包括香港特别行政区、澳门特别行政区和台湾）销售。

版权©2014由麦格劳-希尔（亚洲）教育出版公司和山西人民出版社所有。

本书封面贴有 McGraw-Hill Education 公司防伪标签，无标签者不得销售。

外汇交易大师的工具和策略

著　　者：（美）雅阁森（美）汉　森
译　　者：魏强斌
责任编辑：徐晓宇
装帧设计：兆天书装

出 版 者：山西出版传媒集团　山西人民出版社
地　　址：太原市建设南路21号
邮　　编：030012
发行营销：0351-4922220　4955996　4956039
　　　　　0351-4922127（传真）4956038（邮购）
E-mail　：sxskcb@163.com　发行部
　　　　　sxskcb@126.com　总编室
网　　址：www.sxskcb.com

经 销 者：山西出版传媒集团　山西人民出版社
承 印 者：北京毅峰迅捷印刷有限公司

开　　本：710mm×1000mm　1/16
印　　张：17
字　　数：294千字
印　　数：1—7000册
版　　次：2014年4月第1版
印　　次：2014年4月第1次印刷
书　　号：ISBN 978-7-203-08326-9
定　　价：48.00元

如有印装质量问题请与本社联系调换

目 录

第1章 外汇盈利之道 1

外汇市场简介 3

外汇市场的优势 3

注意外汇市场"短板" 8

变动中的世界 23

多样化 26

外汇市场让你进退有道 27

变化无常的外汇市场 29

常见问题与解答 30

利用外汇市场获利 34

第2章 基本术语课 37

点 37

货币对 38

合约 41

第 3 章　外汇市场的运行原理 ……………………………… 43
第 4 章　外汇市场的起源及发展 ………………………… 50
　　现代金本位制 …………………………………………… 51
　　历史会重演 ……………………………………………… 56
　　从历史中获利 …………………………………………… 63

第 5 章　基本面分析工具 ………………………………… 64
第 6 章　美国政府 ………………………………………… 67
　　基本面因素 ……………………………………………… 67
　　国家债务 ………………………………………………… 68
　　基本面分析工具：国际资本流动数据 ………………… 75
　　利率 ……………………………………………………… 79
　　基本面分析工具：目标利率 …………………………… 81
　　使用这些工具 …………………………………………… 86

第 7 章　通货膨胀 ………………………………………… 88
　　基本面因素 ……………………………………………… 88
　　抑制通货膨胀 …………………………………………… 91
　　基本面分析工具：消费者物价指数 …………………… 93
　　使用这些工具 …………………………………………… 97

第 8 章　美国股市 ………………………………………… 99
　　基本面因素 ……………………………………………… 99
　　基本面分析工具：通过基金 SPY 分析标准普尔 500 指数 …… 103
　　使用这些工具 …………………………………………… 109

目 录

第9章 中 国 ·· 110
基本面因素 ·· 110
美国对中国的依赖 ·· 113
基本面分析工具：美元/人民币汇率 ·· 116
1997年亚洲金融危机 ·· 118
基本面分析工具：贸易差额 ·· 123
使用这些工具 ·· 126

第10章 石 油 ··· 128
基本面因素 ·· 128
什么是石油 ·· 129
石油巨头的起源 ··· 130
欧佩克 ·· 134
石油与你的投资组合 ·· 136
基本面分析工具：纽约商业期货交易所原油期货 ····························· 139
使用这些工具 ·· 143

第11章 重大新闻 ·· 144
基本面因素 ·· 144
预测正确 ··· 146
预测错误 ··· 149
最后的基本面分析工具：技术面分析 ··· 149
使用这些工具 ·· 151

第12章 供给和需求的跷跷板 ·· 152
跷跷板与单只货币 ·· 152

3

跷跷板与货币对 ………………………………………… 155

利率与英镑/日元 ………………………………………… 157

小结 …………………………………………………………… 161

第13章 技术分析工具 …………………………………… 162

技术指标 ……………………………………………………… 164

技术分析工具：移动平均线 ……………………………… 165

技术分析工具：震荡指标 ………………………………… 167

交易术语 ……………………………………………………… 171

第14章 支撑位、阻力位和菲波纳奇 ……………………… 172

支撑位和阻力位 …………………………………………… 173

菲波纳奇 …………………………………………………… 194

使用这些工具 ……………………………………………… 210

第15章 综合运用各种交易技术 …………………………… 211

交易技术1：套息交易 …………………………………… 212

交易技术2：交易数据发布行情 ………………………… 218

交易技术3：跟随油价走势 ……………………………… 222

交易技术4：跟随黄金价格走势 ………………………… 227

交易技术5：技术指标背离 ……………………………… 232

更多交易技术 ……………………………………………… 236

第16章 资金管理 …………………………………………… 237

资金管理陷阱 ……………………………………………… 238

资金管理规则 ……………………………………………… 243

小结 ·· 247

第17章　准备开始 ·································· 248
　　忠告 ·· 248
　　让专家为你赚钱 ·································· 249
　　我准备好进场了 ·································· 249

结　语 ·· 252

附录　肥尾事件（小概率事件） ·············· 253

导　论

生活中永远都有肥尾事件。

　　　　　　　　——尤金·法玛（Eugene Fama）
　　　　　　　　芝加哥大学金融学教授

"生活中永远都有肥尾事件"是统计学家的一种说法，"你永远不会知道生活将给你带来什么，所以你最好做好万全准备。"① 没有任何时候比你在考虑你未来的财务状况时，更能体会到这句话颇具真理的一面。让我们来做进一步的了解。我们常常会对我们经济生活中发生的一些正面的和负面的事件感到意外。股票市场既有上涨，也有下跌。通货膨胀既会上升，也会下降。低利率让我们获得更大的房屋抵押贷款优惠，而高利率则让我们的定期存款、储蓄账户和货币市场账户②获得更多的回报。我们当然知道这些都是必然的。但是，想要判断这些事情具体在什么时候发生，就会变得非常棘手。无论发生什么，能保护好你的本金和赚取的利润，难道不是特别美好的事情吗？嗯，你可以进入外汇市场试试。不管这个世界发生了什么事情，外汇市场都可以让你赚钱。我们利用外汇市场巨大的盈利潜力来应对这些意外事件。我们可以做到，相信你也可以。

---

① 如果你想知道什么是肥尾事件，可以查看附录。
② 是指具有一定交易优先权的获利储蓄账号，有最低存款额要求。——译者注

外汇交易大师的工具与策略

我们初次接触外汇市场，是在股票市场的网络股泡沫破灭之后。我们希望找到一个把投资组合多样化的方式，这样，不管未来市场状况如何，我们都可以从中获利。我们很乐意说我们是赚快钱，可以一个晚上就把1000美元翻成100万美元，但是这很荒谬。我们不是神仙，在现实生活中是不会这样的。在前进过程中，我们必须接受一些沉痛的教训并亏损大量资金，才能获得成功。我们做到了，你也可以。从进入这个世界最大的金融市场开始到现在，我们已经指导了成千上万人如何在这个市场获得成功，并为美国最大的投资培训公司开发了投资培训课程。现在，我们在为我们的投资者管理外汇市场的资金。一路走来，也悟到了一些投资心得，现在，我们想拿出来和你分享。当然，你也可以自己去摸索，自己去体悟。但是有现成的摆在这里，你为什么不要呢？我们把所有的有用信息都呈现在这里，你可以借此踏上外汇交易之旅，并在未来几年里持续盈利。

在这本书中，我们运用基本的经济学原理、技术分析概念和很多常识来阐释什么是外汇市场以及它的运作原理。我们将从一个非常实际的角度走进外汇市场。我们的重点都放在那些很容易转换成现实合理的投资决定的基础知识和技巧上，而不会絮叨那些"驱动"这个世界转动的很复杂的经济学原理。我们会从实用角度而不是理论角度去分析外汇市场。从理论出发是正确的，因为它们可以为你指出正确的方向，但是它们不会告诉你此刻在市场上应该做什么。你需要一系列实用的工具，以在外汇市场快速作出决定。这本书就提供了这些工具。

与其他任何一个金融市场一样，外汇市场也处于不断的演变和发展中。如果你能紧随它的步伐改变，你就会成功。如果你固执地抱着旧思想和旧观点不放，想要获得成功就会变得很难。如果你把"市场永远都是正确的"这话铭记于心，那么你会做得很出色。

我们之所以与你分享一些可以从中吸取教训的历史故事，并展望未来，是因为一旦你知道是什么力量塑造了我们现在这个金融世界，以及什么力量将继续对这个金融世界产生影响，你就会迈向成功。我们也希望在

导 论

这本书之后继续我们的讨论。如果你已阅读完或者正在阅读这本书，可以向我们提出你的问题。给我们发邮件吧，我们希望知道你的想法。我们的 E-mail 地址是 johnandwade@profitingwithforex.com，或者也可以登陆我们的网站，网址是 www.profitingwithforex.com。来加入我们吧，成为外汇投资优秀团队的一员。

致 谢

本书的写作是一件既有趣又繁重的事情，没有下列这些人的帮助，我们不可能完成。他们分别是：

Anne L. Hansen

Wendi Jagerson

Graham Anderson

Joseph Cervantes

Russ Francis

Stephen Isaacs

Jane Palmieri

John D. Wonnacott

R. Blake Young

感谢他们帮助我们把梦想变成现实，最终将本书呈现在公众面前。

约翰·雅阁森与韦德·汉森

第1章 外汇盈利之道

对于你提出的关于你未来财务状况的每一个问题，都有一个解决方案，就是外汇交易。我们每天都会与一些人交谈，他们都想知道如何在经济状况良好的时候赚钱，在经济状况糟糕的时候也能赚钱。他们想知道在股市上涨时如何从中获利、在股市下跌时如何保护收益；如何利用中国、印度和其他新兴市场空前的经济增长赚钱；如何对抗通货膨胀，以确保他们的养老金可以继续提供一个舒适的生活方式；是否可以采取什么方法来抵消油价上涨带来的影响；当商品价格——从在超市买的橙汁的价格到建造新房所需的木料的价格——开始上涨，如何平衡预算。总体来讲，他们的目的都是想盈利。每当他们问我们这些问题时，我们的答案都是一个词——"外汇"。

当然了，你也可以花些时间去研究股票、共同基金和期权，以从股市上涨和下跌中获利。你也可以钻研外国债券和交易型开放式指数基金，以利用全世界新兴市场的经济增长。此外，你还可以利用利率期货和政府债券，以对抗通货膨胀。最甚的是，你还可以进入商品期货市场，通过投机原油，感受其价格的激烈波动，或者通过参与猪腩期货和大豆期货来对冲两者的价格波动风险。但是，谁有那么多时间去研究这么多交易品种啊？

外汇交易大师的工具与策略

如果你像我们大部分人一样，那么你一定拥有401（k）① 养老金、个人退休账户（IRA）②，或者存储我们大部分存款的其他养老工具。有养老保障是好事。股票市场在很长一段时间都表现得十分出色，它在你的投资组合中应该占有一席之地。但是如果有一种方法让你不需要成为金融天才，就可以解决之前提到的所有问题，那不是很棒吗？嗯，的确有这样的方法。

外汇市场可以让你无论在经济繁荣还是萧条时都能享有收益。当股票价格上涨时，你可以从外汇市场赚钱；当股票价格下跌时，你也可以从外汇市场赚钱；当新兴市场实力上升并开始飞速增长，你可以通过外汇市场获利；不管通货膨胀水平上升还是下降，你都可以通过外汇市场盈利；而当原油和其他商品价格上上下下的时候，你仍然可以通过外汇市场赚钱。进入这个神奇的市场并从中赚钱是如此的容易，你一定会感到惊讶吧？

总之，对于所有的投资者，不管是多么大型的投资者还是多么微小的投资者，都有一个方法来利用全世界的发展变化赚钱，并让未来的财务状况获得保障。每一个人都可以参与进外汇市场，但是目前知道这个万能工具的人太少了。在你读到本书并越来越多地了解外汇市场之后，我们保证你也会问你自己同样的问题，"为什么到现在我才开始利用外汇市场赚钱？"或许你还没听说过外汇市场，或许你听说过但从没有真正了解它。不管什么原因，今天就是你开始外汇交易的日子。你一旦开始，将不再回头。

这本书将为你介绍外汇市场所有的优势，并教你如何利用这些优势。它可以解决你关于未来财务状况的问题。而且最重要的是，它将向你展示如何运用你在自己的投资上学习到的技术。外汇市场已经改变了我们的生

---

① 美国的一种养老金计划。企业雇员可将工资的15%投入该账户，积累至退休后使用。——译者注

② IRA是一种个人自愿投资性退休账户。美国政府建立这个账户的初衷是为当时无法享受401（k）等企业雇主养老金计划的人员提供退休保障。——译者注

活。它改变了我们看待金融市场的方式。过去，我们在这个市场看到的都是阻碍和限制。现在，我们满眼皆是机会和自由。外汇市场是我们股票和债券投资的完美补充。无论这个世界发生什么，它都可以让我们赚钱。外汇交易就是我们提到的这个完美解决方案。

外汇市场简介

外汇市场是目前世界上最大的金融市场。每天有价值近 2 万亿美元的货币在这个市场来回交易。Forex（外汇）的全写为 foreign exchange，是政府、银行、跨国公司、对冲基金和个人投资者兑换外币的金融交易所。

比如，你坐飞机到另一个国家，你下飞机的第一件事就是寻找货币兑换柜台，以把你的美元兑换成你正造访的这个国家的货币，比如英镑、日元或者欧元。你为什么要这样做呢？因为你知道坐出租车、住酒店、购买纪念品无一不需要支付当地的货币，而非美元。

当你把你的美元递给货币兑换柜台的柜员，柜员再换给你一叠花花绿绿的钞票——是这样的，外国钞票总是比美元花哨——你就已经参与了外汇市场。你已把一种货币换作另一种货币。现在，如果你停下来想想全世界所有旅游的人，在多个国家和地区进行的所有商业活动，以及所有国家的政府都在进行着货币的兑换活动，你就开始明白外汇市场的规模到底有多大。

那些频繁出国的人可能已经注意到，机场货币兑换柜台提供的汇率似乎永远都不一样。它们一直都在变化。有时候你可以换到更多的外币，有时候则只能换到较少外币。这是因为汇率处于不断变化中。就是这些变化才让你可以在外汇市场中赚到很多钱。

外汇市场的优势

外汇市场拥有前所未有的优势。你会发现有些市场也有着类似的优

外汇交易大师的工具与策略

势，但是没有一个市场可以与外汇市场的安全性、盈利潜力和低门槛相媲美。来看看你可在外汇市场找到的优势有哪些。

市场规模

外汇市场是这个世界最大的金融市场（见图1.1）。每天成交量接近2万亿。为了让你对这个惊人的数字有个概念，我们要告诉你纽约股票交易所在1998年第三季度创下了1.9万亿的成交量——但这还比不上外汇市场季度成交量的1/60。作为世界最大的金融市场，其优势是显而易见的。因为有这么多买家和卖家在这里，买入卖出货币是非常容易的事情。假如你打算卖掉你的房子，而有成千上万的人手持现金站在你家门口等着买你的房子。要卖掉这个房子是不是很容易呢？

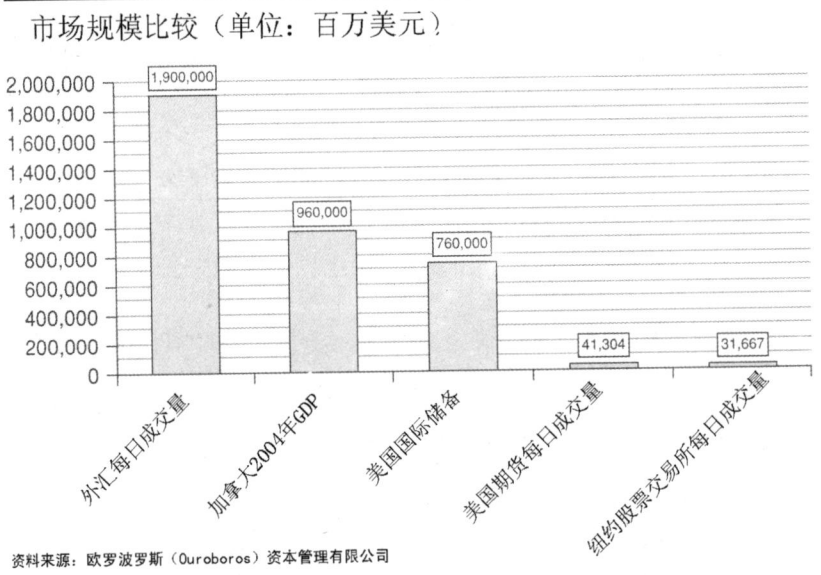

图1.1

市场规模比较（单位：百万美元）

资料来源：欧罗波罗斯（Ouroboros）资本管理有限公司

由外汇市场庞大规模带来的第二个优势就是，投资者无法操纵它。由于这个市场几乎不存在什么操纵，所以你可以相信你在这个市场获得的价

第1章 外汇盈利之道

格是公平的价格。

门槛低

要进入外汇市场进行交易，你不需要多么富有。每个人都应当有能力使得他未来的财务状况得到保障，而外汇市场就将这个愿望变成了可能，因为外汇市场的入市门槛非常低。事实上，你只需要300美元，就可以开一个外汇账户。

盈利潜力

无论美元是升值还是贬值都没有关系，你都可以在外汇市场赚钱。如果你认为美元价值将上升，你只需买入美元，就可以随着美元升值一路赚钱。如果你认为美元价值将下跌，你也只需要卖出美元，也可以随着美元贬值而赚钱。

税收优势

在你投资绝大多数金融市场时，如果你在购买一只证券后一年内将其卖出兑现利润，你就必须支付一笔短期资本收益税金。如果你在兑现利润之前持有该证券超过一年，你就要支付长期资本收益税金。目前，短期资本收益是按照你当前的税率等级进行纳税，而长期资本收益只按15%进行纳税。当然了，纳税越少越好。令投资者高兴的是，在外汇市场，无论你是进场一分钟就兑现利润，还是进场一个月后才兑现利润，对收益都不会产生影响。你收益的60%将按照长期资本收益税率进行纳税，而只有你收益的40%是按照短期资本收益税率进行纳税。这意味着你可以保留更多收益在自己手中。

举个例子，假如你在股票市场持有6个月的头寸赚了1万美元，在外汇市场持有6个月的头寸也赚了1万美元。两笔交易都发生在应纳税账户，所以你的两笔收益都需要纳税。假设你是处于33%的税率等级。

股票市场的纳税规则　由于你在股票市场持仓的时间是一年以内,所以你必须支付短期资本收益税金。如果你是处于33%的税率等级,所以你将用收益的33%进行纳税。也就是说,1万美元的收益,你需要支付3300美元的税金。

$$10000 \text{ 美元} \times 33\% = 3300 \text{ 美元}$$

结果就是你只能将最初1万美元中的6700美元留在手中。唉,纳税从来都不是什么有趣的事情。

外汇市场的税收优势　我们都想要尽可能多地留住我们的收益,而外汇市场就成全了我们。即便你在外汇市场建仓,然后平仓的时间处于半年内——就像你在股票市场上一样,但只有40%的收益是按照短期资本收益税率进行纳税,而剩下的60%都能享受长期资本收益税率。这意味着你一万美元的收益中,4000美元是按33%纳税,剩下的6000美元是按15%纳税——根据当前长期资本收益税率。

部分收益按照短期资本收益税率纳税

$$10000 \text{ 美元} \times 40\% = 4000 \text{ 美元}$$

$$4000 \text{ 美元} \times 33\% = 1320 \text{ 美元}$$

部分收益按照长期资本收益税率纳税

$$10000 \text{ 美元} \times 60\% = 6000 \text{ 美元}$$

$$6000 \text{ 美元} \times 15\% = 900 \text{ 美元}$$

支出税金总额

$$1320 \text{ 美元} + 900 \text{ 美元} = 2220 \text{ 美元}$$

你的股票交易将支付3300美元的税金,相比之下,外汇交易只需要支付2220美元的税金。这就节省了大约35%。省下来的税金可以迅速累积起客观的财富来。

你可以把你的个人退休账户或者其他延迟纳税退休账户投资到外汇市场,这样可以快速累积收益。很多投资者没有意识到他们的退休账户除了股票和共同基金——因为他们的经纪人限制他们只关注这些资产种类,还

第1章 外汇盈利之道

可以交易其他任何品种。一些经纪人不想增加额外的工作，所以不会允许你自由交易。你交易其他品种，对他们来说没有多少好处。其他一些经纪人认为你可以自行选择把你的钱放在哪里，你没有选择其他交易品种是你自己的问题，与他们无关。所以到你的经纪公司看一下，看他们是否在退休账户中提供了自助选项。

交易时间

外汇市场是24小时全天候交易，每周交易时间接近5天半。不管你是在工作还是已退休，是家庭主妇还是学生，你都可以找到合适的时间参与外汇市场。事实上，外汇市场通常在清晨、傍晚和深夜时分最为活跃。有很多兼职的交易者都利用他们的下班时间进行外汇交易。外汇市场连续不断的交易时间也对长线交易者有利，因为只要市场发出信号，这些投资者就可以建仓或者平仓。

无佣金

只要你买入股票、债券、共同基金或者房子，你就需要支付一定的佣金。但是在外汇市场，你永远都不需要支付佣金。你看到的价格就是你获得的价格。你不需要向经纪商支付额外的费用，只需按照报价进行支付即可。不多，也不少。

放大的杠杆

外汇市场允许你仅用1000美元就可操控10万美元的资金。这意味着你投入到外汇市场的资金，将比投入其他任何市场的资金更卖命地为你"工作"。设想一下，你可以保留10万美元账户的所有利润，但你所要做的只是提供这个账户金额的1%。

为了更好地理解这个问题，我们来举个例子。假设你是一个房地产投资者，你发现了一栋价值30万美元的房子并且认为这栋房子以后将升值。

如果你在房地产市场也可以使用跟外汇市场一样的杠杆，那么你只需要支付 3000 美元并办理一笔可能无息的贷款，就可以得到这栋房子。这简直令人难以置信，是吧？任何一个房地产投资者都会接受这笔交易的，而这正好就是你在外汇市场可以获得的机会。

放大了的杠杆也是那些善意但被误导了的人指出的外汇市场风险高的地方。的确，这个倍数的杠杆看起来似乎过于冒进。不过对于这个由高倍杠杆带来的风险，外汇市场提供了完美的应对策略，就是保证执行的止损单。

保证执行的止损单

在外汇市场，你可以自由决定在哪个价位建仓或者平仓，而且这些价格都是可以保证执行的。止损或者说止损单，是你用于委托你的经纪商在价格到达你指定的价格时，为你平仓的订单。把止损单看作你交易的停止标志。一旦你的交易到达了这个停止标志——你想要平仓的价位——交易就会立即停止，所以你可以保护你的资金。

保证执行的止损单可以让你精确地限定你愿意承受多大的风险。即使你采用很高的杠杆，你仍然可以在你希望的任何一个价位平仓出场。但是在股票市场，你就无法做到这一点。当然，如果股票价格开始下跌了，你也可以设置止损平仓出场，但是你无法保证你能在你指定的价位平仓——这在股票市场是凭运气的事情。但外汇市场就不一样。在一般市场状况下，你设置的止损单都是可以执行的。只有一些极端事件，比如爆发战争或者公布了远远超出预期的经济数据，才会导致一些成交滑移价差，但是我们还从来没有经历过这样的事情。

注意外汇市场"短板"

如果你去过伦敦并乘坐过伦敦的地铁，那你一定会对"mind the gap

第1章 外汇盈利之道

（请注意站台与车厢之间的间隙）"这句提示语感到熟悉。每当伦敦的地铁门打开时，一个温和的声音就会从广播里传来，"mind the gap（请注意站台与车厢之间的间隙）。"这句话是提醒你在进出地铁时注意脚下安全，因为在地铁车厢和站台之间存在着一条间隙。当然，这种提醒是非常友善的，没有人愿意踩空掉进这个间隙中。不幸的是，金融投资中也存在着"间隙"，但这种"间隙"并不那么明显，而且当它们出现时，也不会伴随着这种潜在危险的温柔警告。

发展并保持一个均衡的投资组合的关键是：了解并学习如何填补任何市场都存在的"间隙"，也就是我们通常所说的"短板"。所有市场都存在短板，外汇市场也不例外。现在让我们假设你投资了股票市场的共同基金，你已获利丰厚，但是你想寻找更多的互补性机会，这时，你就要从股票市场以外寻找解决方案。

共同基金存在的短板是，你必须等到当天市场收盘后才能买入或者卖出。这就会导致一个问题，即当市场快速上涨时，你会错过这天这波有利行情。但是如果你投资外汇市场，你就可以弥补这块短板，因为在你等待开始你的共同基金交易时，你还可以从你的外汇交易中赚钱。当股票市场快速下跌时，你也可以填补这块短板。你可以用在外汇市场赚的钱抵消你共同基金交易可能出现的亏损。

外汇市场有着前所未有的优势。虽然很多金融市场也具有其中某些优势，但是外汇市场同时具备全部优势。外汇是三个最受欢迎的金融市场——股票市场、债券市场和期货市场——的短板的弥补之法。这三个市场中每一个都提供了盈利的可能，但是一旦拿它们与外汇市场作比较，你就会问为什么你还没有把外汇纳入你的投资组合中。

你会在这三个市场遇到的短板是：

佣金

交易时间

流动性

外汇交易大师的工具与策略

税金

熊市（下跌趋势）

分析任务过重

外汇市场 VS 股票市场

由于大多数人都熟知股票市场，所以就先从股票市场开始。股票市场已经成为大部分退休账户的主要投资选择。由于股票市场门槛低，并且美国股票市场是世界最发达的股票市场，所以股票理所当然成为我们美国投资者的首选。股票市场有着非常卓著的好处，但同时也存在着一些短板，而外汇市场可以对其进行弥补。其中有些短板只与交易频繁的活跃投资者有关，而其他的则与每一个股票市场投资者都有关系。

短板 1：佣金 你每交易一次股票（或者共同基金），不管是入场还是出场，你都要支付一笔佣金。在大部分情况下，如果你真的需要通知经纪人执行你的交易，这笔费用是很昂贵的。假设你持有一些 Google 的股票，你担心即将发布的业绩报告会对你的股票价值产生影响。于是你决定打电话给你的经纪人，向他寻求一些建议。这就会向你收取费用。

我们对在线最大股票经纪商做了一个非正式的调查，结果发现在这种情况下每笔交易会收取 50 美元的费用。这些费用是可以叠加的。另外，这个费用只针对卖单。如果你想买入股票，你必须支付这个费用的两倍，即 100 美元。现在想想看，如果你想让你的经纪人帮你执行几张不同股票的订单，你需要支付多少钱。你现在心里肯定有数。

相比之下，几乎每一个外汇零售市场的经纪商都提供零佣金的服务。你可以免费向大部分外汇经纪人进行咨询，而且想咨询多少次就多少次。大部分外汇交易顾问也是不收取任何佣金的。你当然也要做些调查工作，以确定你的经纪人给你的是最好的待遇，不过大部分的条件都差不多。

短板 2：交易时间 美国股票市场的开市时间是东部时间星期一到星期五早上 9:30 到下午 4 点整。这段时间刚好处于上班时间的中段。由于这段时间大部分股票零售市场投资者正在工作,所以在股票市场开市期间,很多人都无法参与股票交易。所以,他们不得不进行"掷骰子"式的交易——在股票市场收盘之后下单,然后祈祷第二天股票市场开市后,可以以一个不错的价格建仓或者平仓。如果股市开盘的价格与前一天的收盘价差不多,就可以得到一个较为理想的价格。如果股市开盘价远远高于前一天的收盘价,就只能得到一个非常不利的价格。

外汇市场是全天24小时交易,交易时间从星期天下午一直持续到第二周星期五晚上。由于这个市场几乎一直持续不断,所以你只要有时间,随时都可以进场交易。也因为外汇市场拥有每天几万亿的成交量,所以即使是在半夜,你的订单也会瞬间被执行。外汇市场惊人的成交量也有助于填补股票市场接下来的这个短板。

短板3:流动性 当你交易较小型的股票时,流动性就会成为一个问题。流动性涉及你卖出你持有的股票的能力。如果你能快速将其卖掉,这只股票就是流动性较高的股票,反之,则是缺乏流动性的股票。假设你持有一只小盘股或者微小盘股,你需要快速了结这个头寸。很可能你会得到一个远远低于你预期的股票价格。特别是当这只股票出了坏消息时,这种情况尤甚。

正如我们之前提到的,共同基金在市场交易期间也是缺乏流动性的,因为你只能在市场收市之后买入或卖出。一些共同基金甚至会在你正规卖出它们时给予很多限制。共同基金投资中存在的流动性不足,既可以把你挡在赚钱的交易门外,也可以把你困在不断亏钱的交易中出不来。

外汇市场的流动性(买家和卖家数量)比其他任何金融市场的流动性都高。这意味着只要你想进场,总是会有人把你想要的卖给你;只要你想平仓出场,也总是会有人愿意从你手中接手。而你可以在一个合理的价格完成这些操作。

短板4:税金 税金是任何股票投资者都必须面对的最大烦恼之一。你的投资每个月都能赚钱是很美妙的事情。但是如果你的投资没有处于个

外汇交易大师的工具与策略

人退休账户或其他保护性账户的税收庇护下，那么你持有时间少于一年的股票盈利将会被收取一笔短期资本收益税。有时候，这笔税金会超过盈利总额的30%。可能你们大多数人的主要投资活动都是在避税账户中进行。但是，即使是避税账户也会有一个问题，即你要直到59岁半，才不需要支付罚金地从账户里取钱。是这样的！如果你在59岁半以前从避税账户中取钱，你会被收取额外的罚金——目前是10%。这就使你的账户余额有了很大的差异。

相比之下，短期外汇收益只以很低的税率进行纳税。我们之前大致讲过，每当你从外汇市场获得收益，你收益的60%将自动划为长期资本收益，而只有40%被划归为短期资本收益。如果你能用退休账户，比如个人退休账户进行外汇投资，那么你将同时享有两者的优势。

短板5：熊市（下跌趋势） 股票市场处于熊市是股票和共同基金投资者都会遭遇并需要耐心忍受的时期。但是，一些高级的、往往也更富有的股票投资者，可以通过做空股票来从熊市行情中获利。做空股票就是，首先你要从你的经纪商那里借入股票；接着，在市场开市期间卖出这只股票；跟着，希望并等待股票价格下跌；然后，再买回股票（希望在一个较低的价格）；最后，把股票加上利息还给你的经纪商。如果在卖空股票后，股票价格下跌，你就可以赚钱。如果在卖空股票后，股票价格上涨，你就会亏钱。卖空股票的风险很高，费用也很大。另外，不是每个人都有资格做空股票。你必须有足够的经验和资金，你的经纪商才会允许你参与股票做空。而且，当你从经纪商手中借入股票卖空时，经纪商会向你收取利息。

或许做空股票最大的缺点就是"上涨方能抛空"的规则，也就是"报升原则"。如果你发现某只股票正在下跌，并想从接下来有可能继续下跌的行情中获利，但你还不能立即进场做空这只股票。你必须等待股票价格报升。股票价格报升是指股票在高于前一个成交价的价格交易。所以如果股票从50美元跌到49美元，到48美元，再到47美元，这就没有出现报

第1章 外汇盈利之道

升,你不能做空。但是如果股票价格在跌到47美元之后又回升到48美元,这就经历了价格报升,这时你就可以进场卖空了。不过,你也可能知道,大部分股票的下跌都是快速的坠落,期间很难出现价格报升。所以,即使你预见到某只股票将要下跌,这个规则也可以把你阻挡门外而错过大量行情。

比起股票市场,要从外汇市场的下跌行情中获利是极容易的事情。如果你认为外汇市场某个货币对将要上涨,你只需要点击交易软件上的"buy"(买入)选项;如果你认为外汇市场某个货币对将要下跌,你也只需要点击交易软件上的"sell"(卖出)选项。这是不是很简单?你不会受任何额外条件的限制。你不需要询问你的经纪人现在是否可以借入。并且,最重要的是你不需要等待任何"报升"。如果你发现某个货币对正在下跌,你可以随你喜好随时入场做空。想想看,只需要点击鼠标,就可以随意利用上涨趋势和下跌趋势赚钱,是多么的快意!

短板6:分析任务过重 股票市场为投资者提供了数量惊人的投资选择。这里有成千上万只股票和共同基金可供你选。所以你怎么能期望自己可以准确判断哪些股票最值得买入,哪些股票最适合卖出呢?即使是你的经纪人,也无法熟知每一只股票和共同基金。为了解决这个问题,我们大多数人都会把我们的股票和共同基金的组合多样化,以覆盖较大的市场范围。这种做法非常有效,因为这样可以利用市场多个板块的波动。但是,这种做法也让你很难追踪并持有那些表现出色的股票和共同基金,同时抛售那些表现很差的股票和共同基金。

外汇市场就很容易进行追踪。在这个市场,你只需要关注8种货币的动向。是的,就8种货币。即便你没有那么多的自由时间,你也可以追踪用两只手就能数过来的数目的货币走势。(我们将在本书的后面章节详细介绍你需要留意的这8种货币。)

外汇的短板 为了确保我们提出的观点都是客观的,也为了强调我们

外汇交易大师的工具与策略

没有制造"四眼天鸡"①式的警告，煽动大家撤出股票市场，在这里，我们要指出外汇市场的一个可以由股票市场填补的短板。

整个外汇市场是没有趋势偏向的市场。也就是说它会向上波动，也会向下波动。但是如果你把向上和向下的波动剔除，它基本就是一个横向波动的市场。而股票市场就不一样，它是一个以上升趋势为主导的市场。这意味着虽然股票市场也在上下波动，但从长期来看，它是在向上波动，就像图1.2中显示的那样。当一个市场是以上升趋势为主导，那么进行长期投资就简单得多，在这期间都不需要做太多思考和研究。你只需要把资金投进去，然后相信市场一定会上涨。

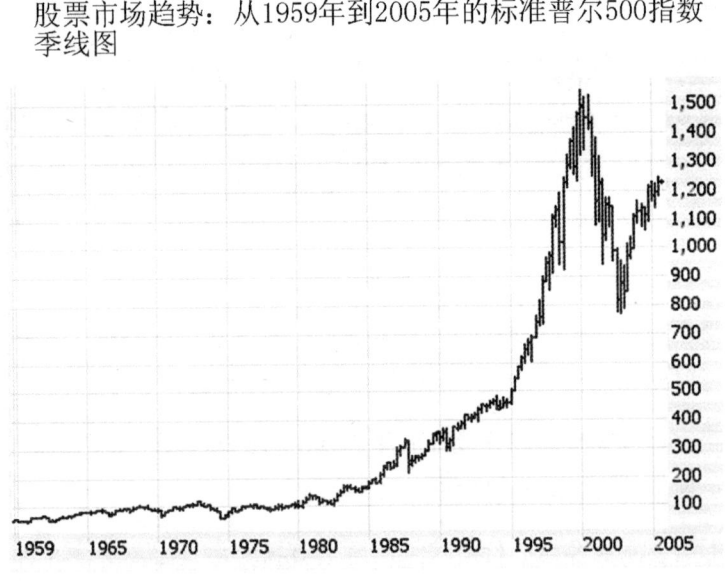

图1.2

股票市场趋势：从1959年到2005年的标准普尔500指数季线图

资料来源：Prophet.net

---

① 这是一部迪斯尼动画片的名字。片中主角是一只杞人忧天的小鸡，它总是担心天会塌下来。终于有一天，一颗橡实从天而降，吓坏了的小鸡到处警告天要塌下来了，结果让自己沦为了镇上的笑柄。——译者注

第1章 外汇盈利之道

但是，这种"稳定的"上升趋势也会产生不良后果，因为这会让投资者产生虚假的安全感。如果你认为股票市场总是会上涨，可能就不会给予股票市场多少关注。如果回顾一下股票市场的历史，你就会知道股票市场潜伏的危险有多大。你不需要回溯多久远，只看看始于2000年的那场网络股危机就会明白。虽然市场在2002年开始从底部反弹，但是仍然没有收复全部"失地"（见图1.3）。我们相信，市场迟早有一天会收复全部"失地"，但是如果你很早就知道有外汇市场，那你会省掉很多的叹息。

图1.3

5年的标准普尔500指数 月线图

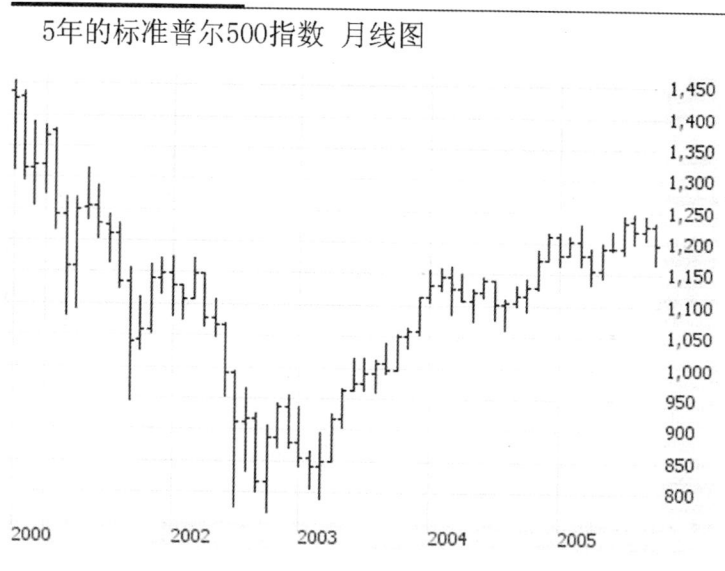

资料来源：Prophet.net

继续股票市场的投资。运用你学到的所有合理规则和方法，然后再往前一步，利用外汇市场来弥补股票市场的短板，那么胜利的天平一定会向你倾斜。

外汇交易大师的工具与策略

外汇市场 VS 债券市场

几乎每个人的投资账户都投资过债券市场。我们之所以敢这么肯定，是因为虽然大部分人都不了解这个市场，但货币市场基金也属于债券市场的一部分。如果你投资账户上还有现金没有用于购买股票、共同基金和其他，你的经纪人很可能把你的资金投向货币市场。

债券市场包括货币市场基金、地方政府债券、国债、联邦机构债券、公司债券、抵押贷款债券和资产担保证券。这个市场通常被认为是安全的投资场所。很多人甚至认为投资债券市场不会亏损一点本金。债券市场当然是个较为保守的市场，也是存放资金的好地方，但它并不是一个完全保险的市场。虽然可能性极低，但你投资国债或货币市场时，仍可能亏损一部分甚至全部本金。任何市场都不是百分百保险的，一定会有短板。

短板1：佣金 投资者通过两个市场进行债券交易，一个是场外交易市场，一个是二级市场。债券首次发行时是在场外交易市场进行交易。这意味着如果你在场外交易市场买入债券，你就从机构买入了债券。一旦债券被卖出，买入债券的个人或机构想要将债券卖出时，就会在二级市场进行。

除了美国国债和票据是在芝加哥期货交易所（CBOT）进行交易外，债券市场没有中心交易所。取而代之的是，债券交易商和经纪商与其他债券交易商和经纪商协商债券的买卖。为了向交易商和经纪商的服务支付费用，债券的价格往往会被抬高。这意味着你需要多支出一部分钱来购买债券。除此之外，交易商和经纪商还可能向有些特别订单收取额外的佣金，这样才让他们觉得这笔买卖值得。

你已经知道了在外汇市场零佣金环境下交易的好处，这里我们就不再赘述。在后面关于短板的讨论中，也会省略外汇市场相关优势的介绍。除非外汇市场有其他相对于债券市场短板的优势，否则我们不会重述。

短板2：交易时间 美国国债和债券在芝加哥期货交易所的场内交易时

间是美国中部标准时间每个工作日早上7点20到下午2点，电子盘交易时间是美国中部标准时间每个工作日下午6点到第二天下午4点。请记住，虽然能够参与电子盘交易非常不错，但大部分交易仍然是在交易所内完成的。

其余的债券市场都没有一个中心交易所，它们也可以24小时全天候交易，但它们通常不这样。大部分交易还是在上班时间内进行，因为债券交易商和经纪商需要在办公室内处理交易。

短板3：流动性 债券在上班时间的流动性是挺高的。但是过了上班时间，流动性就迅速降低。如果在晚上发生了什么可以影响债券市场的事情，就会产生一些问题。价格会在第二个上班日到来之前，发生显著的变化，你可能会被困在里面遭受巨大亏损。

短板4：税金 在税金方面，外汇市场也毫不逊色于一部分债券市场。不过当你仔细分析纳税规则的时候，就会发现很多债券都远优于外汇市场。很多债券都是作为零税率债券发行，这就表示你无需为你的债券收益纳税。来自储蓄债券的收益，如果是用于教育，也是不用缴税的。

短板5：熊市（下跌趋势） 定义债券市场的熊市是主观的过程。如果你持有债券，当债券收益上涨，就可说是熊市；如果你没有持有债券，当债券收益下跌，也可说是熊市。债券收益是你在债券存续期内投资债券所获的回报。当债券价格发生变化时，债券收益也会改变。债券价格越高，债券收益就会越低，因为你需要支付更多来获得固定的利息收益。反之，债券价格越低，债券收益就会越高，因为你只需要支付较少的资金就可获得不变的利息收益。

当债券收益上涨，就意味着债券价格在下跌。如果此时你持有债券，这对你来说就是坏消息，因为如果你需要立即卖出你的债券，你得到的金额将少于你当初买入该债券时所花费的金额，也就是说你这笔交易是亏损的。但是，如果你同时投资了外汇市场，你就可以用外汇市场的收益填补你在债券市场遭遇的亏损。

反之，当债券收益下跌，就意味着债券价格在上涨。如果此时你想购买债券，这对你来说也是坏消息，因为如果你昨天购买的话，价格会更便宜。当然，如果你同时也投资了外汇市场，就可以帮助你抵消因为购买更昂贵的债券所多支出的费用。

短板6：分析任务过重 债券市场有很多种债券可供选择，有货币市场基金、地方政府债券、国债、联邦机构债券、公司债券、抵押贷款债券和资产担保证券。而且几乎每一个共同基金家族和投资银行都有债券基金可供你选择。所以要做出投资决定，你需要了解哪些债券提供了税收优惠，哪些债券是零息票债券，到期日是什么时候，多久一次支付利息，到期收益率是多少等等。最重要的是，你还必须查看多家评级机构对债券的信用评级。要搞清楚"A"评级的债券是否优于"Aa2"评级的债券，也需要花些时间和精力。

外汇短板 在指定时间内可从债券市场赚取多少钱，这个是很容易计算的。如果一张面值为1000美元的债券，票面利率为6%，你就知道你每年都可从每张债券上获利60美元，直到债券到期。它的固定收益对一部分投资者以及那些知道自己有明确的金融债务必须履行的人来说，非常具有吸引力。

外汇市场的收益就不可预测。因为你必须关注市场并做出个人的投资决定，你的收益会发生变动。你当然有能力从外汇市场赚很多钱，但是你具体的收益数额是无法提前预知的。

大部分理财规划师都会建议你保留一部分资金，将其投入债券市场。这是很好的建议。你应该考虑把一部分钱投入债券市场，只是需要选择如何从债券市场赚钱——是通过债券还是债券基金。当然了，在你找到弥补市场短板的方法之前，你不应该投资那个市场。再强调一次，外汇就是这个弥补短板的方法。

第1章 外汇盈利之道

外汇市场 VS 期货市场

把外汇市场与期货市场作比较,看起来似乎有点奇怪,因为外汇合约实际上就是短期期货合约。虽然两个市场有很多相同之处,但是外汇零售市场另外还有一些你不会想错过的优势。

期货市场也被称为大宗商品市场,因为商品期货占据了这个市场的大部分。事实上,期货市场最初就是为交易大宗商品而设的。但是现在,期货市场的覆盖范围远远超过了商品——玉米、大豆、橙汁、猪腩(培根)等等。现在你可以交易几乎所有事物的期货合约,从标准普尔500指数到天气。是的,你可以在期货市场交易天气合约。

期货合约就是因某种考虑,约定在将来某一特定日期以某一特定价格交割某物的合约,比如10万桶原油或者10万现金。举个例子来说,如果你有一些黄金,而你认为这些黄金在一年后的价值将降低,这时你就可以卖出一份黄金的期货合约,要求这份期货合约的买家必须在一年后以现在的价格买入你的黄金。这样,如果黄金的价格确实下跌,那么这份期货合约的买家就需要以较高的价格买入你的黄金。

当价格将上涨时,你也可以从期货市场中套利。假设你需要在一年后买入大量黄金,而你认为黄金的价格将会上扬。这时,你就可以从同意在一年后以现在的价格卖给你黄金的人那里买入期货合约。这样,如果黄金价格确实上涨,你就会以一定的折扣买入你所需的黄金,因为按照合约规定,你可以以一年前的价格进行交易。

你可以看到很多你可从外汇市场获得的优势,都可以从期货市场获得。但是,即便都具有这么多优势,期货市场仍然有一些短板可以由外汇市场来填补。

短板1:佣金 大部分期货经纪商都会对每一笔交易收取佣金,以收回成本并提高营业额。当你建仓或平仓的时候,你都需要支付这个佣金。

短板2:交易时间 大部分期货合约和美国国债及票据一样,是在芝加哥期货交易所进行交易。它们也有电子交易平台和交易大厅两种。交易大厅，或者说场内交易，只在上班时间内进行。所以如果你的经纪商只在交易大厅里处理交易，你就必须满足这个作息时间的要求。在下班后，可以通过电子交易平台交易期货，比如全球电子交易系统（GLOBEX），但是你常常需要支付额外的费用才能使用这些平台。

有很多不同的期货交易所服务于期货市场，其中每一个期货交易所都专注于不同的期货合约，而每一个期货交易所都有自己的交易规则和时间表。你或许也听说过一些期货交易所。比如芝加哥商品交易所（CME）专注于商品期货、外汇期货和股指期货交易。纽约商品交易所（NYMEX）最为人所知的是原油期货交易。而纽约期货交易所（NYBOT）则主要交易原糖、咖啡和美元期货。虽然这三个交易所只是众多期货交易所的一小部分，但它们是最主要的参与者。

短板3：流动性 由于期货市场的大部分交易都是场内交易，所以上班时间过后，期货市场的成交量会极度萎缩。虽然晚上也可以通过全球电子交易系统和其他电子交易平台参与期货交易，但是如果此时愿意与你交易的人都睡了（对手盘缺乏），那么想以不错的价格买入或卖出什么东西，会非常困难。相较而言，即使在非高峰时段外汇市场交易清淡时，交易商也会保证在你心仪的价格执行你的订单。

短板4：税金 这块短板不存在于期货市场，因为每份期货合约的税收规则都与外汇市场期货合约的规则相同。

短板5：熊市（下跌趋势） 期货市场也存在这方面的问题，但是存在的形式又与股票和债券市场有些许不同。虽然你可以在你认为价格将上涨时买入期货合约，在你认为价格将下跌时卖出期货合约，但是对于出场价格，你无法保证。假设你认为咖啡的价格将在接下来的几年里下跌，于是你卖出了一份咖啡期货合约。然后出人意料的是，一家名叫星巴克咖啡特许经营小店迅速向全国扩张，对咖啡的需求也将急剧上升。需求的增加把你的期货合约价值推高，所以你意外地遭受了亏损。期货市场没有保证执

第1章 外汇盈利之道

行的止损订单。你可以设置止损订单，但是你设定的止损价格并不能获得保证。如果咖啡的价格上涨太快，你亏掉的钱有可能大出你的意料。

短板6：分析任务过重 虽然期货市场的投资选择不如股票市场多，但是为了充分把握期货市场，你仍然必须研究大量合约和新闻事件。下面列出了一些商品期货品种。

谷物和油料期货

玉米

燕麦

大豆

豆粕

豆油

糙米

小麦

大麦

油菜籽

牲畜期货

活牛

瘦猪肉

食品和纤维期货

木材

可可

咖啡

原糖

棉花

橙汁

赤小豆

羊毛

蚕丝

橡胶

精铜

黄金

铂金

白银

铅

铝

镍

钯金

锡

锌

石油期货

轻质原油

取暖油

汽油

天然气

现在，你对期货品种应该有个大概了解了。不过，我们还没有讲到金融期货合约——比如股指期货、股票期货、利率期货等等。

外汇短板 因为外汇合约就是期货合约，所以外汇市场也没有什么短板可以由期货市场来填补。你可以用比期货市场更少的钱参与外汇市场，你也可以享有每天24小时超高的流动性，并且还有止损保证。没什么比这更好的了。

在讨论股票和债券市场的时候，我们指出外汇市场是你未来投资的非常好的补充，你应该继续投资股票和债券市场。但期货市场就不一样。你可以用外汇市场的投资替代期货市场的全部投资。比如，如果你认为商品价格将会上涨，你不需要在多个商品期货合约上建仓，你只需要下一个单

第1章　外汇盈利之道

——买入加元即可。事实上，加拿大是美国的最大贸易伙伴（关于这部分内容，我们将在后面章节进行详细论述）。当商品价格上涨时，加元的价值也会跟着上涨。所以如果你有两个选择，一是把大量资金投入各种期货合约——没有止损保证，二是投入少量资金到外汇市场——享有止损保证和高倍杠杆，你会选择哪个呢？

外汇市场是一个令人难以置信的可以自己赚钱的机器，它在填补其他金融市场固有短板方面非常有效。所以如果你正在投资股票和债券市场，问问你自己为什么不投资外汇市场呢。你肯定找不到好的理由。投资这两个市场中任何一个市场而没有投资外汇市场，就好像你购买了房屋保险，但没有购买伞式责任保险①一样。当然，房屋保险范围涵盖了你房屋可能发生的大部分意外损失，但是并不包括其他一些特别重大的损害。选择一个对你有利的投资组合，抓住一切机会尽可能地保护你所拥有的，同时让你的资金更努力为你"工作"。

变动中的世界

有件事我们可以保证，就是外汇市场会一直波动下去，因为我们的生活和周遭的世界在不断变化。经济周期将以数年增长和数年衰退的方式起起伏伏。油价会不断上上下下。股票市场也会反复经历牛市和熊市。有些事件会让我们感到惊奇，有些则似乎没什么大不了。但是只要这个世界不停变换，你就可以从外汇市场赚钱。

你想知道一年里会按时更新的经济数据有哪些吗，看看表1.1吧。

---

① 伞式责任保险为责任保险保单限额以上部分提供保障。——译者注

外汇交易大师的工具与策略

表 1.1　一年内更新的经济数据

经济数据	发布频率
失业率	每月
联邦公开市场委员会利率决议	每年 8 次
国内生产总值	每季度
消费者信心指数	每月
消费者物价指数	每月
贸易差额	每季度
经常项目	每季度
领先指标指数	每月
国际收支差额	每季度
耐用品订单	每月
新屋开工和建造许可证	每月
新屋销售量	每月
工厂订单	每月
商业库存与销售	每月
ISM 指数	每月
采购经理人指数	每月
零售销售	每月

　　你不需要即刻准确知道每一个经济数据是如何影响外汇市场的。但是它们确实会产生影响，你可以加以利用。

　　事实上，正是这种变化使得外汇市场得以运行。如果所有事物保持一成不变——经济永不走强或走弱，消费者永不改变他们的品味和喜好，恐怖分子永不制造恐怖活动，永不发生天灾，那么全球的货币价值也永不发生改变。这样就可以为每一只货币设定一个固定的汇率，而你永远也不再需要计算汇率。事实上，这正是二战后全球努力想要达到的结果。

　　随着战争进行，除了美国，全球主要经济体都陷入一片混乱。为了解决当时面临的问题，在 1944 年 7 月，来自 44 个国家的 730 个代表聚集在

第 1 章　外汇盈利之道

新罕布什尔州布雷顿森林的华盛顿山度假酒店，商讨建立新的全球经济体制。为了稳定全球经济并帮助欧洲和亚洲的一些主要经济体重建，与会代表都同意各国货币钉住美元，美元以每盎司 35 美元的价格钉住黄金。

钉住汇率制使布雷顿森林协定的签署国得以发展国际贸易协定和渠道，而无需担心汇率波动的问题。这就使商品和服务的交易变得更为便利，从而使之前遭受重创的经济得以快速恢复和发展。

钉住美元汇率制虽然在几十年间发挥了不小作用，但是因为世界发生了改变，最终为一些大型经济体所抛弃。欧洲和亚洲经济体开始繁荣，美国卷入越南战争，为了满足各成员国的需要，钉住汇率制度被取消。货币必须被允许自由浮动，以适应各个经济体出现的各种变化——这个要求很快变得越来越强烈。

正如全球经济在二战后几十年内经历了翻天覆地的变化一样，我们的经济状况也一直发生着改变。为了满足我们生活中出现的这些变化的需要，我们要有选择权，这样我们就可以选择当时符合我们需要和所面临形势的做法，并在必要时进行调整。而外汇市场就在投资中赋予了我们这样的权利。

几年前，我的瑜伽教练与我谈到柔韧的重要性。为了说明他的观点，他拿健康的、鲜活的树枝与干枯的、快死的树枝作比较——一个他认为来自印度古老谚语的概念。健康的、鲜活的树枝是柔韧的，可以来回反复弯折——具体朝哪个方向弯折取决于施加于它的力量往哪个方向。而干枯的、快死的树枝就较脆，如果往某一个方向过度施力，它就会折断。换句话说，如果你想在生活中获得成功，你需要像鲜活的树枝一样柔韧灵活。

生活中过度刻板可能会产生很多不愉快。市场上过分刻板就会招致大祸。灵活一点吧。不要把全部资金投到一个市场。投一部分到股票，一部分到债券市场，一部分到外汇市场。这样，你会发现很容易对全球经济的变化作出灵活的反应。

多样化

百老汇音乐剧每周上演6天,年复一年皆是如此。如果男女主角生病或者舞蹈演员扭伤脚踝,都没有影响。演出必须继续。而演出之所以能够继续,是因为每一个角色都有候补演员,随时可以上场替换。例如,如果出演迪斯尼音乐剧《狮子王》辛巴一角的演员生病,无法上场演出时,还有其他学过辛巴一角的演员可以即刻上场,直到正式演员康复回归。大部分音乐剧还有一个"摇摆人(swing)"(全能替补),他是剧团演员中最全能的演员,几乎可以出演剧中任何一个角色。这个摇摆人常常在幕布拉开之前几分钟或者演出开始后,才被通知某一角演员受伤或生病,须替他上场。摇摆人和候补演员对于百老汇音乐剧的成功至关重要,因为没有他们,演出就无法正常进行下去。

正如这些演出必须进行下去一样,你的投资组合和你的"购买力"也必须一直增长下去。你的投资组合或者你的"购买力"发生任何后退,都会破坏你未来的计划。所以如果你其中一项投资"生病",不能像你预期的那样表现出色,你会怎么办?希望你能将你的投资组合多样化,这样当你某项投资表现不佳时,其他投资可以接手并承担起增长的任务。

投资者通常会选择少量共同基金、一部分债券加现金这样的投资组合方式。他们这样选择,是因为大部分理财规划师都会推荐这三种金融工具的组合。而理财规划师之所以这样推荐,是因为当共同基金价值下跌时,债券通常是盈利的——或者至少是保本的,现金价值也会不变——除非通货膨胀上升。反过来,当债券价值下跌时,共同基金通常会顶上。所以从本质上讲,债券是共同基金的候补,共同基金是债券的候补。这是债券和股票投资的一个很好的策略。多样化可以降低风险。但不幸的是,只有极少的投资者懂得利用这些投资工具的"摇摆人"——外汇。

第1章 外汇盈利之道

外汇市场让你进退有道

投资外汇市场可以获得双重的经济效益——它可以同时保护并增加你的资金。首先，让我们谈谈外汇市场是如何保护你的资金的。当金融专家和金融机构谈到保护他们的资金和资产时，都会提到对冲风险这个概念。

防御之道：对冲风险

树篱①是种成一排的灌木或小乔木，用以划分两块土地。中世纪的英国地主和希望保护隐私的名人都以树篱闻名。中世纪英国地主种植树篱，是因为他们想明确边界，以保护他们的土地。名人们种植树篱是想阻挡狗仔队偷拍。但不是只有这两类人才会设置树篱。事实上，每个人都会。树篱——或者说保护——你的财产或隐私是自然本能。我们把钱存入银行，以保护其安全。我们把贵重物品放入保险箱，以防不测。我们锁门并安装保安系统是了保护自己免受任何危险。我们在院子周围竖立栅栏。我们给电脑设置密码。基本上，我们在保护我们拥有的所有东西。

是的，我们在保护所有东西，但除了钱的价值。我们通过把钱存入银行，放入保险柜等来保护钱本身，但很少保护它的价值。我们的钱至少会面临两个金融风险中的一个，这两个风险分别是市场风险和通货膨胀风险。

市场风险是你把资金投入市场（股票或债券市场）后所面临的风险。如果市场暴跌，你投资的价值也会跟着大幅度缩水。是的，你的经纪商或许是实力雄厚的大公司，管理标准无懈可击，但是他们的财力和职业道德对保障你的投资安全几乎没有帮助。不管你的经纪商实力如何，你都会面临风险。

---

① 树篱与对冲是同一个英文单词，即 hedge。——译者注

外汇交易大师的工具与策略

外汇能够降低市场风险，因为你可以用外汇市场的盈利抵消在股票或债券市场遭遇的亏损。你可以在外汇市场下单，从股票或债券市场的下跌趋势中获利。这样，在你的股票或债券账户金额减少时，外汇账户中的金额就在增加。当你审视你采用了这个策略后的整个投资组合时，你会发现你没有损失一点资金。通过投资不同的市场——外汇，你可以对冲由市场风险带来的亏损。

"我已经考虑到了市场风险，"你可能会说，"我把资金分散到了定期存款、货币市场账户和债券上。不管发生什么事情，我都不会出现亏损。"虽然这样也没错，但是你仍然只考虑到了两种金融风险中的一种。也许你的本金永远不会发生亏损，但是如此保守的投资并不能抵御通货膨胀对你财富的侵蚀。

通货膨胀风险是你不得不接受的风险，你无法逃避。通货膨胀降低了货币的购买力。这意味着当通货膨胀持续时，1 美元能买到的东西越来越少，而你的存款和投资也会相应贬值。美国邮票价格的变化就很好地说明了通货膨胀的影响。在 1960 年，一张邮票的价格低于 5 美分。今天，一张邮票的价格是 39 美分。这增长了将近 700%。很明显，1960 年的 1 美元比起今天的 1 美元，可以买到更多的东西，而这个趋势只会持续下去。如果通货膨胀率上升到一个较高的水平，超过了你保守投资的回报率，即便你还在赚钱，但你的购买力实际还是被削弱了。

外汇市场就可以抵御通货膨胀风险，因为你可以用外汇市场的盈利弥补你损失的货币购买力。通货膨胀以一种可以清楚预测的方式影响着外汇市场。知道了这一点，你就可以通过外汇市场从上升的通货膨胀中获利。然后用这些盈利，加上其他保守投资的收益，一起抵消通货膨胀的影响。

进攻之道：获取收益

外汇市场不仅能对其他投资进行完美对冲，也能大大提高你的投资回报。你已看到了外汇市场的盈利是如何填补其他金融市场的亏损，但真正

第1章 外汇盈利之道

令人兴奋的时刻是当你在其他金融市场也斩获颇丰时。

比如，如果股票市场持续上涨一段时间，你可以通过你的股票和共同基金账户利用这波行情获利。但不是这样就完了，你同时还可以参与外汇交易，以此提高你的整体收益。请记住，不管股票和共同基金上涨或下跌，你都可以从外汇市场赚钱。股票市场朝哪个方向波动都没有关系，万能的外汇市场总是会给你盈利的机会。

很多人将外汇市场与股票市场的关系，等同于债券市场与股票市场的关系。通常来讲，当债券市场上涨时，股票市场就下跌；当债券市场下跌时，股票市场往往就上涨。这就是为什么理财规划师要建议你同时持有股票和债券的原因。股票和债券通常能很好地互补。但外汇市场就不这样。它不会自动朝着与股票市场相反的方向波动。它的波动是独立的。所以，你才既能在股票市场繁荣时期从外汇市场赚钱，也能在股票市场萧条时期从外汇市场赚钱。

利用外汇市场增加你的回报。利用外汇市场巨大的杠杆提高你的收益。由于外汇市场非常优厚的税收条件，你还可以把更高比例的收益保留在自己口袋中。

变化无常的外汇市场

虽然生活可能以一种可以预测的方式展开，但是生活必定会时不时给你制造一些让你措手不及的"意外"。想想超市的农产品区，其中有些水果和蔬菜是当时当季的，它们的价格一定远低于那些反季节的水果和蔬菜，因为它们的供给量大。反过来，如果相同的这些水果和蔬菜过了时节，想要把它们买回家，一定得花比原来多很多的钱，因为它们的供给量变小了，并且很可能需要从很远的国家进口。还有一些时候是，虽然有些水果和蔬菜正当季，但是由于长势不好或者遭受了什么疾病袭击，它们上市的数量也不多。在这种情况下，即使这些水果和蔬菜正当季，但它们的价格仍然昂贵。

外汇市场也是以类似的方式运行。在这个市场有一些基于经济转变的典型的、可预期的波动。但是，有时也会发生一些意料之外的事件，对你的投资产生不利影响。不过你也没必要担心这些意外事件，因为每个人都会受到影响。幸运的是，外汇市场在保护你的资产和投资方面，有着巨大的优势。虽然你必须接受训练并做好交易准备，但你完全可以处理好市场上发生的任何意外。

你也有可能利用外汇市场上的意外变化获利。我们常常把金融市场的这些意外归类为不幸经历。当然，在2000年网络股泡沫破灭的时候，大部分投资者都感到意外并损失了大量资金，但是仍然有很多人明白自己应该提防什么，他们在20世纪90年代网络股热潮兴起时赚了许多钱，并将其牢牢攥在了手中。这种情况也适用于外汇市场，投资者可能对美元的突然暴跌感到惊奇，但是那些"嗅觉"灵敏的投资者可以抓住这波行情，轻松赚得巨额利润。

常见问题与解答

在当今世界，适当保持怀疑的态度是良好的特质——有时是必须的。我们工作的环境中，大部分人都是热情的股票和股票期权的投资者。每当我们与这些人谈到外汇市场时，几乎每一个人都会提出他已经参与了股票和股票期权市场，为什么还要掺和外汇市场的疑问。他们想知道外汇市场是否真的像传闻中的那样令人激动。在陈述了理由并分析了基本原理之后，我们通常能说服他们至少去了解一下外汇。当然，我们不可能说服每一个人，但这没有关系。令我们最兴奋的事情是有人提出了很好的问题。这些人是有智慧的人，他们真心想知道答案以便做出明智的决定。而我们认为，你开始阅读本书后，你也会发出这样的疑问。

为了有助于解答你可能有的一些疑问，我们在后面列出了一些我们听

第1章 外汇盈利之道

到频率最高的问题并给出了相关答案。

为什么我以前没听说过外汇市场？

外汇市场是近些年才向个人投资者开放的。虽然银行和其他大型机构已经利用外汇市场多年，但是个人投资者是到20世纪90年代末期才获得了参与外汇市场的资格，并且在最初几年受到了严格的限制。直到最近，个人投资者才比较容易进入外汇市场并分享外汇市场带来的好处。由于在过去几年，外汇市场发生了巨大变化。所以，很多几年前出版的外汇交易书籍，现在都已经过时了。

不幸的是，大部分个人投资者都没有注意到还有很多新市场可以参与。网络股崩盘之后，他们因为自己的股票账户遭受亏损而过度忧虑，以至于都无暇关注其他的投资机会。另外，理财规划师和股票经纪商也没有做多少努力来促进外汇市场的发展。为什么会这样呢？因为他们中大部分人都不知道外汇市场是怎么一回事，并且向你介绍外汇他们也得不了任何好处，当然多一事不如少一事了。如果你投资外汇市场，理财规划师和股票经纪商都无法从中获利，但如果你投资股票市场，他们就可以赚取很多佣金和手续费。

如果你想寻找外汇市场上的有威信的大人物，只了解一下最著名的股票投资者沃伦·巴菲特就行了。在伯克希尔·哈撒韦公司（Berkshire Hathaway）2003年发给股东的年度报告中，巴菲特说到，"在2002年，我有生以来第一次进入了外汇市场。到2003年，我们增加了头寸，因为我越来越看空美元。"后来这被证明是一次为公司赚取惊人收益的举动。在2003年，虽然伯克希尔·哈撒韦公司只从股票市场上赚取了4.48亿美元的税前利润，但从外汇合约中赚取了8.25亿美元的税前利润。对于一个才参与外汇市场两年的人来说，这已经相当好了。

外汇交易大师的工具与策略

外汇市场的高倍杠杆很危险吗？

杠杆如果使用不当，就会非常危险。如果有人告诉你不是这么一回事，那他一定是想卖什么金融产品给你，或者没有真正明白杠杆的含义。知道这一点，你就可以通过理解并巧妙运用杠杆来消除额外的危险。当然，你没必要采用外汇市场提供的最高杠杆来进行交易。

同样的道理也适用于我们生活中很多事。以电流为例，电本身是非常危险的——如果不当心，就有可能触电身亡。但是因为我们已经懂得如何驾驭它那惊人的力量，所以电已经彻底改变了我们的生活方式。我们都知道用电过程中存在着危险，但我们还是要用它，因为我们相信有适当的保护措施保护我们免受伤害。外汇市场的杠杆也是一样。

之前我们在讨论外汇市场的优势时，提到了"保证执行的止损单"这一概念。止损单可以让你确定想要平仓的具体价格。采用较高的杠杆或只采用一点点杠杆都没有影响——你可以通过止损单精确确定你出场的价位；投入几百美元或几千美元都可以——你可以设置止损单，在你指定的价位平仓出场。它完全处于你的掌控中。

杠杆是一个积累财富的伟大工具。然而就像其他任何工具一样，你需要知道如何适当运用它。不要害怕使用杠杆。去学习它，研究它。搞清楚什么是杠杆，以及杠杆背后的原理。然后看看如何把它运用到你的投资中，以获取更大的盈利空间。

你需要成为一个经济学家才能从外汇市场赚钱？

这其实是一个常见的误区。你不需要成为一个经济学家就可从外汇市场赚钱。你所需要的只是对一些简单概念和很多常识的基本理解。事实上，追踪那些影响外汇市场的新闻事件，比追踪那些影响股票市场的新闻事件容易得多。要彻底理解并分析发生在股票市场的所有事件，你需要精通财务会计，需要关注所有上市公司发布的收入数据和公告，以及股票分

第1章 外汇盈利之道

析师和证监会发布的相关分析和信息等。而要完全理解并分析外汇市场，你所需要做的只是读读报纸、看看晚间新闻。

影响你日常生活的那些事件，就是影响外汇市场的事件。如果你每天都花点时间关注一下你周围的世界，你就会知道是什么在影响着外汇市场。当然，你需要知道你需要关注什么，才能真正地赚钱。我们将带你踏上外汇交易学习之路。你不必关注太多，也不需要学习任何新指标的计算。你只需要搞清楚一些基本的因果关系即可。而这一点，任何人都可以做到。

你必须非常富有才能投资外汇市场吗？

外汇市场的进入门槛出奇的低。你投资股票市场时，大部分经纪商要求你的投资金额至少是 2000 美元。你必须投入这么多资金，经纪商才会为了开通账户。在外汇市场就不一样。由于在外汇市场可以享有极高的财务杠杆，你只需 250 美元就可以开通一个外汇账户。

起始资金高些总是好的，因为你本金越多，赚到的钱也越多。但是让我们面对现实，我们不是每个人都有很多资金。不过我们都愿意让我们手上的资金为我们赚钱。理性的外汇投资者都不会梦想着一夜之间就把 250 美元翻到 25000 美元，但是他们可以从提高起始资金方面入手。

如果你想寻求关于多少起始资金比较合适的建议，我们认为你的开户资金最少应该是 2500 美元。如果起始资金低于 2500 美元，可能让人对投资有点漫不经心，因为他们认为他们还亏得起账户里的那么点钱。我们也见过太多交易者打爆好几个 500 美元的账户，如果他们耐心一点，把资金累积起来开一个大一点的账户，他们会更认真、更谨慎地对待他们的投资。

我如果没有太多时间怎么办？

这没有关系。似乎没有人在工作日有很多闲散时间。而不同的人，可自由支配的时间都不一样。有些人是在白天空闲，有些人是在晚上空闲。不过，不管你是早起早睡的人还是夜猫子，也不管你每天只有几分钟还是几小时的自由时间，你都可以利用外汇市场赚钱。

日元、澳元和新西兰元（纽币）这几只主要货币，主要是在美国的傍晚时分进行交易，因为这时候太阳刚好从使用这几只货币的国家上空升起。通常情况下，当某个国家或地区正处于白天工作时段时，那个国家或地区使用的货币就处于交易最繁忙时段。大部分会影响货币走势的消息，都会在该国家的工作时段进行发布。

对于那些早起早睡的人，英镑、瑞郎和欧元都提供了极佳的赚钱机会。在美国每个工作日的早段，欧洲的经济和商业活动仍在进行——这会在外汇市场产生大量的波动。尤其是美元/欧元这个货币对。美元/欧元这个货币对是目前世界上交易量最大的货币对。在欧洲市场和美国市场同时开市期间，这个货币对必定有较大波动。

一旦解决了你关于外汇市场的所有疑问，就应该参与并进行更深入的了解。外汇市场是完美的金融市场吗？当然不是。其他任何金融市场都不是。但外汇市场比其他任何金融市场都接近于完美。我们想要向你证明这一点。我们会认真对待你向我们提出的所有问题。我们希望可以解决那些阻碍你参与这个世界最伟大市场的任何问题。这一点很重要。我们想让你看看只进行这么一点点多样化将会带来多大的改变。

利用外汇市场获利

每个人都可以利用外汇市场获利。你已经看到了，参与这个市场并享受税收优惠、放大的杠杆和24小时交易时间是多么便利。接下来一步就是搞明白外汇市场的运作原理。一旦明白了外汇市场为什么如此运行，你就可以踏入外汇赚钱的行列。

在外汇市场，专业人士都用两种分析方法来评估市场当前状况并判断

第1章 外汇盈利之道

市场未来走向。这两种方法分别是基本面分析和技术面分析。基本面分析研究的是对各个货币所属经济体的经济产生影响的方方面面因素。例如，通货膨胀率和原油价格会影响美国的经济，从而影响美元的价值。至于各个基本面因素会如何影响美元的价值，我们将在本书后面章节进行详细讨论。在这里，一定要知道的是美元通常会对基本面经济因素的变化产生可预测的反应。如果你知道这些反应将是什么，你就可以轻松赚得收益。

技术面分析研究的是走势图上货币价格的波动。外汇投资者会使用像图1.4这样的走势图来预测市场接下来的走向。

图1.4

欧元/美元的日线走势图

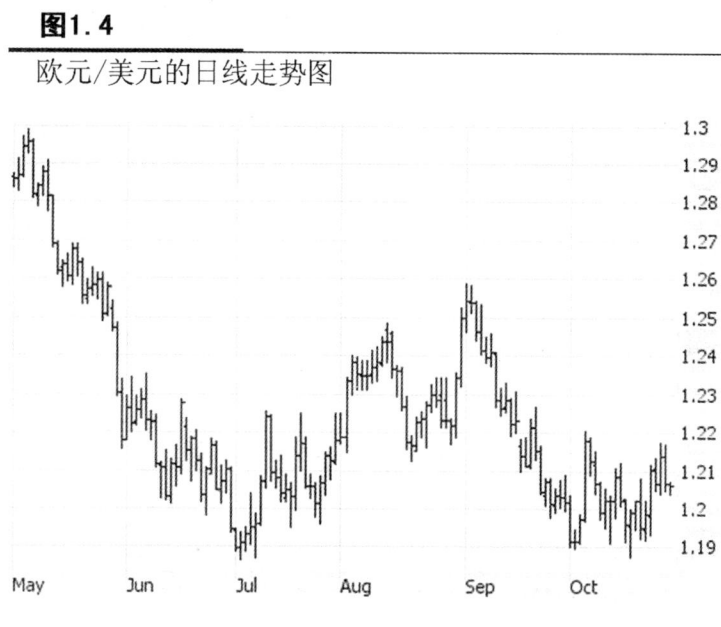

资料来源：Prophet.net

运用走势图是把外汇市场上发生的所有事情浓缩为简单易使用形式的有效方式。比如，如果走势图上价格越来越高，那它继续上涨的可能性就大，除非发生了什么事情改变了它的趋势。这就像牛顿第一运动定律——除非受到外力影响，运动中的物体会一直保持此前的运动状态。技术面分

外汇交易大师的工具与策略

析有助于你识别当前价格的运动方向,并判断何时将改变方向。

基本面分析和技术面分析都有助于你在外汇市场上获利。不过,大部分使用基本面分析的专业人士都极推崇基本面分析,对技术面分析嗤之以鼻;反过来,大部分使用技术面分析的专业人士也极信赖技术面分析,看不上基本面分析。但是,我们的看法不一样。我们认为如果你能掌握两种类型的分析方法,为什么不同时用上呢?如果你用上所有你能用的工具,你成功的几率肯定会更大。为了说明这一点,请假想你回到了初中的手工艺课上,你的任务是做一个鸟舍。放在你前面桌上的是一堆木头、一些钉子、一个钉锤和一把锯子。我们肯定如果你确实不想用锯子,你仍然可以做好这个鸟舍。你可以用钉锤把木头分成小块,然后再用钉子把这些小木块钉起来。你也可以不用钉锤就做好这个鸟舍。用锯子把木头锯成整齐精准的小块,然后使出最大的劲用锯片敲打钉子,把这些小木块钉起来。当然,如果你是理性的人,这两种方法听起来似乎都不合理。你应该同时用钉锤和锯子来建一个漂亮的、高质量的鸟舍。在你投资外汇市场时,也是同样的道理。用上所有可用的工具,才是聪明人的行为。

在本书中,我们将向你介绍大量可用于外汇市场获利的工具。我们之所以信赖这些工具,是因为我们每天都在使用它们。我们通过我们的商品交易顾问(CTA)——欧罗波罗斯资本管理有限公司(Ouroboros Capital Management, LLC)为客户管理外汇市场的资金,以及为美国最大的投资培训公司 INVESTools 公司开发培训课程和产品时,都在高频率地使用它们。

但是,在我们开始学习众多的基本面分析和技术面分析工具之前,你需要学习一点外汇市场的基础知识。一旦你理解了外汇术语、外汇市场如何运行以及外汇市场的起源等,你就可以随意运用我们向你介绍的各种基本面分析和技术面分析工具和技术,享受这个市场提供的惊人盈利潜力。

第 2 章 基本术语课

在我们开始深入研究外汇市场各种令人激动的可能性之前,我们要先让你快速掌握外汇市场的语言。我们大部分人都比较熟悉股票市场的术语,因为我们都以这样或那样的形式通过退休和投资计划参与了股票市场。虽然外汇市场的术语在很多方面都与股票市场相似——盈利还是盈利,不过仍然有些微小的区别。不过别担心。就词汇课来讲,倒是十分有趣。相信我,确实是这样。这里只有 3 个术语你需要搞明白,分别是点、货币对和合约。

点

虽然有些人一看到"pip",就会想到查尔斯·狄更斯的《远大前程》里主角的名字①,但是我们希望你能尽快熟悉外汇市场的"pip(点)",因为你将要用它们来判断你的盈利和亏损。一个点是外汇市场的最小计量单

---

① 狄更斯小说《伟大前程》主角的名字叫皮普(Pip),在外汇市场,pip 是点的意思。

位。例如，当你要买入或卖出什么东西时，都以美元和美分的形式进行报价，而美分只延伸到小数点后两位——比如 1.25 美元。但是在外汇市场，大部分报价都有 4 个小数位——比如 1.2500。最末小数位就被称为一个点。所以如果汇率从 1.2500 波动到 1.2509，我们就可以说价格波动了 9 个点。如果这几个点是朝你交易的方向波动，那么你就赚钱了。

正如生活中的大部分规则一样，汇率有 4 位小数的这条规则也有例外。任何汇率，只要涉及日元或泰铢，都只有 2 个小数位。如果你想知道为什么，你就要找国际标准组织（ISO）咨询了。是的，就是有这样一个组织。它坐落于瑞士的日内瓦，而你一定会惊讶于它的影响力范围——从卫生保健和电子工程到造船和冶金等。

货币对

如果我们不比较一只货币同另一只货币的价值，就无所谓外汇市场了。正是这种比较，推动了价格变化。外汇合约都是以货币对的形式报价。欧元/美元是交易量最大的货币对。美元/日元是另一个受欢迎的货币对。表 2.1 列出了目前世界最主要货币对、货币对代码以及相关货币的昵称。

表 2.1 货币对、货币对代码和昵称

货币对	货币对代码	昵称
欧元/美元	EUR/USD	Euro
英镑/美元	GBP/USD	Pound, sterling, cable
美元/瑞郎	USD/CHF	Swissie
美元/日元	USD/JPY	Yen
美元/加元	USD/CAD	Loonie
澳元/美元	AUD/USD	Aussie
纽币/美元	NZD/USD	Kiwi

第 2 章 基本术语课

你在看货币对时,还要注意区分哪个货币是基准货币,哪个货币是报价货币。基准货币是货币对中的第一个货币。比如,欧元/美元货币对中,基准货币就是排在前面的欧元。如图 2.1 所示,相应的走势图表明了基准货币代表的一国货币的强弱。如果欧元/美元走势图中那条趋线越来越高,就说明欧元相对于美元不断走强。

图2.1

欧元/美元的上升趋势 小时图

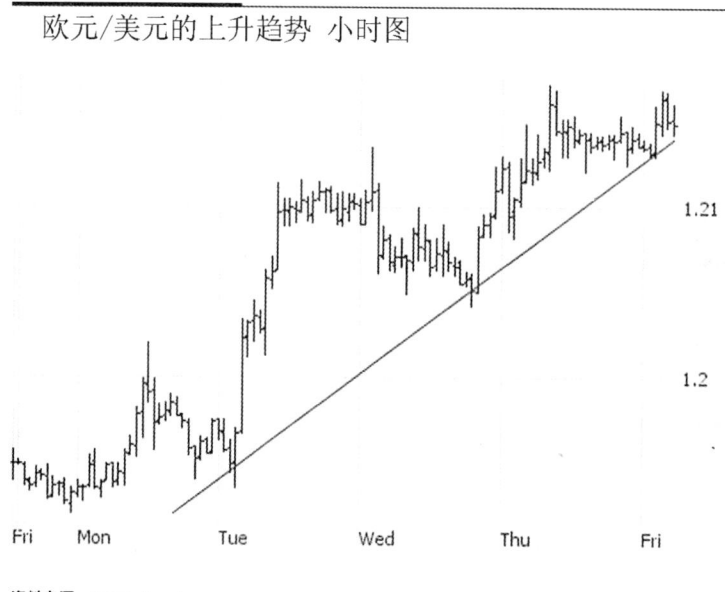

资料来源:Prophet.net

如果欧元/美元走势图中的趋势线越来越低(见图 2.2),就说明欧元相对于美元不断走弱。

39

图2.2

欧元/美元的下跌趋势 小时图

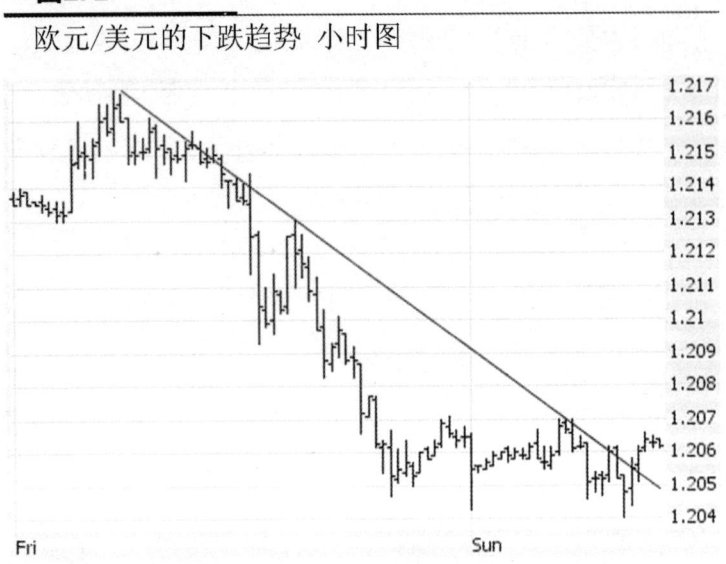

资料来源：Prophet.net

同样的原理也适用于美元/日元（见图2.3）或者其他任何货币对。美元/日元货币对中，基准货币就是美元。所以当美元/日元走势图中趋势线越来越高，就说明美元相对于日元不断走强。而当美元/日元走势图中趋势线越来越低，就意味着美元相对于日元不断走弱。

报价货币就是货币对中的第二个货币。比如，英镑/美元货币对中，报价货币就是列在后面的美元。报价货币很重要，因为汇率是以这个货币作为报价单位。让我们来理解一下这个概念，当你说英镑/美元的汇率是1.7533时，你就在说要用1.7533美元才能换到1英镑。美元/瑞郎和其他任何货币对都是一样的道理。瑞郎是美元/瑞郎货币对中的报价货币。所以当你说美元兑瑞郎的汇率是1.2468时，你的意思就是要购买1美元，需要花费1.2468瑞郎。

第2章 基本术语课

图2.3

美元/日元的上升趋势 小时图

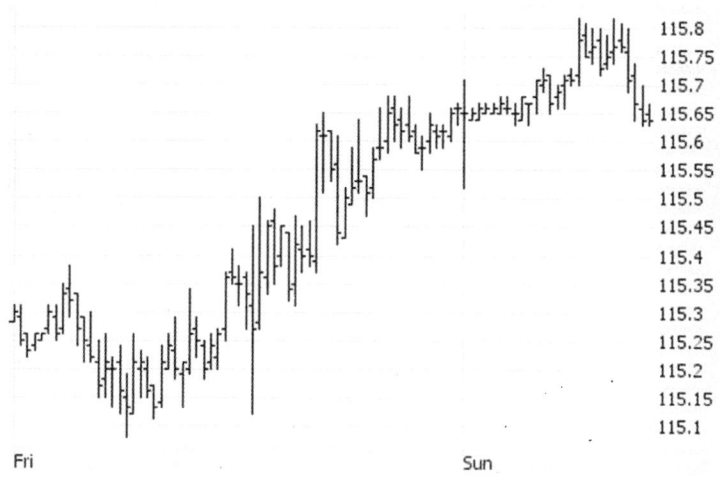

资料来源：Prophet.net

合约

在股票市场，当你想要买入时，你买入的是股份。在外汇市场，当你想要买入时，你买入的是合约。我们使用"合约"这个词，是因为外汇市场采用外汇期货合约。你不可能像在股票市场买入谷歌的股份一样买入美元的股份。当你在外汇市场上交易时，你都是在交易买卖各种货币的合约。

外汇市场的合约有两种类型，一种是迷你合约，一种是标准合约。一手迷你合约可以控制1万单位的报价货币，不管这个报价货币是哪个货币。所以，假如你买入一手欧元/美元的迷你合约，你就可以控制1万美元，因为美元是这个货币对中的报价货币。假如你买入一手美元/日元的迷你合约，你就可以控制1万日元，因为日元是这个货币对中的报价货币。一手标准合约可以控制10万单位的报价货币。正如你看到的，一手标准合约的

41

外汇交易大师的工具与策略

价值是一手迷你合约价值的 10 倍。有迷你和标准两种合约可供选择,你就可以调整你的投资以更好地适应你的投资风格和策略。

你一定要花点时间适应外汇市场的这些术语。如果你有扎实的知识基础,你的投资就会好很多。所以,现在你已经了解这些基础概念,我们将要看看外汇市场是如何运行的,它的来历以及如何利用它来保护并增加我们的财富。

第3章 外汇市场的运行原理

　　就像世界其他任何市场一样，外汇市场也是由供给和需求驱动的。事实上，在外汇市场，供给和需求的概念太重要了，所以我们有必要先退回到"经济学101课堂"（欧美大学的专业入门课一般在101教室授课），以确保我们的学习进度相同。搞清供给和需求的原理，会让你的外汇投资生涯大大地不同，因为它可以让你有效筛选每天产生的海量信息，并找出最重要的那部分。所以，供给和需求到底是如何影响外汇市场呢？

　　供给衡量的是某种商品在一定时期内可以供应的数量。商品的价格直接与它的供给相连，在本例中，商品就是货币。当一只货币的供给增加时，这只货币的价值就会降低；反过来，当一只货币的供给减少时，这只货币的价值就会升高。想想石头和钻石的区别。石头并不十分值钱，因为它们到处都是。你可以去乡间小路上走走看，一路上你可以选到成百上千种不同的石头。而钻石就不一样，它的价格非常高昂，因为市面上的数量不多。目前世界上钻石的供给量很小，如果你想买的话，你需要支付高价。

　　在这个经济学方程的另一边是需求。需求衡量的是消费者在一定时期内，想要购买某种商品的数量。市场对一只货币的需求会对货币的价值产

外汇交易大师的工具与策略

生与供给相反的影响。当对一只货币的需求增加时，这只货币会升值；反之，当对一只货币的需求减少时，这只货币就会贬值。要想更好地理解需求对商品价格的影响，你只需要了解一下艾摩搔痒娃娃就知道了。这个艾摩搔痒娃娃一上市，就受到了市场的疯狂追捧。爸爸妈妈们互相踩着脚去抢，并赶在其他人可能从自己手中夺过去之前付款，以确保他们购齐了孩子节日礼物清单上的所有东西。对于那些手脚不快或者不够强悍，无法从商场里买到这个娃娃的人来说，只好支付令人瞠目的高价从易趣上购买。庞大的需求导致这个红色的、傻笑的玩偶价格远远超过了没有小孩想要它时的价格。

为了说明供给和需求是如何决定外汇市场的合理汇率，我们用了一张标准的供求关系图（见图3.1）。供给曲线是图中的实线，从图左下方向右上方倾斜。需求曲线是图中的虚线，从图左上方向右下方倾斜。y轴或者说纵轴，表示的是价格。x轴或者说横轴，表示的是供给和需求的数量。所以，合理的汇率就位于两条斜线相交的那个点。在本例中，供求关系图显示欧元/美元的合理汇率是1.2100。

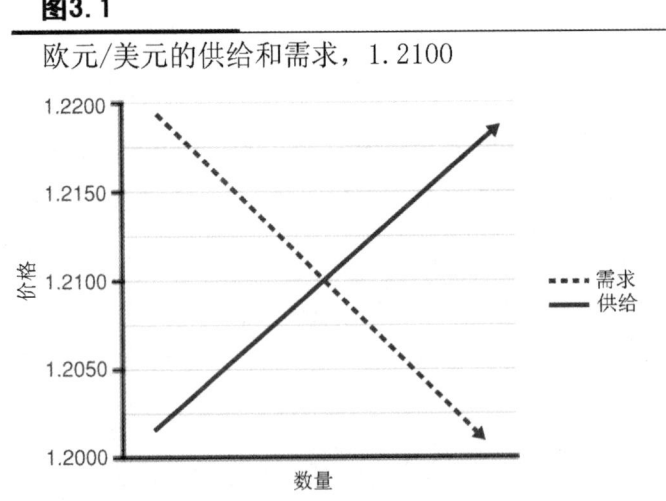

图3.1

欧元/美元的供给和需求，1.2100

资料来源：欧罗波罗斯（Ouroboros）资本管理有限公司

第3章 外汇市场的运行原理

不管是供给增加还是需求增加，你所需要做的都是把对应的那条曲线沿着 x 轴向右平移。所以如果供给增加，你就把供给曲线向右平移；如果需求增加，你就把需求曲线向右平移。要是供给减少或者需求减少，你只需要进行相反的操作，把对应的那条曲线沿着 x 轴向左平移。如果供给减少，你就把供给曲线向左平移；如果需求减少，你就把需求曲线向左平移。

就像我们讨论的，当供给增加时，商品的合理价格就会降低。你可以看图 3.2，当图中供给曲线不断右移——说明供给不断增加，两条曲线的交点对应的价格水平就越来越低。这告诉我们，合理的汇率正越来越低。

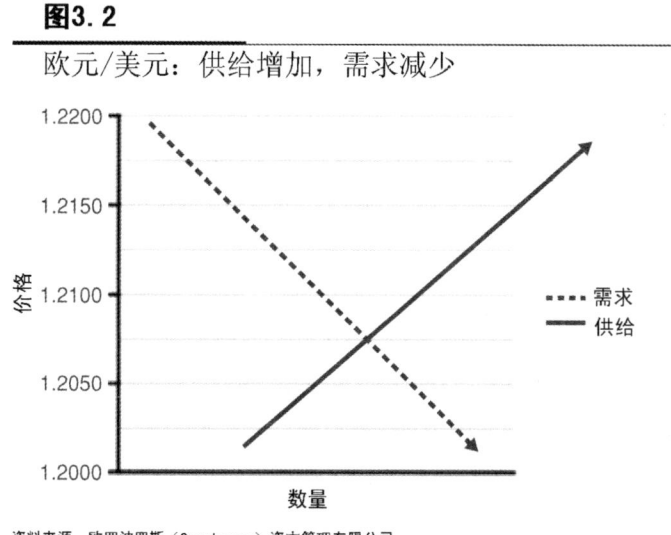

图3.2

欧元/美元：供给增加，需求减少

资料来源：欧罗波罗斯（Ouroboros）资本管理有限公司

反之，如图 3.3 所示，当供给曲线不断左移时——说明供给不断减少，图中两条曲线的交点对应的价格水平就越来越高。这告诉我们，合理的汇率正越来越高。

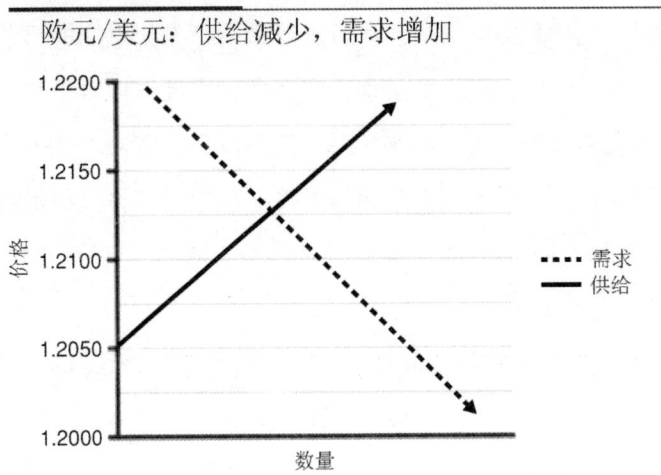

图3.3

欧元/美元：供给减少，需求增加

资料来源：欧罗波罗斯（Ouroboros）资本管理有限公司

向左或向右平移需求曲线，会对汇率产生类似的影响。当需求增加，合理的价格就会提高。所以当你把需求曲线不断往右平移时——表示需求增加，两条曲线的交点就会越来越高（见图3.4）。

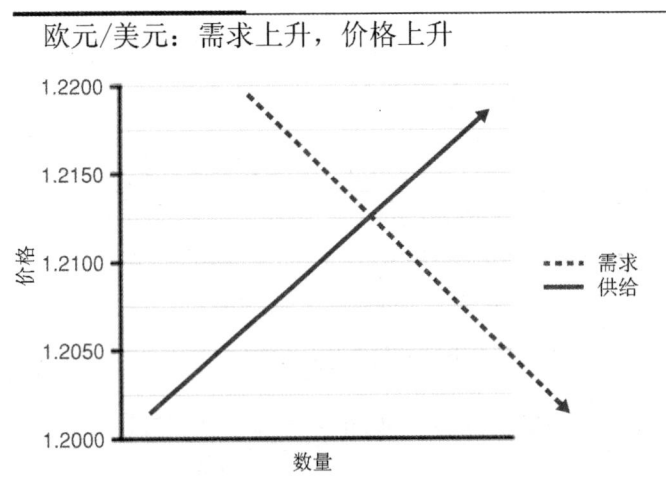

图3.4

欧元/美元：需求上升，价格上升

资料来源：欧罗波罗斯（Ouroboros）资本管理有限公司

第3章　外汇市场的运行原理

你也可以看看图 3.5，当你把需求曲线不断向左平移时——表示需求减少，两条曲线的交点就会越来越低。

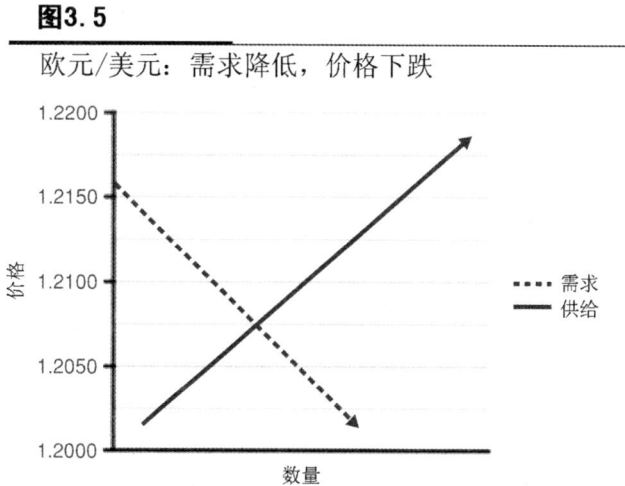

图3.5

欧元/美元：需求降低，价格下跌

资料来源：欧罗波罗斯（Ouroboros）资本管理有限公司

当供给曲线和需求曲线都发生平移时，你会看到合理价格发生的戏剧转变。比如，如果对一只货币的需求突然增加，而供给正在减少时，合理价格就会快速上升（见图 3.6）。

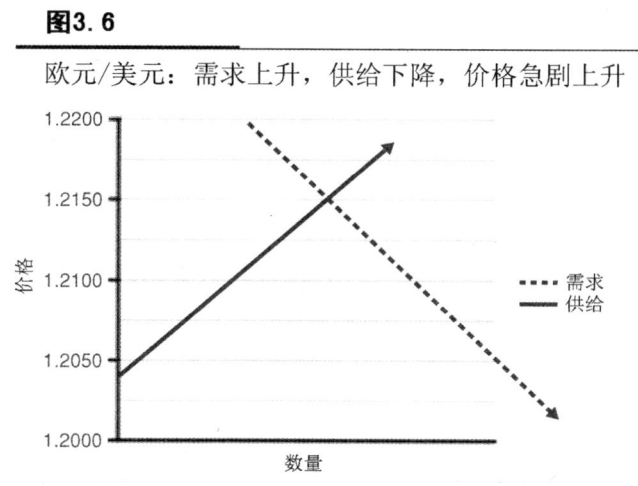

图3.6

欧元/美元：需求上升，供给下降，价格急剧上升

资料来源：欧罗波罗斯（Ouroboros）资本管理有限公司

47

另一方面，如果对一只货币的需求突然降低，而供给正在增加，那么合理价格就会迅速下跌（见图3.7）。供给和需求在协同发挥作用。

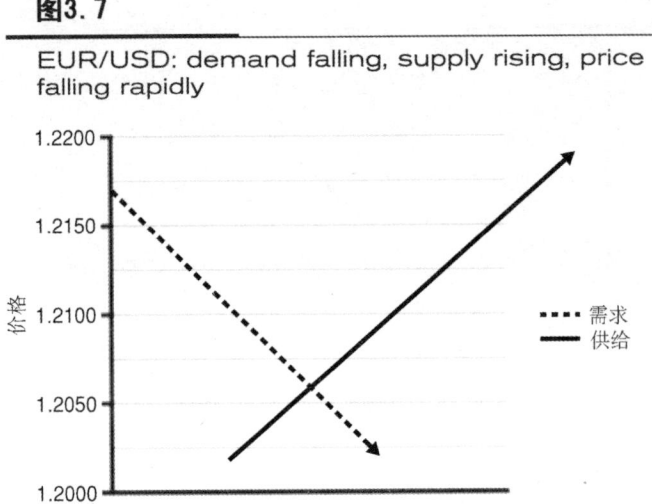

图3.7
EUR/USD: demand falling, supply rising, price falling rapidly

资料来源：欧罗波罗斯（Ouroboros）资本管理有限公司

请花些时间确认你真的熟悉并理解了供给和需求的概念，以及这些关系图如何表示两者间的相互作用，因为我们要用这些图来阐释为什么外汇市场如此运作，以及你如何才能从中获利。

理解外汇市场的波动，相对比较简单，因为你在日常生活中体验到的供给和需求的力量，也在决定外汇市场汇率方面扮演了重要角色。以油价为例，当对原油的需求上升，或者原油的供给下降时，原油的价格就会上升。当原油价格上升，汽油和天然气的价格也会上升。当汽油和天然气价格上升，你在开车去城里采购并给房子供暖时就要支出更多。而当你在石化产品上支出越来越多时，你的预算可支配资金就越来越少了。影响你预算的这些因素，同样也会对世界最大的公司和政府产生影响。

有一个国家，油价上涨对它的影响与对你的影响相似，这个国家就是日本。日本所需的原油几乎100%都靠进口，同时它的原油储备并不能满足自己的需要，所以它别无选择。因此，不管价格是多少，日本想要用于

第3章 外汇市场的运行原理

生产电力、汽车和其他商品的所有原油几乎都需要从他国购买。然而这还只是开始。日本的经济还依赖于出口商品到其他国家,比如美国。你可能已经注意到开车到城里采购的费用有多大,要把你买的食品杂货、你的小孩和你自己从一个地方送到另一个地方,需要花费很多钱。而当你必须把你生产的商品运送到太平洋对岸时,则要花费更多。把日本生产的每一台汽车、DVD和电脑运送到消费者手里,运费越来越高昂。所以,日本正在受着双重打击。他必须以高涨的价格进口原油来生产商品,然后支付高涨的运费把商品运送出去。

所以,油价上涨会对日本产品产生什么影响呢?当然是使它们变得更为昂贵。如果日本企业必须支付更高成本来生产产品,然后支付更多费用来运送产品,那么他们产品的售价自然会更高,因为这样他们才能回收成本并赚得利润。如果产品越来越贵,消费者的购买数量就会越来越少。而当消费者的购买数量减少时,企业的盈利就会减少,这就会导致各种各样负面的经济结果。现在,我们回过头来看一看,这一切与日元的汇率有什么关系。

透过供给和需求的镜头,你可以看到油价的上涨会对日元价值产生什么样的影响。原油都是以美元定价并结算的。当油价上涨时,日本的购买者必须把更多的日元兑换成美元,才能支付他们的油价。外汇市场日元供给的增加,会降低日元的价值。当日本产品变得越来越贵,使得有能力购买的人越来越少时,对日元的需求就会降低,这就会使问题更加严重。由于你必须用日元来购买日本产品,所以你必须卖掉你持有的无论什么货币来买入日元。你购买的产品越少,你需要的日元也就越少。而当你不需要日本产品时,你对日元的需求也就停止了。供给增加加上需求减少,直接的结果就是日元贬值。

原油价格对日元的影响,只是供给和需求如何影响外汇市场的其中一个例子。我们将在后面章节看到其他很多影响外汇市场的基本面因素。现在,对你来说最重要的事情是,尽快熟悉供给和需求的概念。一旦你掌握了这个最基本最重要的经济学概念,你在外汇市场上将势不可当。

所以,每当你分析外汇市场时,你所需要做的就是问问你自己,供给和需求将如何受到周围发生的一切的影响。

第4章 外汇市场的起源及发展

　　外汇市场诞生于一个不断变化的全球金融市场，而且还在不断发展以适应同样激烈变化的全球金融市场。随着不断的发展完善，它必然呈现出持续一致的特点和表现。知道了外汇市场的变化可以预测，我们就认识到了学习外汇市场起源和发展历史的重要性。知道了历史，我们就能更好地理解它今天为什么如此行为，并预测未来将会如何表现。你必须要先理解了这个市场，才谈得上从中获利。

　　你要意识到一点，我们不会一谈到外汇市场的起源和发展，就列出一大堆标志着外汇市场重大变化的关键事件和日期。我们根本不在乎这些事件发生的具体时间和地点。我们也不想知道事情何时发生了改变。我们想知道的是它们为什么发生了这样的改变。这些日期不会穿越到未来并影响未来的市场，但是过去影响外汇市场的那些力量，一定也会影响外汇市场的未来。

　　影响外汇市场的很多经济力量，都需要时间来发展。它们要经过多年的发展，才会完全显现，发挥作用。只有那些没有持续关注这些力量的人，才会说它们是悄悄地突然出现的。其他的经济力量则是每天都在发挥着影响，并形成我们听到的新闻，然后直接导致我们盈利或亏损。

第4章　外汇市场的起源及发展

要想在外汇市场盈利，你必须做好一件事。哦，也许是两件。第一，你要接受一个事实，即历史会重演——虽然常常出现一些新观点，但仍然是历史的重演。第二，你必须按照你对历史的了解行事。别担心。我们之后将会详述细节，现在你必须先学习一小部分。

外汇市场是一个政治哲学、社会态度和个人偏见的公正观察员。因为外汇是无界和公正的，所以只有两个主要驱动因素激励着市场主要参与者：降低风险和盈利。换句话说，外汇赋予了你巨大的能力过滤全球所有的噪音和谣传，并找到真正驱动市场的基本经济因素。但是，我们必须提醒你，随着这些概念逐渐清晰，你会多次发现你似乎是唯一一个理性思考的人。"非理性繁荣"是前美联储主席艾伦·格林斯潘创造的一个词，它是这个国家和全球市场的真实写照。但是如果你学习了世界金融发展史，你会发现所有这些都在过去出现过，而你将受惠于这些知识。

现代金本位制

过去美元是基于金本位制。金本位制就是把货币的价值与固定数量的黄金挂钩，然后由政府来保管黄金。当你细想的时候，你会发现你钱包里的那些纸币，实际上并没有多少价值。当然，印制并发放纸币需要花些费用，但是为什么一张印着"＄20"的纸片的价值，就是一张同样大小、形状和花色但印着"＄1"的纸片的20倍？这张印着"＄20"的纸片在过去的价值更高，因为它是美国财政部签发的一张可以兑换价值20美元黄金的本票。如果你需要，你随时可以把你口袋里的纸币兑换成黄金。不过，现在情况已不再是这样，但这是美国纸币诞生的起点。

美元不是唯一与一定数量或重量的贵金属挂钩的货币。曾经1英镑价值1金衡磅（12金衡盎司）的标准纯银。这就是英国货币要被称为英镑的原因，也是其昵称"sterling（标准纯银）"的由来。

美元曾经同时钉住白银和黄金，但是由于矿业繁荣，白银大量涌入市

外汇交易大师的工具与策略

场,拉低了白银的价值,最终导致政府取消美元与白银的挂钩。不过,这个过程不是快速完成的。那些大型白银生产商游说议员,成功迫使美国政府多年从生产商那里购入大量白银,暂时稳住了白银的价格。最终,在来自内部的压力远远超过白银生产商游说导致的外部压力之后,美国政府改变了关于美元与白银关系的政策,取消了美元钉住白银的制度。虽然我们仍然可以看到大型游说集团向美国政府施加压力,以期改变美元的汇率,但是规模庞大的外汇市场通常能够杜绝此类事件发生。要撼动外汇市场,所需的力量是天文数字级别的,而单独一个政府或机构通常无法聚集如此庞大的力量。所以,这就为参与这个市场的每一个人创造了公平的竞争环境。

从1900年到1934年期间,美国采用金本位制,美元固定以每盎司黄金对20.67美元的价格兑换。到1934年,美国时任总统富兰克林·D·罗斯福调低了美元的价值,把20.67美元/盎司的比价降为35美元/盎司。这等于是让美元贬值了69%。这时,你已无法用20.67美元买到1盎司的黄金,你必须要多花14.33美元,才能买到相同的数量。不过,现实是即使你可以支付上涨后的价格,但你仍然无法买到任何黄金。为了维持美元人为降低后的价值,罗斯福还规定美国公民持有黄金是非法行为——黄金首饰和工业应用除外。这听起来或许有点不可思议,但是这是事实。由于这项命令,美国财政部停止了金币的铸造,并销毁了当时已生产但还未发行的著名的1933年20美元双鹰金币。这条禁令一直持续到了60年代。

虽然这次人为大幅改变美元价值似乎有点极端,但是罗斯福有理由这样做。罗斯福让美元贬值,目的是让美国出口的商品对外国消费者更具吸引力,从而促进美国经济的增长。如果你是英国的消费者,你手中的英镑与美元等值,你就可以用1英镑购买价值1美元的美国产品。但如果你的1英镑现在突然价值2美元,你就可以用1英镑买到价值2美元的美国产品。你手中的钱可以购买的产品越多,你愿意购买的也就越多。

这段简短的解释只是说明了金属货币本位制的两大问题中的一个:这

第4章　外汇市场的起源及发展

种本位制的运行状况取决于政府的施行力度。罗斯福可以随意把新的金本位制设定为任何他认可的价值。但是，一个政府的法令无法决定黄金或其他任何贵金属的真正价值。金属货币本位制的第二个固有的问题就是金属的供给波动非常大。当黄金大量涌向市场时，就像19世纪50年代加利福尼亚和澳大利亚的淘金热导致黄金大量涌现一样，黄金的内在价值降低了。但是，当黄金的价值与一定数量的美元挂钩时，黄金供给的增加就会导致通货膨胀。

在20世纪中期，虽然美元以35美元/盎司的价格钉住黄金并不稳定，但它却是二战后世界其他地区保持稳定的关键柱石之一。第二次世界大战摧毁了欧洲和日本的经济，全球各国必须建立一些共同基础来帮助经济重建。他们在美元价值钉住黄金这点上找到了这个共同基础。全世界领导都同意——通过布雷顿森林协定——借助于美元的力量，让各国货币价值与美元价值挂钩。这是一个维持全球市场稳定的便捷方法，但结果证明这只是一个短期解决方案。货币相互钉住汇率制要求相关各方的财政政策都超乎寻常地稳健并且经济发展稳定，但是最后证明这对布雷顿森林协定的签署国来说要求太高了。全球经济不断发展变化。只有短视、天真的人才会认为世界将永远保持稳定。

布雷顿森林协定规定，各国货币对美元的汇率只能在一个狭窄的1%区间内波动。这意味着当一个国家相对另一个国家是国际收支逆差——因为它从这个国家进口的商品数量超过了它出口到这个国家的商品数量——这个国家就要输出黄金来弥补国际收支逆差。但是，如果一个国家没有足够的黄金来平衡其国际收支账户，它就有两个选择，要么增加商品和服务的出口数量，要么让货币贬值。但是实际上，一个国家只能有一种选择，因为布雷顿森林协定规定各国必须维持其货币钉住美元的汇率制，这就意味着它不能让自己的货币贬值。所以，如果一个国家经常项目赤字，并且不能通过调整汇率来增加出口，它就被限制住了。然而有趣的是，就像命运安排一样，第一个陷入窘境的国家竟然是美国自己。

外汇交易大师的工具与策略

在20世纪60年代，美国开始印制钞票来为越南的战争以及总统林登·约翰逊（Lyndon B. Johnson）提出的"伟大社会"社会福利计划提供资金。约翰逊提出了"大炮加黄油"的政策，他告诉美国民众政府可以很容易地负担战争的费用——大炮，同时也可以满足民众回到家后的需要——黄油。实际上，约翰逊是在告诉选民他们可以鱼和熊掌兼得。不幸的是，随着时间推移，政府仅仅为了维持经济正常运作就不得不印制越来越多的钞票。当越来越多的钞票涌入经济中时，通货膨胀就开始越升越高。

到这个时候，由于20世纪30年代罗斯福人为降低美元的价值，美国人仍然不能合法持有黄金。但是欧洲人和其他人却可以，所以他们充分地利用了这一优势。当时美元是以35美元/盎司的价格钉住黄金。有趣的是这个钉住制度只存在于美国境内。在美国以外，不仅个人可以持有黄金，还存在一个繁荣的黄金市场。就像公开市场那样，由于美国的通货膨胀，这个黄金市场允许黄金的价格波动到远远高于35美元/盎司的水平。

通货膨胀会降低货币的价值。当一只货币的价值越来越低时，你能用它购买的商品数量就越来越少。所以如果黄金的价值在美国境内被允许自由波动的话，那么当美元的价值越来越低时，黄金可以兑换的美元就会越来越多。

假设你是法国政府或者其他什么国家的政府，你的债权国是美国，由于采用汇率钉住制，所以法国法郎或者其他货币与美元的汇率一直保持1∶1。你知道在美国可以用35美元兑换1盎司的黄金，所以你先把35法国法郎兑换成35美元，然后再用这35美元兑换1盎司黄金。这时，你就可以把黄金带回法国，并到繁荣的欧洲黄金市场上以50法国法郎/盎司的价格兑换成法国法郎。现在，你就平白赚到了15法国法郎。让我们看看。你不需要冒任何风险，你就赚到了15法国法郎！这真是一个不可思议的制度体系，但事实上它就是这样的。在法国法郎和美元之间不存在任何汇率风险，因为它们采用钉住汇率制。在美元和黄金之间也不存在任何汇兑风险，因为它们也是采用钉住制。你可以在公开市场上以真实的价格而不是

第4章 外汇市场的起源及发展

以人为压低的 35 美元/盎司的价格卖出黄金。这就好像在免费印制钞票。作为一个外国政府，你所需要做的就是进行一些简单的兑换，然后就可以免费得到很多钞票，用以偿还债务。如果你有这样一个理想的赚钱方式，你为什么不用呢？你当然会用。所以，世界各国政府都开始奔向美国的黄金储备。

承受了约翰逊的通货膨胀"恶果"的总统理查德·尼克松认识到，美国的黄金储备已经下降到危险的水平，于是决定采取行动。在 1971 年 8 月 15 日，尼克松使美元与黄金"暂时"脱钩。这意味着外国政府、跨国公司等再也无法用美元兑换到黄金。这也意味着人们钱包里装的这些绿色小纸片再也不以黄金或者其他贵金属作为后盾。现在的美元只以美国政府的良好信用作为后盾，去履行所有的金融债务。

虽然美元只以良好信用作为后盾在今天看来似乎是很正常的事，但是对其他国家政府来说，它的前景非常可怕。记住，美国为了偿还债务，在以惊人的速度印制钞票，通货膨胀在持续上升。如果你们国家的货币钉住了美元，那么你们货币贬值的速度也会像美元贬值的速度一样快。这些外国政府知道他们的经济很难在遭遇通货膨胀危机之后幸存下来，所以他们唯一的选择就是抨击钉住汇率制。

在最近几周，投机者业已发动一场针对美元的全面战争。（摘自 1971 年 8 月 15 日，尼克松向全国发表的介绍其新经济政策的题为《和平时期的挑战》的演讲）

美国国会一小组委员会今天表示美元相对于其他货币被高估，应该采取什么方式让美元贬值。（摘自 1971 年 8 月 7 日《纽约时报》）

昨天，美元在世界货币市场受到了投机者的狙击。陷入恐慌的交易者大量抛售美元追逐本国货币，导致法兰克福、米兰、伦敦、苏黎世、阿姆斯特丹、东京以及其他大型金融中心的压力巨大。（摘自 1971 年 8 月 7 日《纽约时报》）

美元在欧洲和日本的大型金融市场上遭遇沉重抛压。在这种氛围下，大量资金疯狂进场打赌美元将会贬值。大型公司为了避免因这种情况出现而遭受亏损，也在进行着对冲，金融界和学术界的权威人士都认为美元被高估，并极力主张纠正这一情况。大多数观察家期望我们做点什么（可能是让美元贬值），外国政府和个人交易者认为我们会有所行动而采取相应措施。这又进一步加剧了投机热潮。（摘自负责经济事务的代理助理国务卿米尔顿·卡茨递交国务卿威廉·皮尔斯·罗杰斯的备忘录）

不是会不会发生的问题，而是何时发生的问题。这是欧洲当局谈论美元贬值时的看法。（摘自1971年8月7日《纽约时报》）

这些外国政府保护他们自己货币价值的唯一方法，就是狙击美元，让美元贬值。这些努力的结果就是最终导致欧洲和日本的钉住汇率制终结。欧洲国家试图不再钉住美元，而彼此之间仍然保持钉住汇率制，但是这些尝试最终失败，这些欧洲国家不得不采用自由浮动汇率制。

自由浮动汇率制允许货币根据经济的供给和需求力量来升值或贬值。这个波动可以让各国货币的价值获得一个适当的平衡，同时也提供了一个从外汇市场获利的机会。从20世纪70年代半浮动汇率制（又称管理浮动汇率制）和自由浮动汇率制初期开始，外汇市场已经经历了我们所谓的"青春期"，现已进入了"成年期"。虽然外汇市场现在仍然喜怒无常、阴晴不定，甚至有时陷入疯狂，但是正是这些特质才使外汇市场成为一个理想的赚钱工具。

历史会重演

很多在过去影响过外汇市场的力量和异常情况，一定会在未来某个时候再度影响外汇市场。如果你从历史中吸取经验教训，你就可以利用未来的某些事件获利。为了全面了解这些影响的范围，我们下面讨论了三个相关的外汇市场案例。从这些案例中，你将可以看到外汇市场面临的来自外部的压力、来自内部的压力以及同时来自于内部和外部的压力对货币价值有巨大影响的。

来自内部的压力——1982年总统里根的强势美元政策

对一只货币影响最大的压力，常常是来自这个国家自己的经济和政治

第4章 外汇市场的起源及发展

体系。美元在20世纪80年代初罗纳德·里根赢得美国总统大选时就经历了这种压力。里根在1980年竞选时面临的问题之一就是通货膨胀。当时卡特政府深受两位数通货膨胀率的困扰，美国人也对自己的存款和投资账户不断缩水感到深恶痛绝。为了抑制通货膨胀，里根承诺他将为强势美元而战斗，并且他做到了。在1981年1月，美国要用1.3271美元才能买入1德国马克。德国马克是欧元的前身，是可以作为与美元价值进行历史比较的最好选择之一。到1985年2月时，美元价值已经飙升到只需要0.6423美元就可以兑换1德国马克的高位。美元相对于德国马克的价值上升超过100%。你如果想知道具体涨幅有多大，我们可以告诉你，一共是6848点。如果是在今天的外汇市场，你用2000美元购买一手合约，你就可以获利68480美元，投资回报率高达3424%。这个成绩还不错吧！你可能无法抓住整个行情，不过你要知道这波走势整整持续了3年。在这3年期间，你一定会在某个时点意识到趋势以强势美元为主，然后加入这波趋势（见图4.1）。

图4.1

德国马克/美元货币对从80年代初开始一路下跌

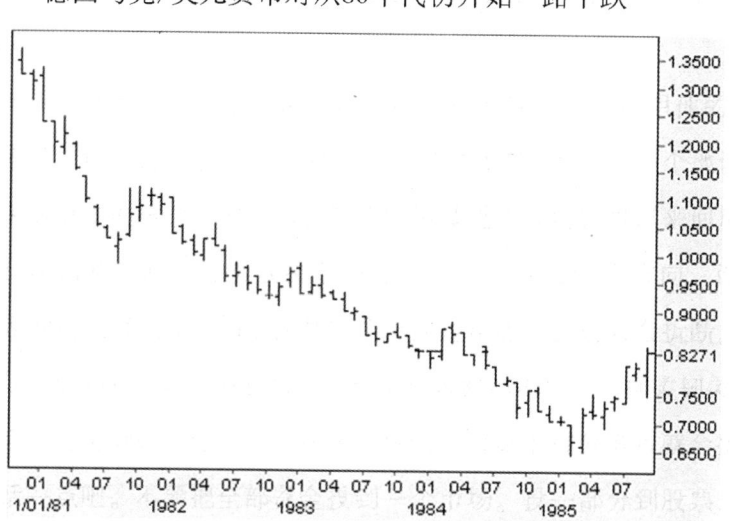

资料来源：Prophet.net

外汇交易大师的工具与策略

　　随着美元价值飙升，进口也开始激增。强势美元让美国人更容易购买来自其他国家的产品，因为这些产品相对美元来说，变得便宜了。新增加的购买力导致美国的消费暴涨，而其他经济体也十分乐意把汽车、纸、原材料、电子产品等产品运送到美国满足美国消费者的需求。这段时间正是索尼随身听、丰田花冠和本田摩托车的美好时代。大量廉价进口商品涌现令消费者非常满意，但是美国的生产者开始感到不安，因为竞争对手从强势美元中获得了直接的价格优势。美国生产者当然无法与之竞争。

　　面对利润下滑，美国生产者请求联邦政府采取措施让美元回到一个更为合理的汇率水平上。华盛顿听从了民众的请求，在1988年2月，美联储让美元回到了1.3035美元兑1德国马克的水平上。这一汇率变化使外国消费者更买得起美国产品。但是令美国的生产者没有想到的是，美国的进出口局面永远改变了，因为一个高效的分销渠道已经形成，美国逐步失去了发展制造业的机会。从那时起到现在，美国一直享受着源源不断的廉价进口产品。

　　在里根政府的强势美元时代，外汇市场的两大特点很好地表现了出来。第一个特点是外汇市场倾向于过度反应，通常会从一个极端到另一个极端。里根上台伊始就采取措施促使美元走强，大部分人都希望美元升值，只是要找到一个相对其他货币价值的均衡点。但是结果是美元变得太强了，美国政府不得不采取纠正措施来避免美国发生经济灾难。第二个特点是外汇市场倾向于走长期性趋势，下面的例子就很好地说明了这一点。美元没有一次大规模的波动是在一夜之间完成的。每一次大行情都需要数年发展才能完全成熟。你可以从图4.2中看到，从1980年开始一直到1988年，当美元走强时，欧元/美元（请注意，德国马克是欧元的前身）货币对价格的下跌是多么顺畅，而当美元走弱时，该货币对价格的上涨又是多么顺畅。

第4章 外汇市场的起源及发展

图4.2

德国马克/美元货币对在80年代的价格走势

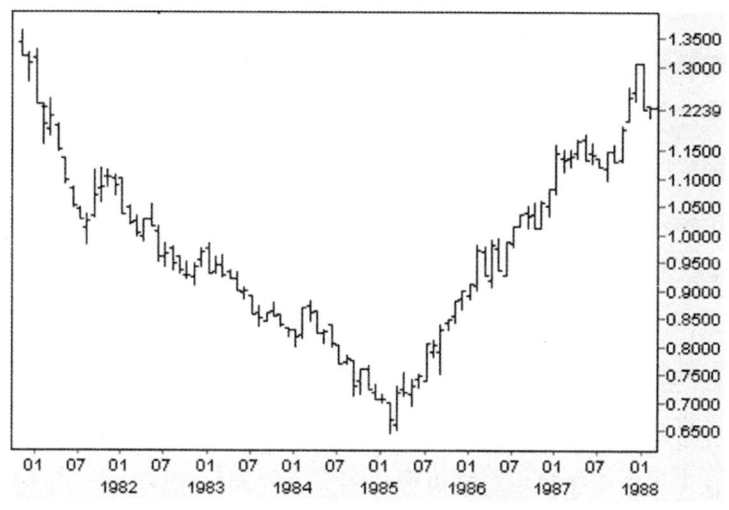

资料来源：Prophet.net

来自外部的压力——1992年英镑危机

要维持一只货币的固定汇率难度很高，因为世界经济舞台上有各种不同的力量在发挥作用。随着世界越变越小，联系越来越紧密，各国政府不得不花费越来越多的精力来注意周边国家的发展动向。比如在过去无论怎样都不会对全球经济造成影响的中国劳动力价格，现在突然就成为至关重要的一环。最终，各国政府不得不认识到自己不再是自己国家命运的唯一主宰。曾经有一个国家认为自己可以抵挡全球化的冲击并吸收它的影响，这个国家就是英国。在1992年时，英国已经加入了欧洲汇率机制（ERM）。欧洲汇率机制只允许成员国货币的汇率在上下15%的区间内波动。如果一只货币的汇率超出了这个区间，那么这只货币所属的经济体的央行就有责任通过买入或卖出本国货币来使其回到规定区间。

这是政府和学术经济哲学的根本缺陷的一个很好例子。一只货币大幅贬值，可以出于很多理由。试图确定当前是哪个理由在影响货币的价值，

外汇交易大师的工具与策略

通常是徒劳的做法。如果政府可以一直高效地操纵外汇市场,外汇市场就没有存在的必要。要想长期通过买入或卖出的操作,来阻止一只货币接近失控的下跌并且把它拉回预先确定的那个价值,其实是非常困难的。货币价值失控通常是因为全球经济的什么地方失去了平衡,需要进行调整。在90年代初的英镑危机一例中,就是英国经济出现了问题。

在那个时候,以对冲基金巨头乔治·索罗斯为首的投机者开始意识到英国经济根本的疲软,于是决定狙击英镑。索罗斯和其他交易者知道英格兰银行无法长期支撑一只势必下跌的货币。狙击英镑的力量实在是太强了。为了狙击英镑,这些投机者开始以惊人的速度卖出英镑。他们之所以这样做,是因为他们知道英格兰银行一定会买入,以支撑英镑的价值。同时,他们也知道英格兰银行不可能一直这样买下去,到某一时刻时,英格兰银行将再也无法维持英镑的价值。而事实的确是这样。在1992年9月,英格兰银行终于达到了通过买入来支撑英镑价值的能力极限,英镑最终超过了欧洲汇率机制规定的上下15%的波动区间(见图4.3)。

图4.3

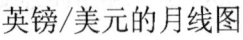
英镑/美元的月线图

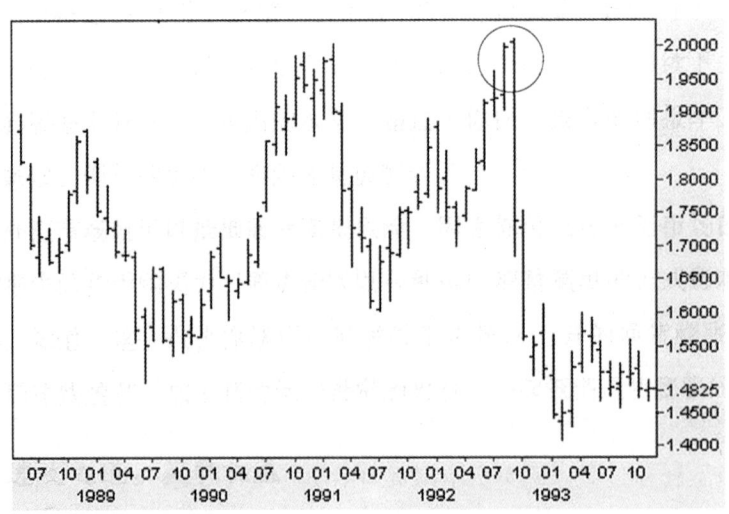

资料来源:Prophet.net

第4章 外汇市场的起源及发展

从1992年9月到1993年1月,英镑从1英镑兑换约2.0100美元的高点一路下跌到1英镑只能兑换1.4063美元的低点。在短短5个月时间里,竟然就下跌了6037点。假如你在1992年年中卖出英镑/美元货币对,那么你仅用2000美元的保证金就可以赚到约60370美元的利润——回报率高达3018%。虽然你在最高点进场、最低点出场的可能性较小,但是你至少可以抓住一部分行情让资金翻倍,因为很多人都是这样的。

导致英镑崩溃的这些经济因素,也没有在一夜之间就完全显露出来。新闻媒体已经报道了几个月。涉及重要的宏观经济新闻和事件时,外汇市场很少会让你察觉不到。知道这一点,你就可以保护自己并从即将到来的灾难中获利,因为你提前获得了足够的预警。可以说,乔治·索罗斯是看到了英镑崩溃的这一预兆,才决定做空英镑。任何注意到这一情况的人都这样做了。你当然不会像索罗斯这样进行如此激进的交易,但是你一定也大幅增加了你的账户交易资金。你想知道索罗斯这次从打赌英镑下跌中赚了多少钱吗?大约是10亿美元。短时间就获得如此巨额利润,实在是太棒了!

来自内外部的压力——北美自由贸易协定的"担保债券"和墨西哥比索(1994)

1994年,墨西哥经济经历了前所未有的成功。在20世纪80年代末期,墨西哥政府一直致力于增加墨西哥的外国资本总额,并且这一努力奏效了。之前,墨西哥几乎所有的外国投资都是直接投入这个国家的石油行业。但是到1994年,外国投资对石油行业之外的领域一直在不断增加。墨西哥政府之所以这样做,是因为他们认为与世界经济强国——尤其是美国——保持密切联系,将促进墨西哥经济的发展,从而帮助墨西哥人创造更多的财富。

虽然墨西哥政府的基本目标非常宏大,但是外国投资者的回报开始不那么具有吸引力。投资者都是逐利的,当他们的投资开始缩水时,他们通常会把资金转移到回报更高的地方。这些外国投资者把如此多资金投入墨西哥,也是因为他们大多数人对于过去在墨西哥的投资感到满意。但是他

外汇交易大师的工具与策略

们逐渐也开始感到不满意，因为每当他们想要把从墨西哥赚到的比索兑换成其他什么货币时，都会损失一部分，因为墨西哥比索的价值一直在稳步下跌。

面对不断贬值的比索和失望的外国投资者，墨西哥政府作出重大决定，决定进入外汇市场并通过发行被称为"tesebonos"的短期债券来支撑墨西哥比索的价值。发行债券本身并不是奇怪的或激进的做法。美国每年都会发行价值数十亿美元的债券。但是墨西哥发行的这个债券有一个有趣的也是最终导致灾难的地方在于，这些债券都是基于美元而不是墨西哥比索。是的，如果你购买了这个债券，你收到的利息将不是墨西哥比索，而是美元。

开始时，这些短期债券非常吸引外国投资者。出售这些债券也暂时推高了比索的价值，因为需求回升，经常项目赤字也得到了弥补。但是让债券与美元挂钩，使墨西哥政府面临了更大的汇率风险。

在1994年墨西哥的总统选举中，埃内斯托·塞迪略（Ernesto Zedillo）打败现任总统卡洛斯·萨利纳斯（Carlos Salinas），出任墨西哥新一任总统。赛迪略与即将离任的总统的观点不一致的地方在于货币政策。萨利纳斯认为应该实行紧缩性货币政策——他发行 tesebonos 债券就说明这一点。赛迪略则认为墨西哥应该让新出现的经济繁荣继续，所以墨西哥比索的汇率应该自由浮动。赛迪略在1994年12月做出了允许墨西哥比索汇率自由浮动的决定，这个决定后来被称为"the December mistake（12月的错误）"。大部分专家学者认为墨西哥比索价值被高估，认为应该采用适当的货币政策让比索币值回到更合理的水平上，但是这只货币挺不过因政府支撑和控制的缺失导致的瞬间"真空"。因此，墨西哥比索在短短一周之内贬值三分之二。

你也可以想到，这一决定吓坏了市场。投资者们开始撤出资金逃离墨西哥市场。甚至购买了"有担保的" tesebonos 债券的投资者也因为担心墨西哥政府没有能力履行义务而纷纷抛售债券，于是数十亿比索涌入市场。幸运的是，美国总统比尔·克林顿决定向墨西哥政府提供500亿美元的贷款，以帮助墨西哥经济走出困境。

第4章 外汇市场的起源及发展

墨西哥比索仍然没有完全从"12月的错误"中恢复过来。在1994年末以前,每1美元价值约3墨西哥比索。在1994年末以后直至今天,每1美元价值约10墨西哥比索。

从历史中获利

世界上每一个经济体都极易受到本章讨论的这些压力的影响,尤其是美国。不管这些压力是来自内部还是外部,它们都会影响外汇市场上货币的价值。现在,你知道这些事件将会影响市场,所以你可以对它们加以利用。正如你在前面案例中看到的一样,你不需要一直守在电脑前边就可以赚钱。外汇市场大部分大规模的波动,都需要很长一段时间才能充分发展。

一旦你知道自己关注的目标是什么,你就很容易将其识别出来并进场获利。外汇市场会出现如此多足以改变市场的事件——就像我们刚刚讨论的那个一样,你可能会感到惊奇。在下一章节中,我们将为你介绍一些驱动今天外汇市场的主要基本面因素,以及完全理解这些因素为什么会影响及如何影响市场的背景,另外,我们还将教你如何利用它们来保护你的资产并赚取巨额利润。

第 5 章　基本面分析工具

外汇市场受基本面因素驱动。基本面因素可以影响一只货币的供给，也可以影响市场对一只货币的需求。基本面，是这一切的开始。如果你能掌握基本面分析，就可以大步踏上外汇盈利之路。

当你开始思考这个世界每天发生的所有事——从日本股票市场的表现到沙特阿拉伯生产的原油桶数，你就会意识到每天都有成千上万的基本面因素可以对外汇市场产生影响——这是多么让人感到绝望。没有人可以跟踪每天发生的每件事情的发展动态。不过相信我们，你做不到的事情，其他人也同样做不到。有些外汇投资者可能只关注商品价格，而其他可能只关注伦敦股票市场走向。对一个投资者很重要的信息，不见得对其他投资者同样重要。不过，这些都没有关系。要在外汇市场获得成功，你不需要关注发生在这个世界每个角落的每件事情。

在这一章节，我们会大致介绍一些我们认为属于这一范畴的基本面因素。过去很多不同的基本面因素都对外汇市场产生了影响。虽然有些相同的基本面因素会对外汇市场产生一致的影响，但是很多都不会。这里，我们将着重介绍 6 个在驱动外汇市场方面扮演重大角色的基本面因素。但是，我们事先要声明的是，这 6 个因素并没有组成一张影响外汇市场的所有因

第5章 基本面分析工具

素的完整清单。我们不可能提供这样一张清单。我们只能为你打下一个扎实的基础。有了这个基础，你的投资之路将变得平坦。你或许想知道，仅仅使用我们接下来为你介绍的这几个基本面分析工具就可以赚钱吗。答案当然是肯定的。但是，你很可能是从这几个基本面分析工具开始你的投资，然后随着你交易的深入，你接触和使用的工具越来越多。这是一个自然的发展过程。永远不要停止学习。如果你能够正确地投资的话，你也永远都不会停止进一步学习。事实上，我们很乐意帮助你开始外汇投资。登陆我们的网站 www.profitingwithforex.com，你还可以获得其他基本面分析报告和评论。

你要记住，从基本面分析开始你的投资，然后逐渐配合技术面分析，以制定一个完美的投资策略，这才符合你的最大利益。在学习基本面分析工具时一定要记住这一点，因为我们之后还将进行技术面分析的讨论。

每一个基本面分析工具都是基于一个根本的基本面因素（见表5.1）。通过它们，我们可以窥见美元未来的走势。跟踪这些基本面分析工具的变化，就可以提前预知美元走势的反转和持续。

表5.1 基本面因素和基本面分析工具

基本面因素	基本面分析工具
美国政府	利率
	国际资本流动数据
通货膨胀	消费者物价指数
美国股票市场	标准普尔500指数
中国及其他新兴市场	美元/人民币
	贸易差额
石油	原油期货
突发新闻	新闻媒体

这张表包含了6种基本面因素和8个基本面分析工具。任何人都能抽

外汇交易大师的工具与策略

出时间来关注这 8 个基本面分析工具，特别是当这 8 个工具中还有 5 个是一个月才更新一次。此外，这些都是你日常生活中无论如何都可以了解到的。你知道石油和天然气价格什么时候在上涨。你也知道商品和杂货价格什么时候在下跌。你之所以知道这些，是因为它们会影响你的生活。现在，请把注意力放在以下两个大的方面。当美国经济走好，将有助于你在外汇市场赚得巨额收益时，请加以注意。当美国经济走软，你可以用外汇市场的盈利抵消经济走软导致的其他损失时，也请加以注意。生活永远都会继续下去。不管发生了什么，多加留意并充分利用它们获利。

第6章 美国政府

美国政府对美元价值的影响超过了其他任何基本面因素。我们知道这一点显而易见,尽管如此,你仍然不会忽视其在外汇交易中的价值。通常情况下,如果你只是简单地关注这一点,你也可以获利。

美国政府通过支出和政策决定,对这个国家的经济产生了势不可当的影响。不管是国会提出增加一个新的社会福利计划,或者美联储打算改变其货币政策,经济都会受到影响。而当美国经济受到影响时,外汇市场就势必出现相应的反应。不要误认为你必须一天24小时盯着C-SPAN频道①。你不需要这样。但是,你应该密切关注由美国政府完全掌控的两大基本面因素:国家债务和美联储利率。

基本面因素

美国经济最大的单一投资者就是美国政府。把美国政府说成是它自己

---

① C-SPAN是美国有线电视频道,全名为有线-卫星公共事务网络(Cable-Satellite Public Affairs Network),主要探讨政府及公共事务议题,也转播国情咨文、美国共和党全国代表大会与美国民主党全国代表大会。——译者注

经济的一个投资者，似乎有点奇怪，不过这是因为它对经济发展有很大的影响力。正如你可能预料的那样，美国政府也希望其投资获得尽可能高的回报。政客们喜欢他们的工作，都希望一直可以做下去。但他们需要在选举中再次获胜才有资格连任。要获选连任，他们必须让他们的选民高兴。而要让选民高兴，则必须为他们创造一个强健的经济并提供他们所需的社会福利计划。要做到这一切，政府需要钱，而政府手中的钱只有一个来源，即税收。虽然现在广泛而全面的社会福利制度让选民高兴了，但是高税收没有。所以，政客们希望并且也在竭尽所能地发展经济，因为这样可以一举两得。经济发展好了，选民们满意，也不用提高税率就可增加财政收入。对政府来讲，你收入10万美元时缴纳25%的税金，远远好过于你收入7.5万美元，仍然缴纳25%的税金。简而言之，所有这些都是想说明让美国政府刺激经济，符合政客们的最大利益，而你也可以指望他们尽最大的努力来达到这一目的。

美国政府通过几种方式来管理其投资。但是，就像我们之前提到的，其中最重要的两种都与外汇有关，分别是国家债务和美联储利率。

国家债务

国家债务是反映美国经济状况的一项有趣但常被误解的指标。债务让美国的经济以一个可观的速度成长和扩张，但是也让美国经济面临了更高的风险。在写作本书时，美国国家债务已经达到 $8,270,134,498,375.29①。这真是一个庞大的数字。任何时候，只要一个数字有这么多个逗号，就该引起你的注意了。有些人认为要引起注意是因为这样大一个数字对经济是很大的鼓舞，有些人认为要引起注意则是因为这样大一个数字

---

① 美国财政部公债局公布的截至2006年3月的数据，网址 www.publicdebt.treas.gov/opd/opdpdodt.htm。

第6章 美国政府

对经济来说很危险。由于有这么多不同的观点,所以我们认为从不同的角度看看国家债务会很有好处。

美国政府对国家债务并不陌生。美国在独立战争之后第一次出现了国家债务。在这场战争期间,为了资助军队提供补给,最初13个州中每一个州都累积了相当大的一笔债务。战争过后,沉重的债务让各州开始叫苦连天。与此同时,联邦政府正在努力建立其政治合法性和权力,而亚历山大·汉密尔顿则把各州的债务状况看成是一次统一各州的好机会。他提议联邦政府发行债券来筹集资金,以偿清各州的债务。国家债务让曾经一起战斗的每一个人组成一个国家并一起工作来偿还债务。经过很大一番努力,汉密尔顿获得了成功,于是国家债务诞生了。当然从那以后,它就再也没有离开过我们。

在19世纪初叶,美国政府差一点就成功偿清了所有国家债务,但是南北战争的爆发又把债务水平推到了超过30亿美元的新高度。而这仅仅是债务水平上升趋势的开始。随着一战、大萧条和二战的到来,美国国家债务水平更是节节攀升。到二战结束时,国家债务已上升到超过2500亿美元的水平。随着80年代美苏冷战升级,我们为国家债务做的"贡献"也跟着升级。实际上,美国每4年就为国家债务贡献1万亿美元。到90年代,冷战结束、股市繁荣以及经济走强,终于给了美国政府偿还部分债务的机会。并且在近30年内第一次,我们享有了预算盈余。然而,发生在2001年9月11日的恐怖袭击,以及随后的阿富汗和伊拉克战争改变了这一切,美国政府发布了创纪录的赤字数据。你可能已注意到,国家债务在战争期间的上涨速度通常最快。美国的军队真是一项贵得不可思议的服务——特别是在它"开工"时。

很多主旨为警醒世人的团体会让你相信任何国家债务都是有害和危险的。虽然他们的观点可能有点偏激,但是我们不得不佩服他们的创造力。如果你曾经去过纽约时代广场,你会直接看到这个创造力。竖立在广场旁的国债大钟显示着美国最新的国债总数以及分摊到每个家庭头上的国债数目。虽然这个大钟很有趣，但它并没有解释政府欠债的原因，以及这个规模的债务带来的真正风险。

国家债务不会单纯因为规模庞大而危险。当你换一个角度看，你会发现它只占美国 GDP 的 65%。如果从你个人收入和预算角度来看这个百分数，这就是说你的欠款总额等于你这一年产出的 65%。国家债务占 GDP 的 65%，这种情况并不比其他工业国家更糟糕。所以如果 \$8,270,134,498,375.29 这个数字本身并不危险，那什么才危险呢？

国家债务之所以危险，是因为我们作为一个国家，对它是如此依赖。美国的生活方式似乎都是以消费和即时的满足为中心。如果我们能够获得融资，这当然没有问题；但是当融资枯竭时，问题就会出现。

国债的持有人为个人、机构和其他国家政府。美国国债中相当一部分比例是被其他国家政府持有。其中 4.8 万亿美元是被个人投资者持有，超过 2.5 万亿美元是被外国政府持有。如果这些外国政府对美国不再抱有希望，决定抛售他们持有的美国国债，这对美国的经济将是灾难性的打击。资金流动会枯竭，美国政府只能苦苦支持自身的运转。外国政府决定出售美国国债，这就类似于你的抵押贷款公司打电话告诉你他们不想再持有你抵押的房产，你需要想办法立即偿清贷款。你可以想见到随之而来的混乱局面。

但是，让外国政府持有美国如此高比例的国债也有很多好处，其中最大的好处就是让这些国家非常在乎美国经济的发展状况。所以，这些持有美国国债的国家都乐于看见美国经济发展良好，这样他们手中持有的债券才有获得偿付的保障。这就是投资美国票据和债券要被视为接近零风险的投资的原因。每个人都牵涉其中，没有人想要亏哪怕一丁点钱。

外国政府与美国国债

为什么一些外国政府要如此大规模地投资美国国债呢？一个原因是持有美国国债的这些国家——比如中国——可以降低他们自己货币的价值。

第6章 美国政府

对这些经济体来说,降低本国货币价值可以更容易出口商品和服务到美国。让我们来看看具体情况是怎样。这就像是超市里的买一送一促销活动。在正常情况下,市场上有很多东西你都可能不会买,因为它们太贵了。但是当你遇到这些商品买一送一时,你就很容易做出购买决定,因为你只需要支付平时一半的费用就可以买到它们了。当你在选择进口商品或者国产商品时,也是同样的道理。大部分美国人都喜欢购买美国生产的商品。但是当来自亚洲或其他什么地方的商品的价格只是美国本土商品价格的 1/2、1/3,甚至 1/4,那么最后通常是由我们的钱包来做购买决定。

亚洲商品如此便宜的一个原因是,在很多亚洲国家都可以获得大量廉价的劳动力。另外还有一个原因是很多亚洲国家政府人为压低了他们货币的价值,以促进亚洲产品的出口。如果你可以用 1 美元兑换到 20 元人民币,这将比你用 1 美元只能换到 10 元人民币时,买到更多中国产品。这些政府可以人为压低他们货币价值的其中一个手段,就是通过购买美国国债。这又回到了供给和需求的话题上。当外国政府要购买美国国债,他首先必须把本国货币兑换成美元——因为要购买美国国债必须用美元。这一行为在增加本国货币供给的同时也增加了对美元的需求。当本国货币供给增加时,它就会贬值;而当对美元的需求增加时,美元就会升值。随着两只货币的价值都发生改变——一个贬值,一个升值——这些外国政府就可以把他们货币的价值维持在低位。

虽然很多政府都在或者曾经进行过这样的操作,但是都很难长期维持,尤其是当他们是在外汇市场这样的瞬息万变的全球市场上操作。我们在之前就讲过这样一个经典案例——当年,索罗斯和其他投机者一起狙击英镑,导致英镑大幅度贬值。

外国政府还持有大量的美元储备,因为世界很多大宗商品都是以美元计价和交易。这些大宗商品中最重要的就是原油。原油都是以美元标价和销售。这意味着任何不把美元作为本国货币的国家,只要想买原油,必须把他们本国的货币兑换成美元。当美元贬值,对这些国家来说就是利好。

但是，当美元升值时，这些国家就必须比平时支付更多才能买到相同数量的原油。假设 1 欧元等于 1.20 美元，原油价格是 60 美元/桶。就这意味着要买一桶原油需要花费 50 欧元。

$$60 \text{ 美元/桶} \div 1.20 \text{ 美元/欧元} = 50 \text{ 欧元/桶}$$

现在假设美元升值，1 欧元只能兑换到 1 美元，而油价仍然保持 60 美元/桶的价格不变。如果你稍微计算一下，你就会知道虽然原油还是价值这么多美元，但是它值更多欧元。现在要购买一桶原油，需要花费 60 欧元，而不是 50 欧元。

$$60 \text{ 美元/桶} \div 1.00 \text{ 美元/欧元} = 60 \text{ 欧元/桶}$$

所以，虽然原油价格保持不变，但任何使用欧元的国家就必须比平时多支付 20% 才能买到相同数量的原油。这真算得上是一次暴涨，而且这种情况还很容易出现。在外汇市场，发生这么大的变化是很容易的事。所以为了避免遭遇这种风险，这些国家会持有大量美元资产作为外汇储备，其中很大一部分就是美国国债。不管美元升值多少贬值多少，外国投资者持有的美元计价的外汇储备相对于美元价值，都保持不变。

海外持有美国国债带来的风险

外国政府持有美国国债出于很多理由。只要这些理由继续存在，这些政府就会继续买入美国国债，而美国政府也能够继续维持其靠债务融资的做法。但是如果情况变化，外国政府不再需要持有如此大规模的美元资产储备，美国政府就会面临信贷紧缩压力。

假设有一天，这些打算让本国货币贬值的国家，决定改变其货币政策，让本国货币自由浮动。虽然这对美国生产商有利，这意味着外国政府不再需要购买这么多美国国债。但对美国政府来说，这是一个很大的打击。如果政府无法向任何个人和机构出售政府债券，就没有办法为政府项目融资——除非提高税率，但这绝不是一个好的解决方案。但是通过提高利率来吸引更多的美国国债投资者，同样也不是好办法。我们稍后将介绍

第6章 美国政府

美国政府是如何控制利率的,现在先让我们解释一下为什么美国政府必须提高利率。

所有投资者都希望冒最小的风险获取最大的收益。因此,我们会逐一审视每一个投资机会,以确定哪一个会带给我们最高的回报。如果美国国债的吸引力不如其他投资品种高,就没有人会购买新发行的美国国债。为了解决这一问题,让美国国债更吸引外国政府和其他投资者,美国政府就会提高国债的利率,从而增加投资者的收益。虽然这是一个吸引新投资者的有效方法,但是提高利率也会放慢经济增长的脚步,因为融资的成本更高了。我们都喜欢赚取利息,都讨厌支付利息。

美国政府面临的另一个风险是大宗商品的计价标准改变,比如原油。如果欧佩克(OPEC)决定采用比如欧元来给原油计价,那么欧元区经济体不再需要持有如此大规模的美元资产储备。从此,他们不必再担心汇率波动影响原油价格,因此也不再需要对这种风险进行对冲。这样美国国债的购买者将会大幅度减少。

在1998年,伊拉克前总统、石油产业前首脑萨达姆·侯赛因就曾试图这样做。他宣布伊拉克的石油将以欧元计价,而不是美元。对美国来说幸运的是,这种做法并没有扩大到伊拉克之外的其他国家和地区。但是为了确定这种做法绝不会在将来扩散,美国政府在2003年控制了伊拉克之后,把伊拉克的原油计价方式改回了以美元作为计价货币。但是,在未来并不排除欧佩克或其他一些大型石油出产者改变这种做法的可能。如果有谁做出了这种改变,你可以预见到市场将出现什么反应。

要想知道市场会对美国国债需求下降的威胁做出何种反应,你只需要看看2005年3月19日俄罗斯联邦中央银行宣布改变其外汇储备政策时,欧元/美元的反应就知道了。当时俄罗斯联邦中央银行宣布将其外汇储备结构从原来的约90%美元加10%的欧元,调整为80%美元加20%欧元。随后数周内,就见欧元/美元在之前急剧的下跌后"猛踩了刹车",然后横向波动(见图6.1)。但是,俄罗斯这一举动产生的影响并没有持续多久,

外汇交易大师的工具与策略

因为投资者开始意识到这条消息并不像当初宣布时那样影响重大。不过,这也说明了外汇市场对这种风险是多么敏感。即使市场最终会过滤这些信息并判定它并不重要,但仍然会让投资者们停下来,直到他们理清头绪后才会再次采取行动。

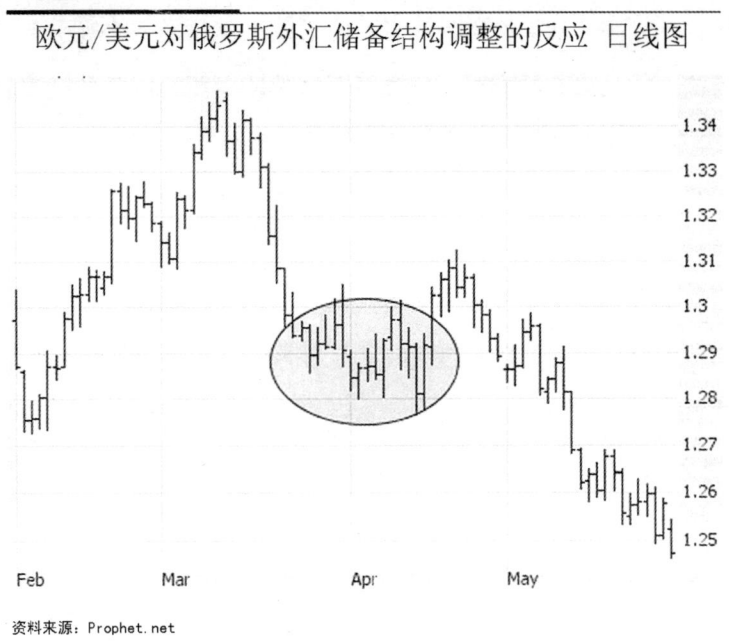

图6.1 欧元/美元对俄罗斯外汇储备结构调整的反应 日线图

资料来源:Prophet.net

虽然俄罗斯联邦中央银行发布的这条政策只产生了很小的影响,但以后其它中央银行宣布的这类政策就不会这么简单。这类政策必定会出现,因为已经有很多央行发布了相关一些报告和声明进行试探。随着全球化不断将世界变成一张联系更紧密的关系网,外国央行势必会将外汇储备多样化,以降低对美国政府和经济的依赖程度。到那个时候,请做好准备从外汇市场狂捞一笔吧。

第6章 美国政府

基本面分析工具：国际资本流动数据

你可以想见到，美国政府会非常关心谁正在购买美国国债，以及每个购买者持有多少美国国债。为了充分了解这些信息，美国财政部会对这些信息进行跟踪和编录。最终是通过国际资本流动体系来完成上述工作。国际资本流动数据会告诉我们美国政府出售了多少国债，谁购买了这些国债以及这些购买者总共持有多少美国国债。

通过观察国际资本流动数据的趋势，你就可以预期美元在未来将会做出何种变化。美国财政部通常是在东部时间每个月的第11个工作日的早上9点发布国际资本流动数据。记住，你不必要担心外国投资者投资美国国债是增加还是减少，这对你在外汇市场赚钱没有影响。你只需要看着它波动就行了。

下面有几张图，显示了国际资本流动数据的变化会如何体现在美元的供求关系图的变化上。首先是基本的供求关系图（见图6.2）。

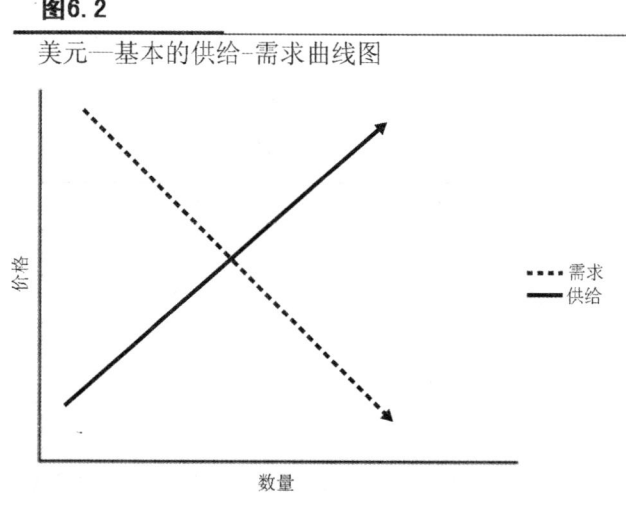

图6.2

美元—基本的供给-需求曲线图

资料来源：欧罗波罗斯（Ouroboros）资本管理有限公司

当国际资本流动数据显示外国政府和其他投资者购买美国国债的数量增加时，你就知道对美元的需求增加了，因为他们必须用美元来购买美国国债。当对美元的需求增加时，美元的价值就会上升。你可以从图6.3中看到，当我们对美元的需求增加时，美元的价格水平将会如何变化。

图6.3
美元—需求增加

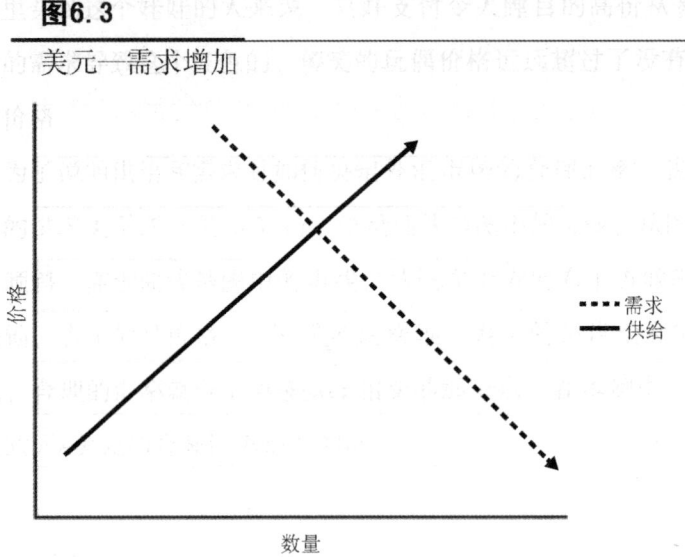

资料来源：欧罗波罗斯（Ouroboros）资本管理有限公司

当国际资本流动数据显示外国政府和其他投资者购买美国国债的数量减少时，你就知道对美元的需求减少了。当市场对美元的需求减少时，美元的价值就会下跌。你可以从图6.4中看到，当我们对美元的需求减少时，美元的价格水平将会如何变化。

图6.4

美元—需求降低

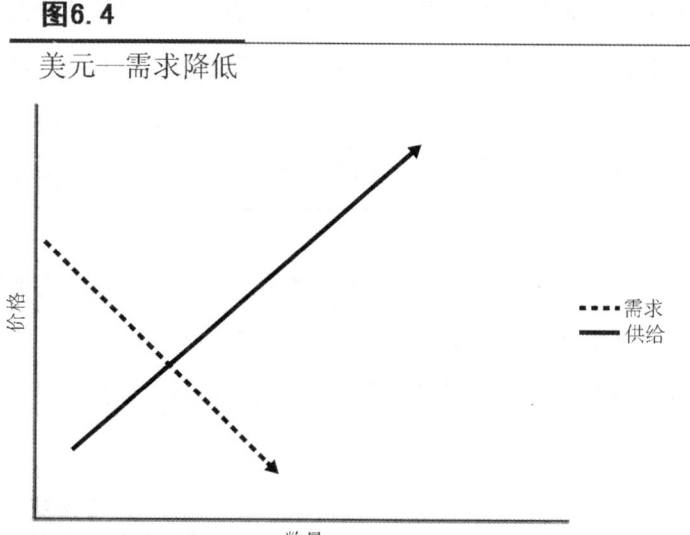

资料来源:欧罗波罗斯(Ouroboros)资本管理有限公司

让我们来看一个外汇市场对国际资本流动数据是如何反应的实例(见图6.5)。在2000年到2001年期间,美元相对于日元走强。这意味着日本政府——这个最大的美元资产海外持有者,在美元走强时,对购买美国国债的兴趣有所降低。而此时日本政府也不需要采取任何措施来降低日元的价值。你可以从国际资本流动数据中看到,日本购买美国国债的速度实际在降低,而且持有总量也在减少。

图6.5

美元/日元 周线图

资料来源：Prophet.net

相比之下，在2002年之后美国经济增长放缓时，美元开始贬值。这对日本这样的出口型国家来说，绝非好消息，因为美元走弱，美国消费者可以购买的外国商品就会减少。所以为了把日元维持在对日本经济有利的汇率水平上，日本政府开始增加美国国债的购买数量。图6.6显示了外汇市场当时的反应。

第6章 美国政府

图6.6

美元/日元 周线图

资料来源：Prophet.net

作为外汇交易者，我们要寻找的是来自外国政府的对美元当前趋势的确认信息。如果美国不断走强，你又发现外国政府，比如日本减少了美元资产的投资比例，你就知道这些政府认为美元当前的上涨趋势将会继续。反之亦然。如果美元不断走弱，你又看到外国政府增加了美元资产的投资比率，你就知道这些政府相信美元当前的下跌趋势还会继续。

利率

我们在讨论美国国债时，主要谈到了购买美国国债的这些外国政府。这个很自然。如果美国发行国债，交易的另一端必须有外国政府或其他投资者来购买这些国债。不过说来也奇怪，通常处于交易另一端的正是美国政府自己——说具体点，是美国联邦储备局。这似乎有点奇怪，但是美国国债最大的持有人确实是美国政府自己。总体而言，美国目前未偿付的国

外汇交易大师的工具与策略

债超过了 8.2 万亿美元，其中超过 3.4 万亿美元的国债都是由美联储所持有。这几乎占到了美国国债总数的一半。这个很好地说明了你为什么不能指着美国国债总数，然后说这个数字太庞大太危险了。很难相信在作为自己债务最大持有者的情况下，美国政府还会违约。现在，你可能会问为什么美联储会持有如此大规模的美国国债，答案就是利率。

美联储利用手中持有的美国国债来执行货币政策。美联储负责把利率维持在联邦公开市场委员会决定的利率水平上。美联储控制着超过 3.4 万亿美元的国债供给，它每天在公开市场上买入或卖出价值数百万美元的美国国债，以达到调整或者维持利率水平的目的。如果美联储想要提高利率，它就净卖出国债；如果美联储想要降低利率，它就会净买入国债。

在中央银行建立和运作之前，经济容易大起大落。经济繁荣通常会带来恶性通货膨胀以及随后的经济萧条。当经济大萧条和衰退被证实的时候，已经很难让经济走出下滑趋势。幸运的是，我们有中央银行可以介入并熨平繁荣和萧条的经济周期。虽然这个体系还不够完善，但它仍然提供了一个风险较低的经济环境——一个可能达到的经济可以持续繁荣的最好环境。

假设美联储认为经济增长过快并且可能出现过热。如果经济过热，通货膨胀会飙升，经济会停滞和衰退。为了防止出现这种情况，美联储会试图减少经济中流通的货币。经济中流通的货币越少，人们可以花费的也就越少。而人们可以花费的越少，经济的发展也就越缓慢。为了减少经济中流通的货币，美联储会卖出美国国债。当美联储卖出美国国债时，它会回收购买者手上的货币并将其储存起来。这样就会减少货币的供给。而当货币供给减少，需求增加或保持不变时，货币就会变得更有价值，利率就会上升。

当美联储认为经济正在大幅下滑并可能停滞时，也是同样的原理。如果经济停滞，衰退或不景气就会出现并抑制经济任何恢复的可能。经济中流通的货币越多，人们可以花费的也就越多。而人们可以花费的越多，经济的发展也就越快。所以要把货币注入经济中,美联储就会买入美国国债。当美联储用现金从卖家手中购买美国国债时,它就会回收国债并将其储存起来。这样就会增加货币的供给,而需求仍然保持不变,货币的价值就会降低,利率也会有所降低。虽然买入和卖出美国国债只是美联储用于控制利率的一个手段,但这是一个非常高效,并且使用很广泛的一个手段。

基本面分析工具:目标利率

比起其他基本面因素,美国的利率对美元价值有更直接的影响。提高目标利率会导致美元升值,降低目标利率会导致美元贬值。知道了这一点,你或许想要关注一下这个目标利率。

下面有几张图,显示了目标利率的变化会如何体现在美元的供求关系图的变化上。首先是基本的供求关系图(见图6.7)。

图6.7

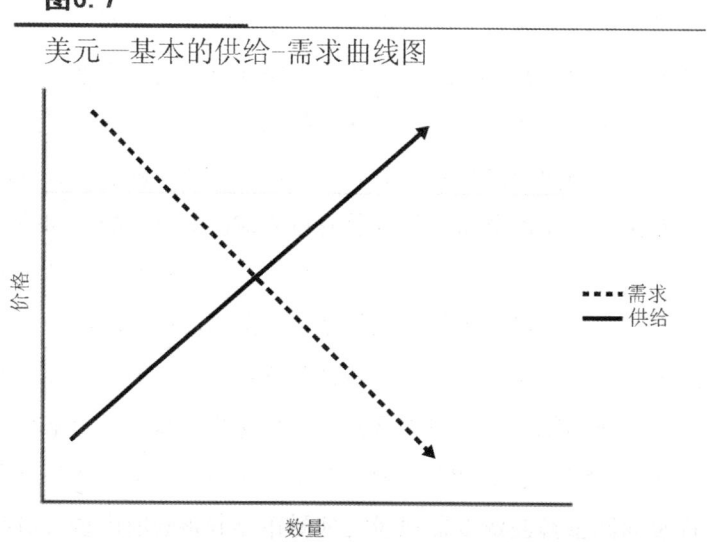

美元—基本的供给-需求曲线图

资料来源:欧罗波罗斯(Ouroboros)资本管理有限公司

当美联储决定提高目标利率，你就知道美元的供给将会减少，因为美联储会卖出美国国债回收美元。当美元供给减少时，美元就会升值。你可以从图6.8中看到当我们减少美元的供给时，美元是如何升值的。

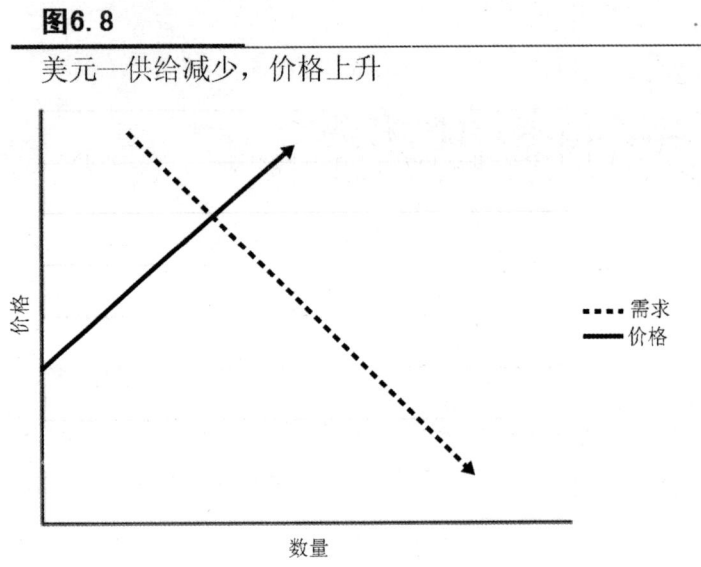

图6.8

美元——供给减少，价格上升

资料来源：欧罗波罗斯（Ouroboros）资本管理有限公司

当美联储决定降低目标利率，你就知道美元的供给将会增加，因为美联储会买入美国国债向经济中注入货币。当美元供给增加时，美元就会贬值。你可以从图6.9中看到当增加美元的供给时，美元是如何贬值的。

第6章 美国政府

图6.9

美元—供给增加，价格下跌

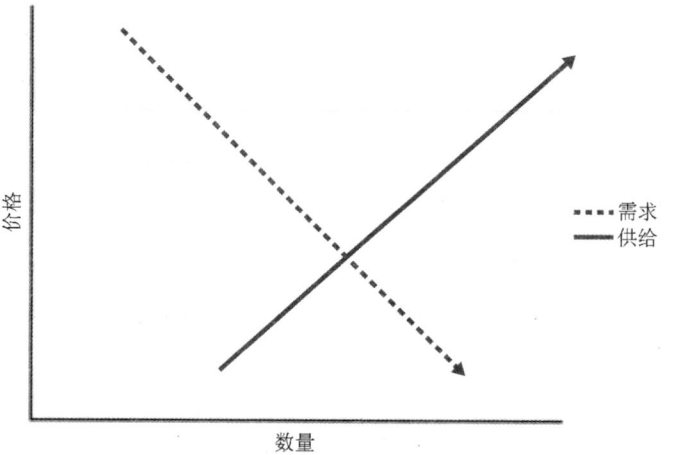

资料来源：欧罗波罗斯（Ouroboros）资本管理有限公司

FIGURE 6.10

EUR/USD, daily intervals

Source: Prophet.net

外汇交易大师的工具与策略

图6.10说明了从2004年12月到2005年11月,利率提高对美元价值的影响。当时美联储把目标利率从2.0%调高到4.0%。一定要注意到的一点是,尽管美国预算赤字和贸易赤字齐飙升,但美元/欧元仍在上涨。所以,即使有这么多负面经济因素,但利率仍然可以独自推高美元。

美联储在2004年开始提高利率之前,正在执行降低利率并将其维持低位以刺激经济的任务。图6.11说明了降低利率对美元/瑞郎货币对汇率的影响。在2001年初,美联储开始降低利率。到2004年时,利率从约6%的水平一路下降到1%。持续的降息使美元遭受重挫,直到美联储转变立场开始再次加息,情况才有所好转。

图6.11

美元/瑞郎 周线图

资料来源:Prophet.net

美国的利率还只是这个问题的一方面。要想把你外汇市场的盈利最大化,你还要考虑利率对货币对中另一个货币的影响。这就是说如果你正在研究英镑/美元,而美国正着手降低利率,英国将保持利率不变或者提高

第6章 美国政府

利率，你就可以下单，从英镑的升值中获利。在图6.12中，你就可以看到这种情况产生的影响。虽然从2001年开始直到2004年，美国把利率稳步降低到1%，但英国的利率一直保持在4%以上。这一利差增加了对高收益率货币——英镑的需求，也增加了低收益率货币——美元的供给。当你把这两个因素叠加的时候，你可以看到接下来的走势明显对英镑有利。

图6.12

英镑/美元 周线图

资料来源：Prophet.net

英镑/美元极端价格波动背后的逻辑，与你选择在哪个银行存钱时的逻辑一样。当你把钱存入储蓄账户时，你会想知道存入账户的钱将获得多少利息。如果一个银行提供1%的利息，而另一个银行可以提供4%的利息，那你当然会选择后面这个可以提供更高回报的银行。在外汇市场也是这样。如果你买入英镑卖出美元获得的回报，高于你买入美元卖出英镑获得的回报，你当然会选择买入英镑卖出美元。

这个逻辑也适用于其他货币对。比如，从图6.13中，你可以看到在

2001年到2005年间收益率最高的货币——澳元相对于收益率最低的货币——日元的走势。由于澳元的收益率超过了5%，而日元的收益率接近于0，交易者自然更青睐澳元。该货币对的趋势持续时间相对较长，非常容易识别。

图6.13

澳元/日元 周线图

资料来源：Prophet.net

使用这些工具

国际资本流动数据和目标利率让你可以更好地理解美国国债的情况，以及对美元的影响。要跟踪这两个工具非常简单，因为国际资本流动数据每月只更新一次，而联邦公开市场委员会每年只召开8次会议来决定利率。当这两个数据中有一个进行了更新，你就要问自己，"这一消息会如何影响美元的供给和对美元的需求？"一旦你回答了这个问题，你就可以预测

第6章 美国政府

那些与美元相关的货币对的未来走势。长期而言，密切关注这两个工具，你就可以从外汇市场赚得巨额利润。

请记住一点，这两个基本面分析工具还只是你将用于外汇投资的所有分析工具的开始。我们另外还将介绍7个基本面分析工具，而技术面分析工具将在后面进行讨论。你需要用上所有这些工具来执行一个完整的交易策略。在这一点上，你应该有一个很好的基础，我们将在此基础上为你添砖加瓦，帮助你构建一个完整的知识体系，这样你就可以投身这个世界最大规模的市场并从中获利。

第 7 章　通货膨胀

"在没有金本位的情况下，将没有任何办法保护民众的储蓄不被通货膨胀所吞噬，将没有安全的财富栖息地。"

——格林·斯潘

我们都曾听过我们的祖父母和父母说起汽车、房子和各种生活用品在过去卖多少钱。你的祖父母无法相信现在商品竟然卖得这么贵，你也很难相信你的祖父母买第一栋房子花的钱，比你买第一辆汽车花的钱还少。但是不管你是哪一代的人，我们都要接受一个事实，即商品的价格将继续上涨，而我们对此毫无办法。我们都要接受通货膨胀。

基本面因素

通货膨胀就是价格水平普遍上涨。如今价格似乎永远都是在上涨。价格上涨是很正常的现象，但是为什么它们总是在上涨？通货膨胀是两种因素的产物，一种是货币的供给，另一种是对商品的需求。当货币供给增加时，就有更多的流通货币可供人们使用。而当有更多的流通货币时，人们

第7章 通货膨胀

当然更愿意消费。但问题是只有这么多商品可供我们购买。全球生产的商品和服务数量是一定的。如果这些商品和服务卖光了，就没有了。所以，我们都会试图抢在别人之前购买这些商品和服务，我们也愿意为此支付更高的价格。于是，价格就上去了。

有些人说通货膨胀是经济周期中很自然的一部分，出现通货膨胀是好事，因为这是经济运行良好的特征。还有些人说任何水平的通货膨胀都不应该，价格应该保持不变，因为只要价格上涨，你手中的货币价值就低于价格上涨前的价值。这两种观点都有道理。

通货膨胀通常发生在经济繁荣时期。经济发展越好，企业和员工也就越好。企业和员工越好，他们赚的钱和消费的钱也就越多。所以当你从这个角度看这个问题时，通货膨胀只是强劲的、健康的经济的一个正常的副产品，没必要感到恐惧。虽然如此，通货膨胀一定就全部是好事么？如此多的货币在市场上流通不会引起任何麻烦么？

法国人在18世纪找到了这些问题的答案。约翰·劳（John Law）是英国的一个逃亡者，辗转逃到了欧洲大陆并最终取得了法国国王的信任。他们在讨论法国的经济时，劳告诉国王振兴经济有一个简单的方法，就是印制更多货币。这听起来似乎有点道理。如果你要买东西，就需要钱。如果你需要钱，就只需要印制钱。这样你可以得到你想要的商品和服务，那些提供这些商品和服务的人也可以得到他们想要的钱。国王被深深地打动了，决定将这一想法付诸实践。于是，法国开始印制货币。

为了更好地理解这一点，我们需要回过头看看货币是如何发展演变的。我们都听说过贝壳和其他珍贵物品曾作为货币的历史。但是，随着社会的进步和发展，它们逐渐转变成一种标准化形式的货币——贵金属硬币。这些硬币按照它们的实际重量和原材料金属的价值来计价。也就是说，这些硬币本身是具有价值的。但是贵金属硬币有一个问题，就是地球上的贵金属数量有限，而且探测、挖掘并精炼这些贵金属是项艰巨的任务。相对而言，纸币就很容易印刷、印刷再印刷。

外汇交易大师的工具与策略

纸币也被称为法定货币。法定就是官方规定或法令。法定货币之所以这样命名，就是因为它是被官方规定为货币的。从某种意义上说，这就等于是拿一张纸，在上面印个数字，然后说它的价值超过了那些普通大小的纸片的价值数百倍，这听起来似乎有点滑稽。不过事情远比这复杂得多。纸币实际上就是以存放在某个地方的保险库里的黄金和其他贵金属作为后盾的本票。这些纸币只是便于携带。假想一下，如果你的工资是以金砖的形式支付，那你把你的工资搬回家会是怎样的情形。

不幸的是，大部分法定货币都没有与存放在某个地方的保险库里的黄金挂钩，因为纸币太容易印刷了。如果你需要更多纸币，你只需要启动印钞机一两分钟，瞧，你就有了这些纸币。法国在 18 世纪就是这样操作的。当他们发现印制纸币是如此简单的时候，他们开始不停地印制越来越多的纸币。但是当越来越多的纸币涌入经济中时，价格就开始不断上涨再上涨。最终一部分嗅觉灵敏的法国人意识到了这一情况，开始贮藏金银硬币。他们尽可能快地把纸币花出去，保存一些具有价值的物品。这些疯狂的法国投机分子和奸商把泡沫吹得越来越大，最终泡沫破灭了。价格暴跌，法国经济崩溃。未经严格审视就被允许实施的通货膨胀政策最终毁灭了经济。

如果你对此感到出奇的熟悉，那你一定记得以前金本位制时，美元是以黄金作为后盾。但是在 20 世纪 70 年代初，尼克松宣布美元脱离金本位制，以至于现在美元完全以美国政府的信用作为后盾。美国印钞厂的印钞机在不停运转，我们也看到了我们公平享有的"非理性繁荣"。我们不是要在这里预测美国经济将有一次大崩溃，只是想指出上升的通货膨胀是经济健康的一个表现，但是需要进行密切监控。你也会注意到美联储确实在进行监控——就像一只猎鹰，有人这么说。

美联储监控通货膨胀是因为它明白通货膨胀上升会侵蚀美元的价值。要想更好地理解通货膨胀对财富的侵蚀力，你只需要看看一战后德国邮票价格的变化就知道了。

第 7 章　通货膨胀

一战过后,协约国要求德国为自己的战争行为承担责任,对协约国进行赔偿。协约国把赔款总额定为1320亿德国黄金马克。在战争之前,1黄金马克的价值低于0.29美元,所以德国共欠协约国约31,428,571,428美元。德国没有办法偿还这笔巨额债务。当德国拖欠赔款时,法国和比利时出兵占领了德国一部分最富饶的地区。这使得德国经济陷入极度紊乱之中,终于德国马克开始贬值。

这次灾难性的下跌可以通过德国邮票价格的变化很好地说明。在1921年4月时,要从一个城市邮寄一封信到另一个城市,大约需要花费0.60德国马克。到1923年12月时,要邮寄同样的一封信,就需要大约100,000,000,000德国马克了。你能想象邮寄一封信需要支付1000亿美元吗?虽然这是一个比较极端的例子,但确实说明了一个重要的问题。通货膨胀会侵蚀货币的价值。

抑制通货膨胀

美联储通过一系列工具来抑制通货膨胀。其中的一个工具就是目标利率。当通胀率上升时,美联储就会通过提高利率来抑制通货膨胀。而美联储提高利率的方法之一仍然是卖出美国国债。当购买美国国债的人越来越多时,就有越来越多的货币被从经济中抽走,通胀率就会放缓。如果人们都没有钱进行消费,价格往往就会停止上涨。

我们在前面章节也提到过,如果美联储想吸引人们购买美国国债,就必须提高国债的利率。而当美联储提高利率时,美元的价值通常也会升高。事实上,这一系列事件通常都是非常有规律地进行,而你可以通过外汇投资来从中获利。当你看到通货膨胀上升时(我们稍后就会告诉你如何追踪通胀率变化),注意一下美联储对利率采取什么样的举动。如果美联储提高利率,你就可以从美元走强中获利。

通胀率上升 → 利率提高 → 美元走强

外汇交易大师的工具与策略

如果出于某些原因，美联储没有提高利率，你就可以从美元走软中获利。

通胀率下降 → 利率降低 → 美元走软

当通胀率下降时，美联储也会采取相应行动。为了对抗通货紧缩，美联储通常会降低利率鼓励借贷，以把货币注入经济中。当你注意到这一现象时，你可以从美元的下跌中赚取收益。不管通货膨胀的趋势是什么，你都可以通过外汇市场获利。在通货膨胀期间，外汇市场的收益可以抵消日常生活中物价上涨带来的影响。在通货紧缩期间，你不仅可以得益于更低的物价和更值钱的美元，也可从外汇交易获得额外收益。

不过，不会总是这么容易通过提高利率来抑制通货膨胀。有时候通货膨胀上升会伴随着经济下滑——失业率提高或经济衰退。这种现象被称为滞胀。滞胀时期，美联储要做无数艰难的决定。它可以通过提高利率来抑制通货膨胀。但如果这样做，就很可能进一步打压经济，因为生产者将更难获得资金来扩大生产。但是另一方面，如果美联储选择不提高利率，通货膨胀就会继续升高并侵蚀美元的价值，直到经济自己崩溃。

美国在上世纪 70 年代就遭遇了这样的状况，当时油价翻了两番，同时失业率上升、经济放缓。在 1979 年 4 月成为美联储主席的保罗·沃尔克（Paul Volcker）在失业率可能会恶化的情况下，决定遏制通货膨胀。从 1979 年初一直到 1980 年底，美联储把利率从 10.25% 一路提高到 20%。如果你货币市场账户中的存款现在只能获得 3% 的利息，那么这么大幅度的利率提升对你来说应该很有吸引力。不过，你要记住的是虽然利率很高，但是两位数的通胀率对你利息收益侵蚀的速度和你获得利息的速度一样快。对沃尔克和其他美国民众来说幸运的是，高利率与其他经济因素一同发挥效力，使美国最终得以摆脱了通货膨胀一段时间。

你已经知道了通货膨胀是什么，它是如何产生的以及对美元走势的影响。现在，我们再来看一个追踪美国通货膨胀最简单、最有效的方法。

第7章 通货膨胀

基本面分析工具：消费者物价指数

消费者物价指数（CPI）是美国通货膨胀的标准测度工具。它是由美国劳工统计局（U.S. Bureau of Labor Statistics）编制的，包含了一个标准美国家庭在一定时期内消费的一篮子商品和服务。CPI追踪了这一篮子商品和服务中每一种价格的变化，并通过一个百分比数字来反映整体的变化。如果CPI上升，你就知道商品和服务的价格上涨了——这表示通货膨胀在上升。如果CPI下降，你就知道商品和服务的价格下跌了——这表示通货膨胀在下降。

CPI追踪以下几大类商品和服务[①]：

· 食品和饮料：早餐谷类食品、牛奶、咖啡、鸡肉、葡萄酒、餐馆提供的餐食、零食

· 住房：主要居所的租金、业主自住房等价租金、燃料油和卧室家具

· 服装：男式衬衫和毛衣、女装、首饰

· 交通：新车、机票、汽油、机动车保险

· 医疗保健：处方药和医疗用品、医疗服务、眼镜和眼部护理、医院服务

· 娱乐：电视、宠物及宠物用品、运动器械、门票

· 教育与通讯：大学学费、邮费、电话服务、电脑软件及配件

· 其他商品和服务：烟草制品、理发和其他个人收费服务、丧葬费

你可以看到，这是我们日常生活中一张非常全面的消费清单。知道这一点，你就可以相信你从CPI数据获得的关于通货膨胀的信息是准确的。

要想弄明白为什么美国人如此习惯于通货膨胀，请看图7.1显示的从

[①] 来自美国劳工部网站2006年3月18日的数据，网址 www.bls.gov/cpi/cpi-faq.htm。

外汇交易大师的工具与策略

1913年开始到现在的CPI趋势。你会注意到在大萧条那几年，CPI确实有所下降，但是当美国参与二战后，它就再也没有回头了。事实上，在过去90多年里，CPI平均增长超过了3.4%。

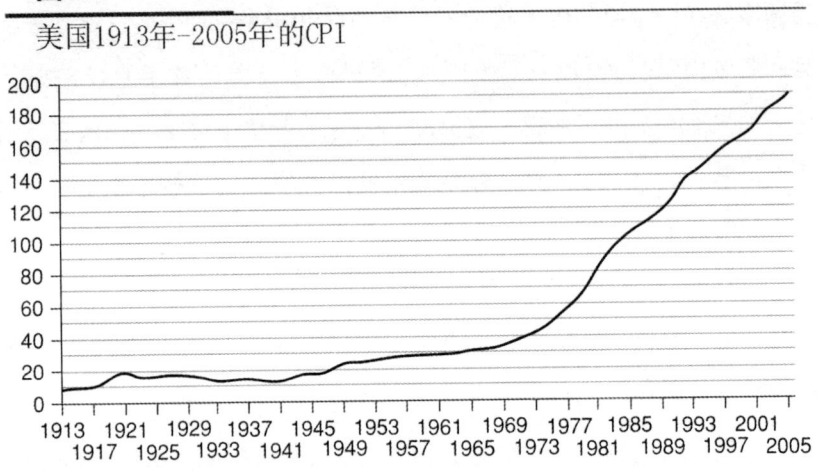

图7.1 美国1913年-2005年的CPI

资料来源：美国劳工部

虽然CPI的整体趋势是向上，但其中某些年份的价格涨幅确实要高于其它年份。这些增幅异常的CPI才是你需要关注的部分。当你密切关注着CPI的动向时，你就可以预测这些波动将会对美元价值产生什么影响。下面有一些图，显示了CPI的变化将如何体现在美元供求关系图的变化上。我们将从基本的供求关系图开始讲起（见图7.2）。

当CPI数值升高时，你就知道通货膨胀在上升，美元在贬值。你可以从图7.2中看到，当我们增加美元的供给时，美元的价格水平是如何下跌的。

第7章 通货膨胀

图7.2

美元——基本的供给和需求

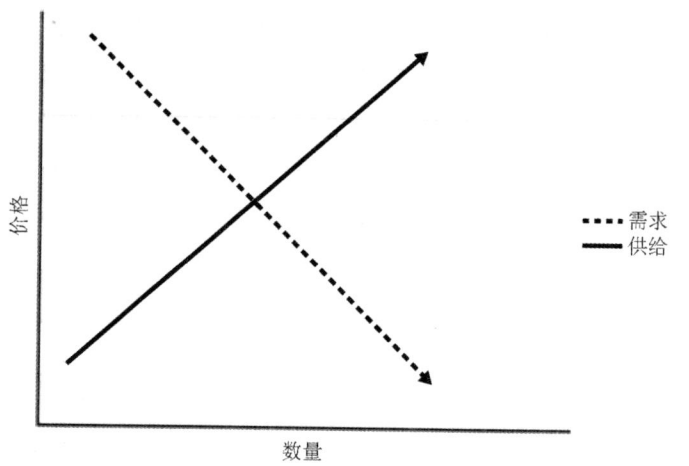

资料来源：欧罗波罗斯（Ouroboros）资本管理有限公司

图7.3

美元——供给增加，价格下跌

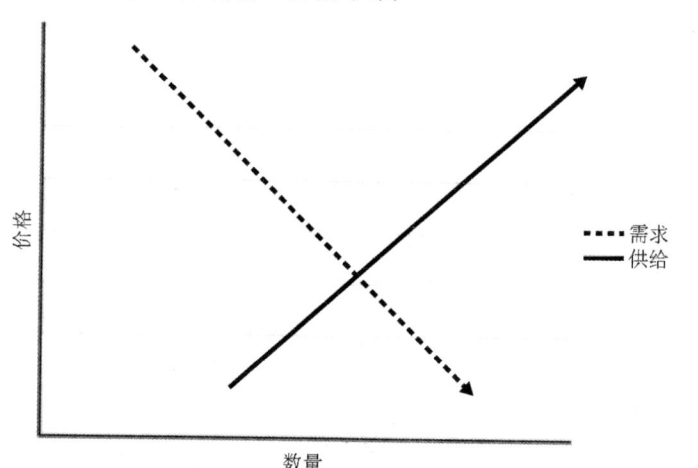

资料来源：欧罗波罗斯（Ouroboros）资本管理有限公司

外汇交易大师的工具与策略

当出现这种情况时,美联储很可能着手提高利率以抑制通货膨胀。你可以从图7.4中看到,当我们减少美元的供给时,美元的价格水平是如何上升的。

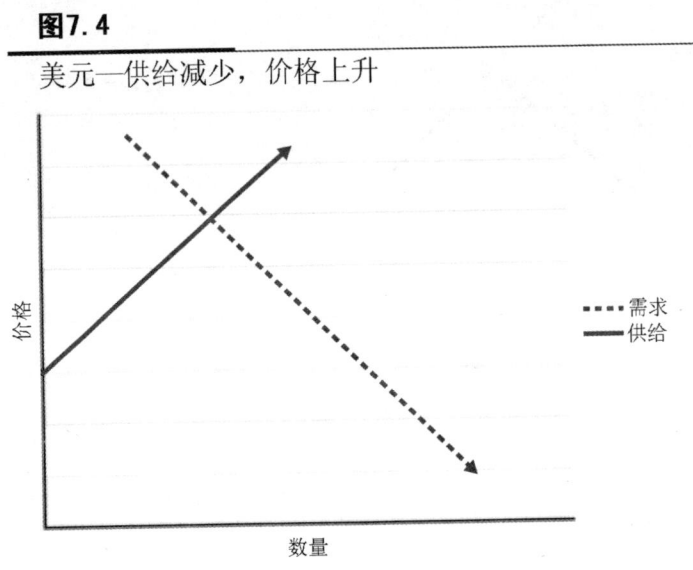

图7.4

美元—供给减少,价格上升

资料来源:欧罗波罗斯(Ouroboros)资本管理有限公司

当 CPI 数值降低时,你就知道通货膨胀在下降,美元变得越来越值钱。美元升值往往都是市场中美元供给受限的结果。从图7.4中就可以看到这种影响。

当出现这种情况时,美联储很可能着手降低利率以鼓励贷款,抑制通货紧缩。当美联储降低利率时,经济中流通的美元就增加了。从图7.3中就可以看到这种影响。

让我们看看欧元/美元这个货币对,看看外汇市场如何对 CPI 数据进行反应(见图7.5)。在网络股泡沫破灭之后两年,通胀率下降,美联储开始降低利率以刺激美国经济增长。通胀率下降以及随后的利率降低,削弱了美元的价值,致使美元相对欧元走低。

第 7 章 通货膨胀

图7.5

欧元/美元 周线图

资料来源：Prophet.net

由于欧元列在这个货币对的前面，所以当欧元走强美元相对走软时，该货币对是向上波动。并且因为大部分波动都是基于基本面因素，所以这波上升趋势持续了数年之久，波幅达到数百点。通胀率不会在一朝一夕发生改变。美国经济是一个笨重的庞然大物，要改变它的方向需要很强的力量。

使用这些工具

关于 CPI 和利率的关系，以及利率与美元价值的关系，你必须记住的一点是，CPI 的波动与美元价值变化之间存在一定的时间差。当 CPI 数据发布后，美联储必须等到下一次例会才能调整利率。只有在美联储调整利率之后，外汇市场的价格才会发生实质性的变化。

外汇交易大师的工具与策略

在这里，我们要提出一个警告。在大多数情况下，外汇市场的投资者都会试图猜测市场未来动向并对货币的价值进行相应的调整。例如，如果投资者认为美联储将因为刚发布的 CPI 数据而提高利率，他们就会抢在美联储行动之前采取行动。有时投资者会预测准确，从而因抢在市场之前行动而获得巨额利润。有时这些投资者也会预测错误，因而不得不忍痛砍掉亏损。不要感觉好像你必须冲到市场的最前头，必须第一个介入潜在趋势才行。即使让其他人先行介入，对你而言仍然存在大量的获利机会。

第8章 美国股市

美国股市是美国经济健康状况的"晴雨表"。如果经济运行良好，股票市场也会跟着表现良好。如果美国经济和股票市场双双表现良好，美元通常会走强。全世界的金融市场都是相关联的，只要你学会如何利用其中一个金融市场获利，你就很容易从其他金融市场中获利。

当你把外汇市场和其他盈利性较强的市场，比如美国股票市场结合起来的时候，外汇市场真正的魔力才会展现。当股票市场走好时，外汇市场可以加快你赚钱的速度。当股票市场惨淡时，外汇市场又可以弥补你的亏损。我们大部分人都会以这样或那样的方式参与股票交易。即使你对外汇市场不抱有什么过高的期望，你也应该把它作为你股市投资的补充并提高你整体投资回报。

基本面因素

美国股票市场是目前世界上规模最大、最繁荣的股票市场。所以，美国股票市场吸引了世界各地的投资者。这些全球投资者要投资美国股票市场，就必须持有美元账户，因为你不能用欧元、日元或英镑来买入美国的股票，你必须使用美元。而对大多数外国投资者来说，这意味着他们必须把本国货币兑换成美元。

当美国股票市场繁荣时，越来越多的外国投资者嚷嚷着要把钱投入美国。对美元的需求就会越来越旺盛，这就会抬高美元的价值。反过来，当美国股票市场萧条时，就有越来越多的外国投资者（包括美国投资者）去寻找其他投资机会。当出现这种情况时，美元的价值就会降低，因为投资者卖出美元买入其他货币，增加了美元的供给。

从历史上讲，美国股市已经成为一个相对安全且回报较高的资金配置场所。股票市场享受了一种被称为"upward drift（上升趋势）"现象的好处。长期而言，公司的生产力加上通货膨胀及其他因素，会使股票的价值不断升高。事实上，在过去 50 年间，股票市场的年均回报率超过了 12%（见图 8.1）。

图8.1

道琼斯工业平均指数的上升趋势

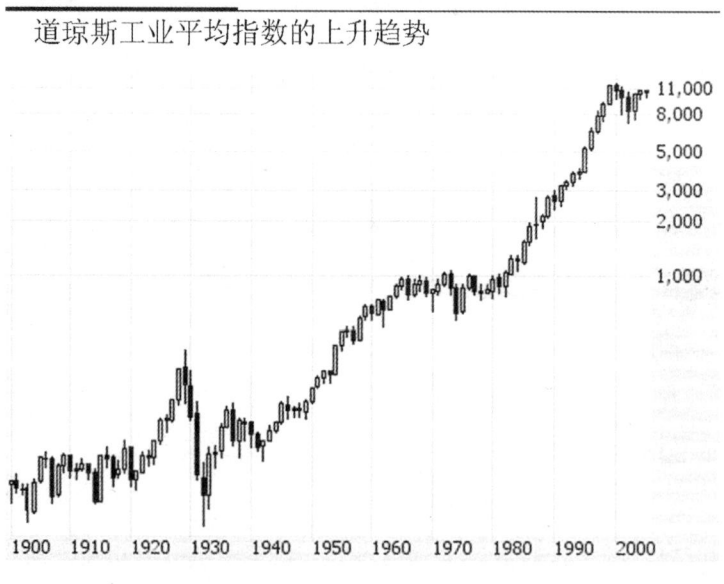

资料来源：Prophet.net

第8章 美国股市

股票市场永远都在上涨——除了没有上涨的时候。也就是说，股票市场是周期性的。虽然股票市场历史上大部分时间都在上涨，但仍然有差不多25%的时间处于下跌。股票市场随着参与者在自信与怀疑，兴奋与恐惧间徘徊而起起伏伏。有趣的是，股票市场的繁荣和萧条都是受相同的情绪波动推动。而到底是繁荣还是萧条，则取决于情绪波动的方向。在股市繁荣时期，投资者情绪失控，每个人都狂热买入那些在高得离谱的价格售出的股票。在股市萧条时期，投资者情绪也失控，每个人都恐慌卖出那些仍然具有很高价值的股票。有时候，股市发生的事情就是这么莫名其妙，但你可以做好准备利用这些时刻。

在股市繁荣期间，那些买股票或基金的人个个看起来都是天才。当股票上涨时，赚钱实在是太容易了。你不需要进行太多思考。钱似乎自己就会跑进你的口袋。这种时期就给了你极好的机会来提高你外汇市场的回报。所有投资者都期盼着可以同时从股票基金和外汇市场赚钱的时刻。

令人激动的是，当股市低迷时，外汇市场会变得更有用。在投资股票市场时，没有任何一个市场比外汇市场更适合作为完美的对冲工具。如果你是一个长线投资者，喜欢股票市场带来的长期回报，但是又不想看见你的股票账户一遇到股市走熊就缩水，那么你就可以通过投资外汇市场来弥补股票市场的亏损。如果你把所有资金都投入了股票市场，你就完全听凭股市波动的摆布。但是，如果你稍微增加点投资品种，把大部分资金投入股市，一部分资金投入外汇市场，你就能更好地把握你投资的未来。不管股市行情如何，把投资组合多样化，你就可以更好地应付市场的波动。

大部分理财规划师都会提到股票市场20年、30年或40年的长期增长。如果你有这么长时间进行投资，这样说也比较合理，但是大部分理财规划师都会在介绍中略去一件事不提，即当你已经投资股市29年并且每年都获得了稳定的回报，但在第30年股市发生崩盘时，你的总资产会发生什么变化。假设你计划在2002年末退休，并且在2000年初，你的股票账户已经达到1百万美元。但是之后股市突然走熊。在接下来两到三年里，你

外汇交易大师的工具与策略

无计可施，只能眼睁睁看着你 1 百万美元资产中 40% 化为云烟。这时，你的退休看起来就很不确定。这是我们在进行股票投资时都会面临的一种市场风险。我们不是在这里耸人听闻，只是认为我们在投资时一定要管理好风险。

由于从长期来看，股票市场总是会稳步向上，所以我们不会花太多时间来讲如何从股票市场的上升趋势中获利。它们似乎自然就会上涨。我们也不会把注意力放在那些引发股市下跌的经济因素上。能够认识到是什么引发股市下跌，以及如何通过外汇市场来中和这些不利影响，可以为你的投资做两件事。第一，它有助于你认识危险信号并为股市走熊做好准备；第二，通过外汇市场来弥补股票市场亏损，你就可以继续持有一部分股票头寸，这样当股市转好时，你已做好准备。

描述股市崩盘时的词汇似乎总是"黑色"，比如 1869 年的黑色星期五，1929 年的黑色星期四和 1987 年的黑色星期一。当你度过了那些巨大的网络股泡沫破灭的灰暗日子，你就获得了一个股市历史黑暗时期的概览。当你开始查看股市大部分下跌时，你就会注意到一种清晰的形态一次又一次地出现。股票市场往往会在到达新高后回落，而市场中几乎每一个投资者都会试图利用这个机会。

相反理论认为当绝大多数投资者开始想的一样时，那么这绝大多数投资者一定会在不远的将来被证明是错的。而且在大多数情况下，这个相反理论都是有效的。它的原理是这样。刚开始时，参与股票市场的投资者发现股票市场上涨了，他们开始兴奋。其中有些人抢先进场以利用早期的波动。但是其他人还保持观望，他们想看看市场是否会确认这波上升趋势。当市场走得越来越高，就有越来越多的投资者进场，因为他们逐渐完全确认这波上升趋势。最后，在接近这波上升趋势的顶点时，仍然在场外观望的投资者实在坐不住了，他们不想再错失任何盈利机会，于是纵身跃进市场。

在最后一个场边观望的人进场的同时，那些在趋势一开始就进场，享

第 8 章　美国股市

受了整个趋势的人认为是时候兑现利润了。随着这些投资者逐渐开始兑现利润，其他投资者发觉这一情况后认为他们也该兑现利润，以避免市场可能出现的趋势反转。这些投资者纷纷抛售股票，给市场造成很大卖压，最终把市场拉了下来，人们开始恐慌。随着大量投资者清仓，一个大规模的贱价甩卖就开始了，最终市场崩盘。

这种繁荣与萧条的周期一遍又一遍地在股票市场出现。而且几乎每一次出现都是按照相同的形态。如果你能学会如何识别这些形态，你就可以利用它们了。

基本面分析工具：通过基金 SPY 分析标准普尔 500 指数

S&P500 是世界上最广为人知的美国股票市场指数。它代表了在美国股票市场交易的 500 家最大型上市公司。对个人投资者来说，要追踪 S&P500 的波动，最简单方法就是通过标准普尔存托凭证（Standard&Poor´s Depositary Receipts），简称 SPDR（股票代号 SPY）——交易所交易基金（ETF），也称为交易型开放式指数基金。

交易所交易基金很像共同基金，包含了很多种类的股票。由于持有了各种不同的股票，交易所交易基金就提供了股票市场的即时多样化。不过比起共同基金，交易所交易基金还具有很多优势。它们的交易费用通常更低，你也可以在交易日的任何时候进行交易，不必等到交易日结束。另外，你还可以设置止损单来保护你的资金，也就是说你可以设置一个止损单告诉你的经纪人，当价格下跌到你指定的水平时，就自动卖掉你持有的基金。你想知道它们的交易费用到底有多低吗？好吧，你每年只需要为你投资的每 100 美元支付大约 10 美分[①]。这只相当于你投资金额的 1‰。

[①] 来自道富环球投资管理公司网站 2006 年 3 月 17 日的数据，网址 www.amex.com/spy/aboutSPY.html。

外汇交易大师的工具与策略

　　SPY 持有了标准普尔 500 指数的 500 只大盘股中的每一只股票。所以它才会跟踪标普 500 跟得那么好。SPY 就像是迷你版的标普 500。SPY 诞生于 1993 年，从它诞生开始到现在，一直受到极大的欢迎。现在它每天的交易量平均超过了 8000 万股。

　　正如我们在本章的开头提到的，标准普尔 500 指数是美国经济的晴雨表。如果经济中发生有利事件，标准普尔 500 指数就会有积极反应；如果经济中发生不利事件，标普 500 就会有消极反应。这在某种程度上似乎很不幸，因为在经济低迷时期，我们将遭受双重打击。不仅是经济受到打击，股市也会受到打击。但是，正是经济与标普 500 之间如此紧密的联系，才使 SPY 成为一个极棒的工具。

　　想想看。华尔街雇用了一批美国最聪明最有才华的人。这些人每天都会密切关注着世界各地发生的事件，然后把这些信息转换成一个个简单的买入卖出决定。一条新法案被送入参议院审议也好，美国汽车协会预计在阵亡将士纪念日这天将有更多人驾车出行也好，华尔街的投资者们都在关注着，并且会告诉我们这些事件将会对经济产生好还是不好的影响。如果这些事件对经济有利，华尔街会通过炒高价格来让我们知道。如果这些事件对经济不利，华尔街会通过打压价格来让我们很快知道。大体上，通过 SPY 来追踪标准普尔 500 指数，就好像雇用了一个由成百上千个分析师组成的智囊团，他们会告诉我们目前情况怎么样。这真的再好不过了。

　　你所需要做的只不过是预测市场将是上涨还是下跌。就是这么简单。一旦你做出了判断，你就可以预测美元将如何进行反应。让我们再看一下供求关系图，来直观地分析一下这个问题。这次，我还是从基本的供求关系图开始（见图 8.2）。

第 8 章　美国股市

图8.2

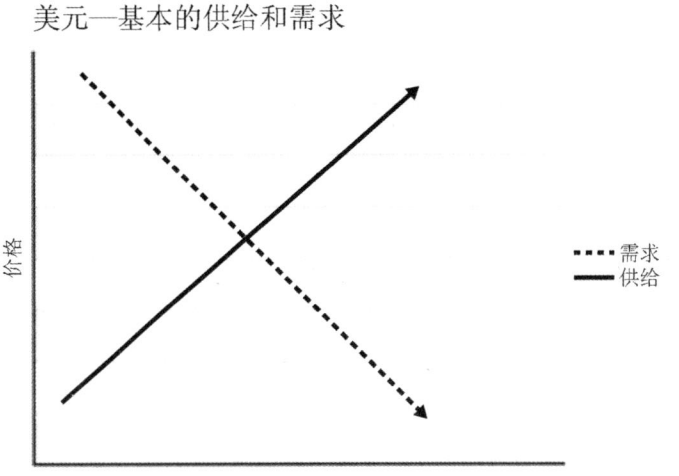

美元—基本的供给和需求

资料来源：欧罗波罗斯（Ouroboros）资本管理有限公司

当标准普尔 500 指数上涨的时候，你就知道美国经济正走好，美国股市对外国投资者的吸引力提高。但是要想参与美国股票市场，外国投资者必须把本国货币兑换成美元。当他们这样做时，就会增加市场上本国货币的供给，并增加对美元的需求。当对美元的需求增加时，美元的价值就会增加。你可以从图 8.3 中看到当需求增加时，美元对应的价格水平是如何上升的。

当标准普尔 500 指数下跌时，你就知道美国经济正走差，美国股市对外国投资者的吸引力降低。当美国股市对外国投资者的吸引力越来越低时，外国和美国本土的投资者就开始寻找其他投资机会。如果这些投资机会是出现在美国以外，这些投资者就需要把他们的美元兑换成其他货币。当他们进行兑换时，就会增加外汇市场上美元的供给，美元的价值就会降低。你可以从图 8.4 中看到当供给增加时，美元对应的价格水平是如何降低的。

105

图8.3

美元—需求上升，价格上升

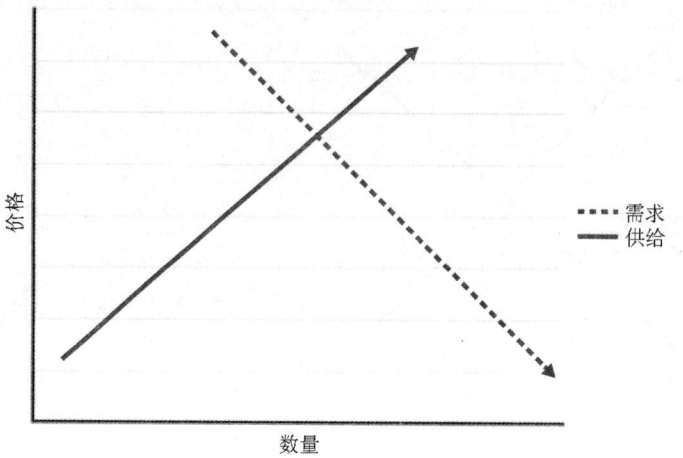

资料来源：欧罗波罗斯（Ouroboros）资本管理有限公司

图8.4

美元—供给增加，价格下降

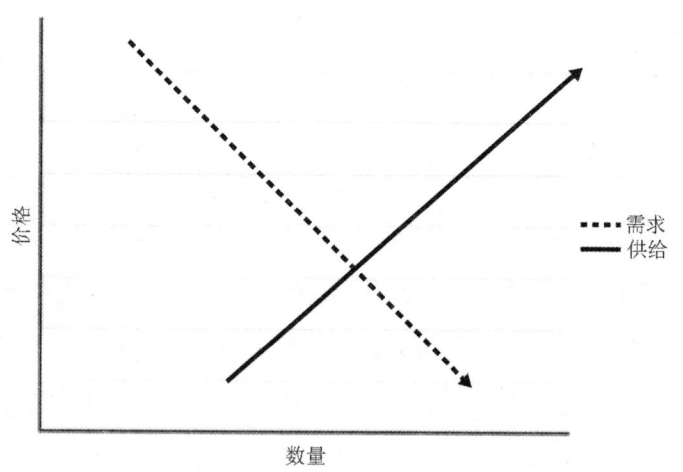

资料来源：欧罗波罗斯（Ouroboros）资本管理有限公司

第8章 美国股市

标准普尔500指数在20世纪90年代末网络股泡沫膨胀时期急剧飙升，接着在新世纪开始之后又狂跌不止。这是一个非常好的机会，你可以留意这样的机会以获取巨额的收益。正如你在图8.5中看到的，标准普尔500指数从1995年开始到2000年的涨幅非常惊人。

图8.5

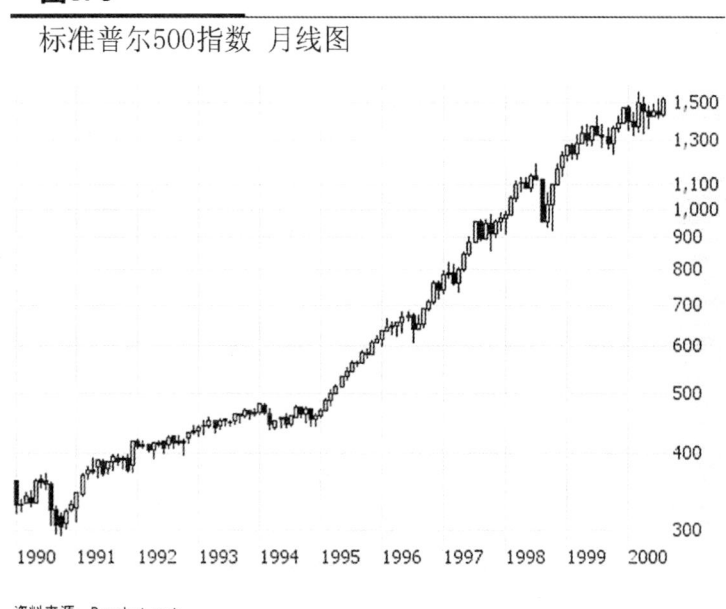

标准普尔500指数 月线图

资料来源：Prophet.net

在同一时期，美元也在不断地走强再走强，而这正是你所期待的。当越来越多的投资者开始涌入美国股票市场时，对美元的需求也大幅飙升。你几乎可以选择任何一个包含了美元的货币对，然后看看美元到底有多强劲。我们选择了欧元/美元这个货币对（见图8.6）来说明美元的走强到底有多迅速。

图8.6

欧元/美元的月线图

资料来源：Prophet.net

在网络股泡沫于2000年破灭之后，美国股市从90年代的高速飞涨陡转直下变成了一个填不满的钱坑。网络公司倒闭，上市公司丑闻，美国境内遭遇恐怖袭击加上其他很多因素导致标准普尔500指数出现暴跌——跌幅超过40%。恐慌在华尔街不算新鲜事，当它出现时，反而成为赚钱的好时机。

随着美国股市崩盘，投资者开始寻找其他让他们觉得更可靠回报更高的投资场所。当他们逃离美国股市时，必须把手中持有的美元兑换成其他货币。于是，大量美元开始充斥外汇市场，美元因此大幅贬值。这时，你几乎还是可以选择任何一个包含了美元的货币对，来看看美元是如何贬值的。你还会注意到一点，美元从强劲转变成疲软，只花了短短的一段时间。投资者逐渐对标准普尔500指数失去了信心，并认为近期内不会再回升。看看图8.7欧元/美元的走势图，你可以看到在欧元彻底走强之前，市场对美元态度比较缓慢的转变。

图8.6

欧元/美元的月线图

资料来源：Prophet.net

使用这些工具

通过 SPY 来追踪标准普尔 500 指数的最简单方法就是投资它。现在，你当然没必要这样做，没有人知道它未来是否还是很好的投资，但是我们都会密切关注那些与之休戚相关的事情。了解股票市场会如何影响你的投资组合，将有助于你更好地把握经济与市场的发展现状。

不管你是否会投资 SPY，你都需要跟踪了解它们的波动情况。你不需要在电脑面前一直盯着它们的价格上上下下，但你确实需要保持一定程度的关注。一开始可以只一周关注一次。虽然外汇市场会立即对股票市场的一些短期波动作出反应，但更多的是受股票市场长期波动的影响。本章的走势图反映的都是几年里的价格变化，所以如果你可以每周关注一次标准普尔 500 指数，那么你在关注股市行情的精力方面就不存在任何问题。

第9章 中　国

中国已经作为下一个伟大的世界强国出现。十几亿的人口规模，勤劳而廉价的劳动力，数目惊人的自然和经济资源——中国很快发现了它对另一个世界超级大国施加的影响。在十几二十年前，没有人会想到这个建立在世界人口最多的国土上的共产主义政权，有一天会颁布改革法令，向西方世界打开它的大门，但他确实做到了。世界在不断发展变化。我们都见证着曾经强大的东方巨龙在逐步重现昔日风采，实现伟大复兴。

基本面因素

随着中国向全世界开放其市场并提供劳动力，全球经济格局永远地发生了改变。世界上每一个发达国家都从中国迅速增长的劳动力人口和产品中获益。你家里很多生活用品和你消费的大部分商品都是中国制造的——尤其当你是在沃尔玛进行采购时。即使商品底部没有贴任何表明该产品是产自中国的标签，但它仍然可能是从大洋彼岸运过来的。如果你曾经去过香港、上海或加利福尼亚南部的港口，那么你就知道往返于中国和美国的集装箱数量是多么骇人。美国消费者对廉价商品有着贪得无厌的欲望，而

第 9 章 中 国

中国企业和工人更乐于提供这些商品。

中国制造商可以分享十几亿人口基础上不断增长的劳动力带来的红利。这些劳动力大多都是年轻有活力的青壮年，他们为了财富和城市里更高品质的生活，远离了家乡和亲人。对中国制造商来说幸运的是，比起美国，中国城市里高品质生活的成本并不算很高。由于维持一个适当品质的生活的成本存在差异，所以中国制造商支付给工人的工资不需要像美国制造商支付的那么高。因此，中国制造商可以通过降低全线产品价格，把省下来的钱让利给最终消费者，而全世界的消费者永远都在寻找下一个更价廉物美的商品。想想你自己的购物习惯。如果你买一个美国生产的商品需要花费 100 美元，而另一个由中国生产者提供的几乎一样的商品只需要花费 50 美元，那你很可能购买 50 美元的那个。不管我们说我们有多喜欢购买本土产品，但最终的购买决定通常取决于商品的价格会对我们的钱包产生什么影响，而不是对美国制造商产生什么影响。

全世界的发达国家都在不断向中国输送越来越多的资金，而中国也不断地向这些发达国家输送越来越多的商品。只要这些资金不断涌入，中国企业的收益就会不断上升，而这些企业的老板和工人都会享有这些收益。收益增加，企业就可以进一步发展和扩张，可以组织更大规模的生产，这就会使产品价格更加低廉，需求因此上升，反过来又进一步增加收益。这是一种自我强化的收益模式，它依靠自己的成功，不断强化了企业自身的力量。西方的消费推动了东方的发展和成长。

但是，消费增长并不是一种仅限于西方世界的现象。当中国企业不断享有增长的收益时，它的新老员工也会跟着受惠，所以中国的消费也在不断增长。收入和支出就是这么简单的关系。中国工人挣到的钱越多，他愿意消费的也就越多。所以对消费品的需求上升，不只是美国和其他大国，中国也是如此。

这对中国政府来说，非常有利，能保持如此高速的增长最好不过。专家们拿当前中国的增长周期与日本在 1950 年至 1990 年间的超速增长进行比较,并发出警告,指出中国当前的经济增长速度远远超过了日本所梦想的增长速度。图9.1显示了过去4年中国与美国的GDP增速比较。中国每季度的GDP增长已经闻所未闻地超过了9%,这也是近年来全球经济增长可观的一大原因。

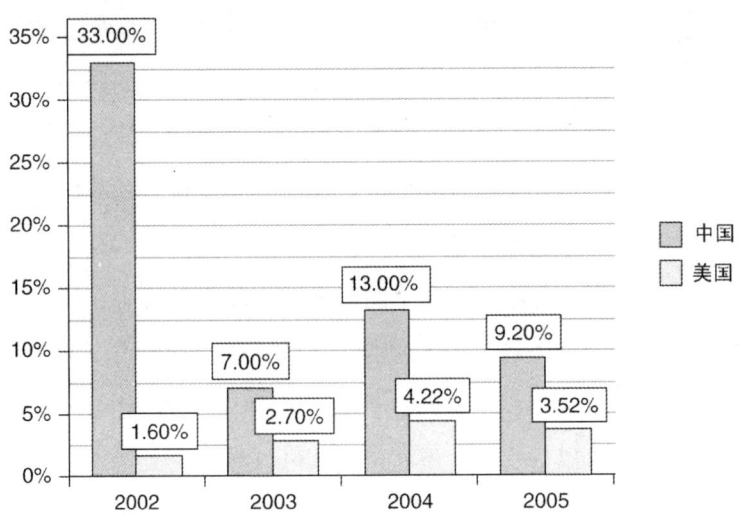

图9.1

在2002年–2005年间,中国GDP增速与美国GDP增速的比较

资料来源:欧罗波罗斯(Ouroboros)资本管理有限公司

中国政府努力确保如此高速的经济增长得以继续。这样,中国政府好,中国的老百姓也开心。但是,要长期保持如此高速的经济增长并不容易。通常在这种情况下,经济也会继续增长,但是增长的速度会随着时间推移逐渐放缓,因为当对一国或地区的商品需求上升时,对该国或地区的货币的需求也会上升。当对货币的需求上升时,货币的价值往往也会上升,这就会使该国或地区的商品价格相对于外国消费者上升。当外国消费者需要支付更高的价格才能购得这些商品时,需求就很可能下降,如此,

第9章 中国

这个国家或地区的经济增速也就放缓了。当然,没有一个政府愿意看到自己的经济减速,中国政府也不例外。中国政府想保持自己的出口优势,唯一的办法就是操纵货币体系——这是一个代价高昂且复杂的过程。为了保持中国要求的控制程度,中国政府必须动用数十亿美元来达到让人民币钉住美元的目的。

让人民币钉住美元,中国政府就可以确保在增加对中国产品需求的同时,不推高人民币的价值。如果人民币升值,中国产品相对于美国消费者而言,价格就会提高,美国消费者就买不起如此多的中国产品。来自美国的需求下降,对中国经济来说算是灾难,因为美国从中国进口的产品数量超过了其他任何一个国家。为了预防这种情况出现,中国政府承诺实行人民币钉住美元的汇率政策。

我们之所以用"承诺"这个词,是因为中国政府已经承诺将动用其7110亿美元储备中近3/4来买进美元计价资产(通过中国人民银行)。想知道这是一个什么概念吗?美国作为世界最大型经济体,也才持有390亿美元的外国货币作为储备。你可能还记得,我们在本书前面讨论过,购买美国国债是中国政府压低人民币价值的一种手段。当人民币相对于美元升值时,中国政府就会进入公开市场买入更多的美国国债。要买入美国国债,就必须卖出人民币买入美元。这一操作会达到两个目的,一是增加外汇市场上人民币的供给——这会降低人民币的价值,二是增加外汇市场对美元的需求——这会提高美元的价值。只在2005年上半年,中国政府就向市场注入了1000亿美元,而其中大部分是通过购买美国国债。现在,中国政府对于控制人民币汇率的承诺似乎感到更加得心应手。

美国对中国的依赖

美国已与中国建立了非常紧密的共生关系。中国需要美国买它生产的产品,美国需要中国买它的国债并为它提供低成本产品。这个关系让美国可以在恣意消费和经济增长的同时保持低利率和低通货膨胀率。虽然这种经济发展模式经受了多年的考验，并没有产生太多的迫切问题，但是如果美国和中国的关系发生改变，那么美国面临的长期风险是非常巨大的。

美国在经济发展相对良好时期，通货膨胀率仍然保持在非常低的水平，这不得不令人惊讶。通常情况下，当GDP增长以及大量货币注入经济时，通胀率都会上升。但是，在过去几年，中国改变了这种模式。美国的消费品没有因为通货膨胀而变得更贵，反而因为中国可以以如此的低廉的成本生产它们而变得更加便宜。扣除物价因素，美国的服装和鞋子的价格在过去10年已经下跌了近40%。所以美国消费者并没有支付更高的价格买入更少的商品，反而是以更低的价格买入越来越多的商品。

美国经济在过去几年也享受了不寻常的低利率水平。低利率水平可以让美国经济快速发展并迅速走出2000年前的经济衰退。它对经济具有巨大的推动作用，但是我们逐渐习惯这么低的利率。买房子的人喜欢这种低利率，因为这意味着他可以负担一所更大的房子。商界人士喜欢这种低利率，因为他们可以以非常低的利率融资来采购、研发并扩张。当融资成本较低时，就有更多人愿意举债。美国经济作为一个整体，财务杠杆实在太高，到未来某个时候，我们将不得不偿清所有的债务。

中国和日本让这种低利率情形成为可能。中国政府在过去几年还没有成为一个典型的市场投资者。大部分投资者都会为其资金寻求一个很好的回报率，他们会造成债券价格波动直到收益率令他们满意为止。就美国国债来说，这意味着通过影响价格从而使得这项投资的收益率上升。收益就是你希望从你整个投资中获得的回报总额。收益率越高，你赚的利润占你本金的比例也就越高。收益率越低，你赚的利润占你本金的比例也就越低。要提高收益率，只有两种方法。你要么获得更高的票面利率，要么获得更大的面值折价。例如，如果你支付1000美元购得一张面值1000美元的1年期债券，票面利率是10%，那么你的收益率就是10%。你投入1000美元，可以获得100美元的利息收益。当债券到期时，你还可以拿回你最

第 9 章 中 国

初 1000 美元的本金。

$$-1000 \text{ 美元} + 100 \text{ 美元} + 1000 \text{ 美元} = 100 \text{ 美元}$$

$$100 \text{ 美元} \div 1000 \text{ 美元} = 10\%$$

如果利率提高，你的收益率就会提高。假如你支付 1000 美元购买一张面值 1000 美元的 1 年期债券，票面利率是 15%，那么你就可以获得 15% 的收益。你投入了 1000 美元，然后赚得 150 美元的利息收益。当债券到期时，你还可以拿回你最初的 1000 美元。

$$-1000 \text{ 美元} + 150 \text{ 美元} + 1000 \text{ 美元} = 150 \text{ 美元}$$

$$150 \text{ 美元} \div 1000 \text{ 美元} = 15\%$$

如果降低债券的价格，你的收益率也可以提高。假如你只需要支付 950 美元就可购买一张面值 1000 美元的 1 年期债券，并且票面利率仍然是 10%，那么你将获得 15.79% 的收益。你投入了 950 美元，然后赚得了 100 美元的利息收益。当债券到期时，你还可以获得 1000 美元。

$$-950 \text{ 美元} + 100 \text{ 美元} + 1000 \text{ 美元} = 150 \text{ 美元}$$

$$150 \text{ 美元} \div 950 \text{ 美元} = 15.79\%$$

如果美国政府面对的是典型的投资者，那它很可能通过快速提高利率来吸引更多的投资者。但是中国政府不是一个典型的投资者。记住，中国政府投资美国国债和其他美元计价资产，并不是为了获得一个不错的回报。他们之所以进行这种投资，是为了维持人民币钉住美元的汇率制。不过，为了钉住美元而将外汇投资于公开市场（美国国债市场），使得中国政府获得了前所未有的经济收益。

这个关系对两者都有利，但经济、政府和全球环境都会随着时间而改变。现在，我们也开始看到了一些改变。没有人知道当前的钉住美元汇率制以及由此导致的对美国国债的依赖还会持续多久，但大部分人都认为结束的日子已为期不远了。只要人民币钉住美元的汇率制存在一天，美国的制造商就痛苦一天，美国政府会陷入更深的债务泥潭，而其他大型经济体的政府也会陷入更深的担忧。如果美国经济走向衰退或更糟，世界上没有一个国家可以不受牵连，因为全世界的联系是如此紧密。每个人都在关注着中美关系的发展。

基本面分析工具：美元/人民币汇率

美元/人民币的固定汇率制不会永远持续下去。市场力量是如此强大，没有人可以永远地操纵汇率。不过，我们已经看到了这个汇率的变化。在2005年7月20日，中国人民银行宣布将把美元/人民币的固定汇率从8.27调到8.11。这一举动提高了人民币的价值，降低了美元的价值——整个调整幅度大约是2%。

让我们看看供求关系图，看看这个调整会导致什么样的变化。我们从基本的供求关系图开始（见图9.2）。

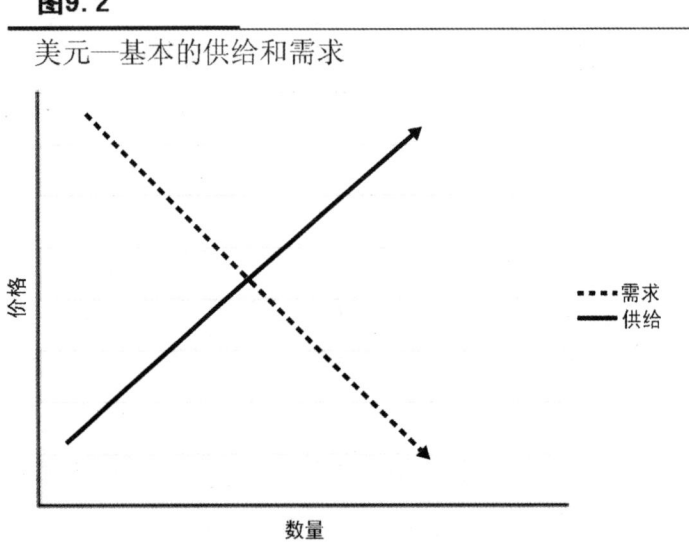

图9.2 美元—基本的供给和需求

资料来源：欧罗波罗斯（Ouroboros）资本管理有限公司

当中国人民银行决定调整美元/人民币的汇率，提高人民币价值时，这意味着中国政府不需要购买如此多美国国债就可以维持新的固定汇率。

第9章 中国

对美国国债需求下降，会导致对美元的需求下降。当对美元的需求下降时，美元的价值就会降低。你可以从图9.3中看到当我们降低对美元的需求时，美元对应的价格水平会如何降低。

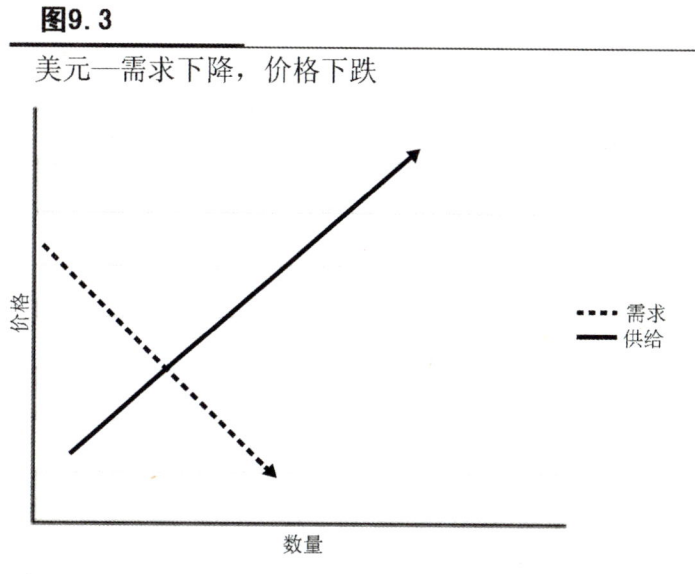

图9.3

美元—需求下降，价格下跌

资料来源：欧罗波罗斯（Ouroboros）资本管理有限公司

当中国人民银行决定调整美元/人民币的汇率，降低人民币的价值时，这意味着中国政府需要买入更多美国国债才能维持新的固定汇率。对美国国债需求增加，会导致对美元的需求增加。当对美元的需求增加时，美元的价值也会上升。你可以从图9.4中看到当我们增加对美元的需求时，美元对应的价格水平会如何上升。

你可能很难找到有谁会认为美元/人民币的钉住汇率，在不久的某一天会出现人民币走软的变化，但是很容易理解这个方程式的两边需要如何变化的。事实上，大部分人都认为这个汇率至少需要再调整30%到35%，才能反映真实的情况。但是，也希望这个汇率不要变化太快。如果对这个钉住汇率进行精心管理，直到在一两年后到达一个稳定的市场点，双方都会好很多。如果这个钉住汇率变化太快甚至立即取消，那么全球经济遭受的打击将是亚洲金融危机冲击的十倍。

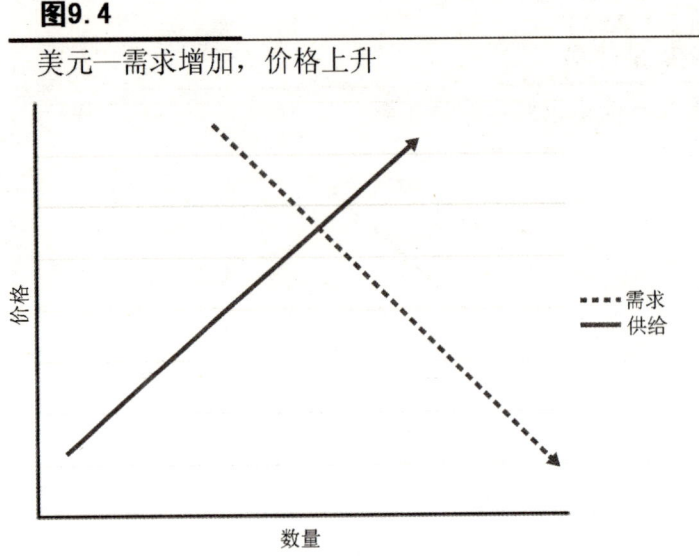

图9.4

美元—需求增加，价格上升

资料来源：欧罗波罗斯（Ouroboros）资本管理有限公司

1997年亚洲金融危机

亚洲金融危机始于1997年的泰国，而后迅速波及东南亚大部分国家。全世界都可以感受到这场危机带来的影响。在20世纪90年代末西方经济繁荣时期，投资者开始大举投资发展中国家，尤其是亚洲的国家和地区。亚洲经济蓬勃发展，似乎处于经济扩张的理想状态。这些亚洲国家中有很多国家，包括泰国，都把本国货币与美元挂钩。这样就省去了汇率计算的麻烦，同样也让这些发展中国家更容易从外国贷款，因为固定汇率制降低了贷方的汇率风险。在这期间，美元不断升值，这意味着钉住美元的这些货币也跟着升值。从图9.5中你可以看到，这段时间的欧元/美元汇率不断走低——这只是美元升值的一个代表。

第9章 中国

图9.5

欧元/美元的周线图

资料来源：Prophet.net

所有一切似乎都运行良好，直到投资者开始对他们投资的经济体失去信心。拉美国家债务违约以及中国涌现廉价的劳动力和产品，进一步打击了投资者本已动摇的信心。一旦少数投资者开始在政府债务信用评级被下调后撤出资金，其他投资者也纷纷效仿，要求退还资金。突然之间，亚洲的企业和政府都失去了资金，再也无法履行偿债义务。外汇投机者嗅到了机会，开始狙击泰铢，他们疯狂抛售泰铢买入美元，最终打破了泰铢钉住美元的汇率制度。泰铢迅速贬值，泰国政府和泰国商人突然发现他们已深陷债务泥淖无法自拔。泰国股市狂跌了75%，泰国政府不得不向国际货币基金组织（IMF）寻求援助。从泰国开始，破产大潮逐渐席卷了菲律宾、香港、韩国、马来西亚、印度尼西亚和新加坡。

等到1997年10月27日，始于泰国的这场危机波及美国时，投资者都格外镇定，准备兑现股市的利润然后离场。到这个交易日要结束时，道琼斯工业平均指数下跌了554.26点，跌幅达7.18%（见图9.6）。这是道琼

外汇交易大师的工具与策略

斯指数历史上的第 3 大跌幅。纽约证券交易所在这天暂停交易了两次。在第二次关闭市场时，市场实际上才刚开市没多久。

图 9.6　1997 年 10 月 27 日的道琼斯工业平均指数

资料来源：Prophet.net

到这里时，整个故事才讲了一半。就在第二天，道琼斯指数竟然掉头向上，涨幅高达 337.17 点（见图 9.7）。虽然这并没有完全收复前一天的失地，但也收复市值近 4000 亿美元。

从图 9.8 中我们可以看到，当银行因为不良贷款开始倒闭以及日本央行开始干预市场时，外汇市场在接下来 12 个月的反应。政府债务评级被下调，投资者和投机者逐一审视亚洲各个经济体，试图从那些潜在风险最高的货币中脱身。

第9章 中国

图9.7

1997年10月28日的道琼斯工业平均指数

资料来源：Prophet.net

图9.8

美元/日元——当银行危机开始时，日元崩溃

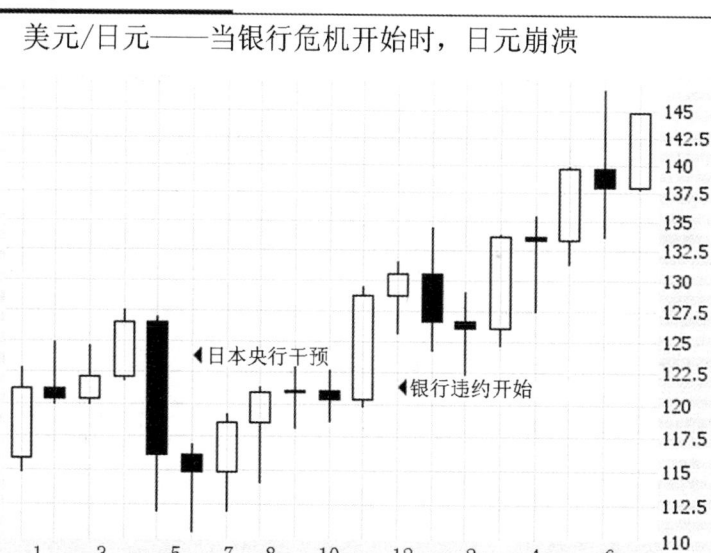

资料来源：Prophet.net

外汇交易大师的工具与策略

虽然亚洲金融危机对美国的影响相对比较短暂，但是像泰国这样的国家直到现在才逐渐摆脱危机的影响，重新站稳脚步。如果你开车到曼谷和周边转转，你就会看到还有很多烂尾楼和部分高架高速路耸立着，或许永远都不会完成，因为资金链早已断裂。现在，你要问你自己一个问题，如果类似亚洲金融危机这样的灾难发生在我们的主要贸易伙伴身上，美国会怎么样呢？美国每年从泰国和其他东南亚国家进口很多商品，但是比起每年从中国进口的商品数量，那真是小巫见大巫。中国几乎没有受到1997年金融危机的影响，但是如果将来投资者也从中国撤离，人民币也开始暴跌，那会怎么样呢？你需要做好准备在外汇市场采取行动。

要想从美元/人民币的波动中获利，目前对我们来说可利用的最有效的货币对就是美元/日元。因为个人外汇交易者还不能直接参与美元/人民币的交易，你需要通过美元/日元这个货币对。比如，如果你看到2005年7月20日的新闻，讲中国政府将对人民币汇率进行调整，你可能想要利用这一消息。如果你可以直接参与美元/人民币的交易，你就可以抓住美元/人民币从8.27到8.11的约2%的下跌行情。但是没有这个机会。不过，如果你看看同一时期美元/日元的价格行为（见图9.9），就会发现日元也相对于美元波动了约2%。美元/日元这个货币对从112.88下跌到了110.24。

你可能已经抓住了美元/日元这波行情，因为它是外汇市场交易最活跃的货币对之一。如果中国政府继续采取调整汇率的行动直至人民币成为一只汇率自由浮动的货币，我们相信美元/人民币这个货币对不久就可供个人外汇交易者交易。但是在那之前，我们都只能把美元/人民币这个货币对当作一个基本面分析工具，然后通过美元/日元这个货币对来利用我们的发现。

第9章 中国

图9.9

美元/日元的日线图——人民币升值

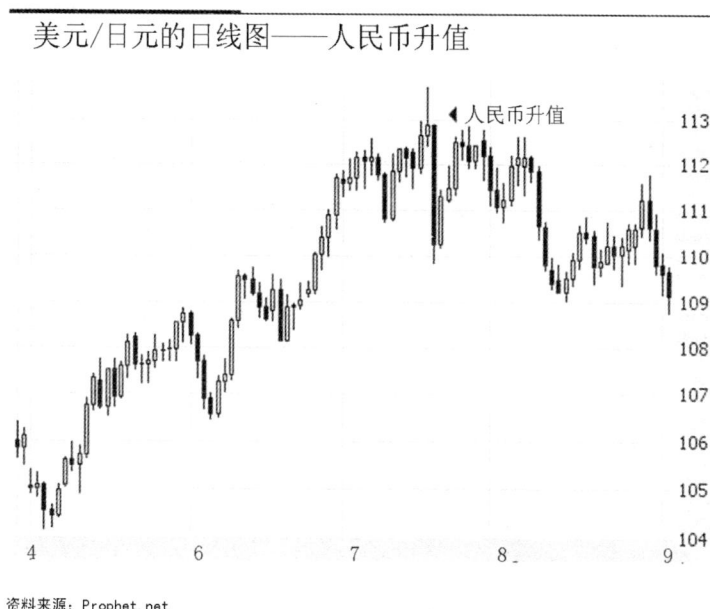

资料来源：Prophet.net

基本面分析工具：贸易差额

贸易差额可以告诉我们美国从国外进口了多少以及美国出口了多少到国外。如果美国的出口超过了进口，就出现贸易顺差；如果进口超过了出口，就出现贸易逆差。美国上一次出现贸易顺差还是在1992年的第一季度，而再上一次贸易顺差是在1976年的第一季度。

看看图9.10，你可以看到美国过去一直处于贸易逆差。你也可以想到，这个贸易逆差很大一部分是源自中国。美国从中国进口的商品数额远远超过了美国出口到中国的商品数额。事实上，美国与中国贸易往来带来的贸易逆差超过美国与其他国家的贸易往来带来的逆差。美国与加拿大和其他商品与原油出口国也存在贸易逆差。

图9.10

美国的贸易差额

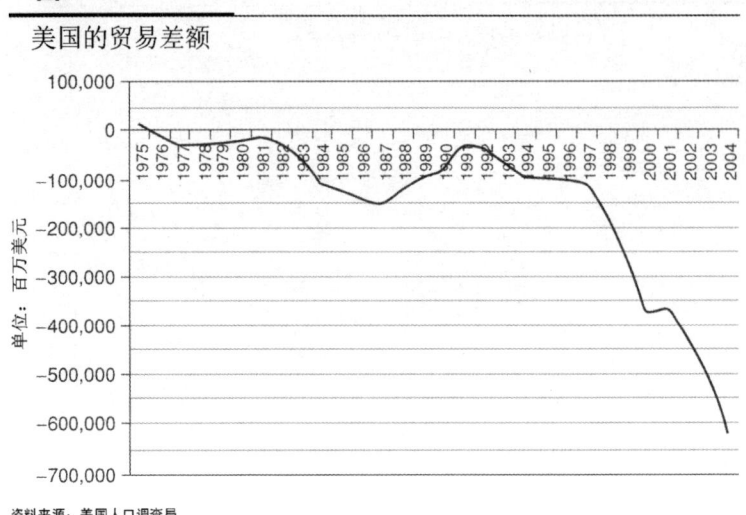

资料来源：美国人口调查局

贸易差额会影响美元的价值。看看我们的供求关系图，我们可以看到贸易差额将怎样影响美元的价值。我们还是从基本的供求关系图讲起（见图9.11）。

图9.11

美元——基本的供给和需求

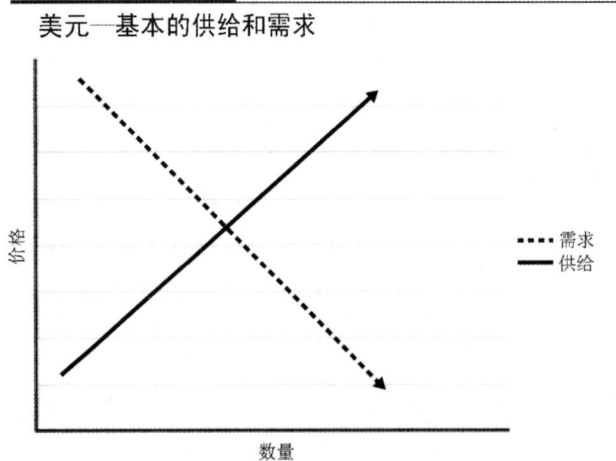

资料来源：欧罗波罗斯（Ouroboros）资本管理有限公司

第9章 中　国

当美国进口超过出口时——出现贸易逆差——美国就必须在公开市场卖出美元换取外国货币。这就会增加美元的供给。当美元的供给增加时，美元的价值就会降低。你可以从图9.12中看到，当我们增加美元的供给时，美元对应的价格水平会如何降低。

图9.12

美元—供给增加，价格下跌

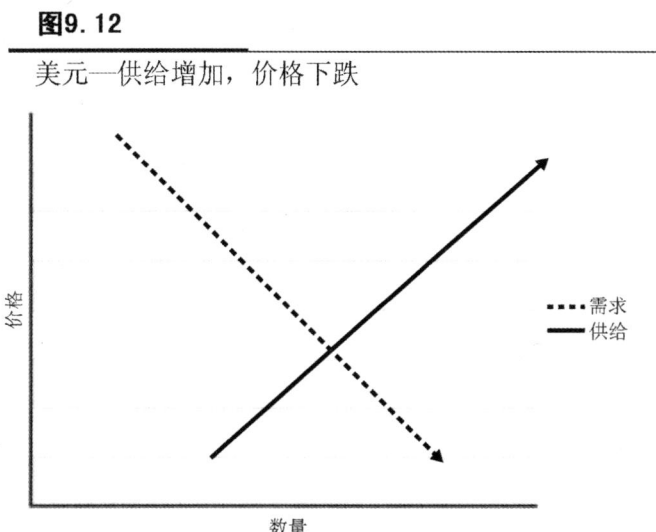

资料来源：欧罗波罗斯（Ouroboros）资本管理有限公司

当美国出口超过进口时——出现贸易顺差——外国进口商就必须在公开市场卖出他们本国货币换取美元。这就会增加对美元的需求。当对美元的需求增加时，美元的价值就会升高。你可以从图9.3中看到，当我们增加对美元的需求时，美元对应的价格水平将会如何升高。

在2004年，美国对中国的贸易逆差增加了161,930,000,000美元[①]。你可以想到，如此庞大的数字意味着美国必须卖出大量美元来买入人民币。但是，一旦贸易失衡不再如此严重，对外汇市场的影响也是非常巨大的。在你进行交易分析时，国际贸易收支在任何一个方向发生的巨大

---

① 来自美国商务部经济分析局网站2006年3月17日的数据，网址是www.bea.gov/bea/newsrel/tradannnewsrelease.htm

变化都要引起高度重视。然而由于人民币钉住美元，要想从这些贸易失衡中获利，你也没有太多办法。但是你可以利用这一信息来帮助你交易其他货币对。任何时候，只要你发现贸易差额出现显著负面变化，你就知道美元很可能会走软。任何时候，只要你发现贸易差额出现显著正面变化，你就知道美元很可能会走强。

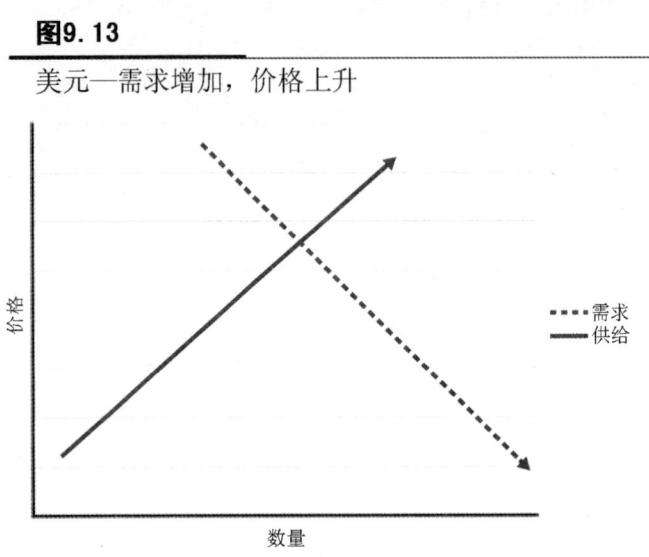

图9.13

美元—需求增加，价格上升

资料来源：欧罗波罗斯（Ouroboros）资本管理有限公司

使用这些工具

没有人知道中国政府什么时候会再次调整人民币汇率。通常在事情真正发生之前，谣言就会传播开来，但是没有人确切地知道答案。你追踪并利用这些基本面分析工具的唯一方法就是关注每日的新闻。你真的需要每天读读报纸，或者上网浏览新闻，或者看看晚间新闻。你不需要去搜索关于每一条新闻的每一篇文章或摘要。你只需要浏览一下各大标题就可以了。

第9章 中　国

　　贸易差额数据的发布时间都可以提前知道，是一个月发布一次。你要搞清楚美国政府是在每个月的哪一天发布该项数据，并了解大部分分析师对该数据的预测情况。然后你所要做的就是看最终发布的数据是否与大部分分析师预测的数据相同。如果两个数据相同，外汇市场就很可能不会出现太大的波动。如果实际数据好于或差于预期数据，你就有机会从外汇市场大赚一笔。只要重大经济数据最终发布的结果与市场预期有出入，市场就会波动直到找到一个一切看起来似乎都很合理的点位。请记住，消息本身并不十分关键，关键的是消息与市场预期的差异究竟有多大。消息让市场的意外程度越大，外汇市场随后的波幅也就越大。

第 10 章　石　油

石油是全球经济中的一个流行词。不管是哀叹加油站的油价飙升，还是讨论如果美国不是这么依赖石油，那么中东的很多问题是否就不再是问题，总之所有人都在谈论着石油。这样一种油腻腻的商品可以对全球经济产生如此广泛深入的影响，真是令人称奇。

基本面因素

几乎你生活的每一个方面都与石油有关。我们大部分人都把石油等同于我们加进汽车里的汽油。我们到加油站，发现油价又上涨了，于是小声咒骂政府、石油公司或汽车公司为什么不能做点什么来让我们的钱包好过一点。这种反应很正常，因为这就是我们一直听到的。新闻节目的播音和各路专家告诉我们石油价格上涨就等于汽油价格上涨，因为他们就是这样看待。确实，当石油价格波动时，汽油价格会经历更剧烈的波动，但是我们大部分人都没有关心过石油价格变化会对其他商品价格产生什么影响。

石油是你加进汽车的汽油的基础，以汽油作燃料的卡车运输你从商店

第10章 石 油

购买的每一件商品，杀虫剂保护你的粮食和果蔬，沥青为你铺就公路，你烧烤架里使用的燃气丙烷，你涂在干裂嘴唇上的凡士林和其他油脂，你取暖用的天然气，干洗店用于清洗你西装和衬衣的干洗剂，你加入打火机的打火机油，还有一种我们用起来就像用汽油一样随意的物质——塑料。是的，就是塑料。塑料也是石油化工产品。

看到了吗？我们说了，你生活的方方面面都与石油有关。而如果石油渗透到你生活中的每一个角落，势必也会影响你的经济状况。不过幸运的是，不管石油价格向上还是向下波动，你都还有外汇市场可以应对不是？

什么是石油

当我们大多数人提到 oil（石油）时，其实真正说的是 petroleum（石油）或 crude oil（原油）。petroleum（石油）是地球上层地壳中发现的自然产物——因此命名为石油（由希腊语 petra 和 oleum 组合而成，分别代表石头和油的意思）①。但是因为我们没有人说希腊语，所以我们继续把 petroleum 当作 oil。

石油基本上是由碳和氢组成的各种碳氢化合物组成的。目前普遍认为这些组成石油的碳和氢都是来自于史前的植物和海洋生物。随着时间推移，这些有机物不断被重力和来自地心的能量压缩和加热，直到它变成了一种液体并汇聚在地壳的空洞内。正如你想的，这些油池是每个石油公司寻找的金矿。

---

① 来自 2006 年 3 月 17 日维基百科对 petroleum 的解释，网址是 www.wikipedia.org/wiki/Petroleum。

石油巨头的起源

第一个真正从石油上收获财富的公司集团是标准石油托拉斯。约翰·D·洛克菲勒垄断控制了美国的石油资源,他不仅控制了宾夕法尼亚州、得克萨斯州和其他地方的石油开采,也控制了标准石油托拉斯生产的石油化工产品的炼制和分销。

从1870年在美国俄亥俄州创建标准石油公司开始,一直到1960年,洛克菲勒是一个可望而不可即的商业巨擘。他通过控制石油供给来影响大型企业,通过强大的实力并给予回扣和贿赂来控制着州政府。即使联邦政府在1890年通过了《谢尔曼反托拉斯法案》,但是似乎也无力反对这个凶猛的石油巨头。这个法案并没有改变标准石油公司这种不公平的商业竞争行为。

终于在1906年,西奥多·罗斯福的总检察长表明立场并任命特别检察官弗兰克·凯洛格(Frank Kellogg)调查此案。整个过程持续长达5年之久,直到1911年5月,最高法院裁定标准石油为垄断企业,并命令其在6个月内解散旗下所有子公司。这条判决对政府和小企业来说似乎是一个胜利,但是标准石油公司已经从对整个石油生产周期的严格控制中获得了足够多的收益。

尽管标准石油被分为无数个小公司,但是这些公司的控制权仍然保留在过去掌管标准石油的这批人手中——包括洛克菲勒自己。垄断打破对美国石油产业的实质影响并不大,洛克菲勒和他的亲信仍然掌管着从母公司分出来的38家小公司。不用说,这些公司都在相互紧密合作以确保未来都能够兴旺发达。

从标准石油分离出来的3家石油公司,后来都成为石油七姐妹中的一员。石油七姐妹主导并操控着全球石油产业。新泽西标准石油公司后来改为埃克森石油公司(Exxon),是石油七姐妹中规模最大、实力最强的一

第10章 石 油

个。纽约标准石油公司后来改名为美孚石油公司（Mobil）。加利福尼亚标准石油公司改名为雪佛龙石油公司（Chevron）。

石油七姐妹中有两个都"出生"于得克萨斯州。得克萨斯州察觉了标准石油私下的贿赂行为，把标准石油逐出了得克萨斯州。令标准石油扼腕的是，得克萨斯居然中了美国大陆石油资源的"头奖"，石油资源极为丰富。得克萨斯的德士古石油公司（Texaco）和海湾石油公司（Gulf）借此得天独厚的优势发展成为了实力非凡的大型石油公司。

七姐妹中还有两个是发迹于欧洲。第一个就是荷兰皇家壳牌集团，它是通过合并两家公司形成的。这两个公司分别是最初成立于东印度群岛的荷兰石油公司——荷兰皇家石油公司，和壳牌运输贸易公司——一家英国的石油公司，是史上第一家把油轮开过苏伊士运河的公司。就像所有石油公司的发展故事一样，荷兰皇家石油公司和壳牌运输贸易公司发现，比起相互竞争，通过相互合作产生的收益会更高。

欧洲的另一个七姐妹成员就是英国的盎格鲁—波斯石油公司（Anglo-Persian Oil Company），后来在1914年温斯顿·丘吉尔说服英国政府购买了该公司的控股权之后，改名为英国石油公司（BP）。这家公司最开始在缅甸开采油田，并通过与伊朗的大维齐尔①签订合约，很快成为第一家在中东处于控制地位的石油公司。这个公司获得了在一个几乎是得克萨斯州2倍大的地区的石油开采权利。这是进入中东的第一步。

第一次世界大战是个催化剂，最终促成石油七姐妹联手形成了互生互助的亲密关系并主导着全球石油市场，直到石油输出国组织（简称欧佩克）成立。在一战期间，协约国急需要石油作战并取得胜利。荷兰皇家壳牌集团和英国石油公司加起来都远远无法满足战争的需求。这就将希望转移到了美国石油公司身上，美国石油公司最终为协约国提供了80%的石

---

① 源自阿拉伯语"维齐尔"，是伊斯兰教国家的首相，尤指从前奥斯曼帝国的首相。——译者注

外汇交易大师的工具与策略

油。而埃克森一家公司就提供 25% 的石油。英国外交大臣寇松（Curzon）就曾说，"协约国是乘着石油之浪飘向胜利的。"

一战过后，奥斯曼帝国不得不解体。这些石油巨人知道如果可以从中东的政府那里获得优待——也就是那些在战争期间对石油的供应是如此依赖的政府——他们就可以瓜分大量石油资源和赚取前所未见的巨额利润。他们知道他们必须联起手来一起达成这一目标。有一句古老的荷兰谚语是"Eendracht maakt macht"，意思就是团结就是力量。这些石油巨人都在准备着，这种信念深深影响了石油产业 50 年。

他们首次合作就把目光瞄向了底格里斯河沿岸地区，并认为这里一定蕴藏着大量石油资源，尤其是巴格达和摩苏尔周围地区。他们是正确的。于是，美国通过其石油公司，开始了对伊拉克的控制。

英国石油公司、荷兰皇家壳牌集团、埃克森、美孚和其他一些大型石油公司在土耳其石油公司中成为合作伙伴。这家公司后来改名为伊拉克石油公司。而确实就像地质学家和工程师预测的那样，伊拉克被证明有着似乎取之不尽的石油资源。不幸的是，在关于职位和所有权的争吵中，这些石油公司踢走了伊拉克人，收回了最初承诺分给伊拉克人的 20% 股份和利润。

但是，当石油公司进军沙特阿拉伯时，在伊拉克的"黑金"淘金热很快就被超过了。被赶出伊拉克的德士古和雪佛龙两家石油公司（那时候还叫加利福尼亚标准石油公司）的偶然发现被称为史上最大的石油发现，因为在伊拉克石油公司的埃克森和其他得克萨斯巨头们正忙于他们在底格里斯河沿岸新发现的超级油井。另外，市场上已经充斥了如此多的石油，其他得克萨斯石油公司已经没有太多兴趣去勘探和开采更多的石油，让石油供过于求。

伊本·沙特（Ibn Saud）国王最近（1927 年）才征服了阿拉伯半岛，并立即将它重新命名为沙特阿拉伯。由于其他得克萨斯大型石油公司都把注意力放在伊拉克，德士古和雪佛龙两家石油公司用美酒佳肴款待国王，

第10章 石 油

并获得了开采石油的特许权。毕竟,曾经流亡国外的国王现在急需要资金。不过这个窘境很快就得到了改变。到1939年,沙特油田已经开始出产石油了。

雪佛龙和德士古在沙特撞大运之后没多久,每家石油公司都想从中分一杯羹。正如后来证明的那样,沙特有如此丰富的石油资源,对发展资金的需求也是如此巨大,所以埃克森和其他得克萨斯石油公司也受到了热情的欢迎和接纳。毕竟,这些公司过去都是亲密的合作伙伴。

1954年8月,这些大型石油公司的卡特尔垄断联盟在伊朗成立。在3年前的1951年,伊朗的前总理拉兹马拉(Razmara)将军被摩萨台(Mossadegh)博士领导的伊朗民族主义团体刺杀。这位前总理曾经支持维持伊朗政府与英国石油公司签署的协议不变。但是摩萨台使伊朗老百姓意识到他们应该从他们自己的油田中获利,不应该便宜了英国人。

在拉兹马拉遇刺身亡后,摩萨台作为伊朗首相掌管了伊朗政府,并将伊朗的油田收归国有。这一举动后来被证明是摩萨台倒台的开始。他曾经期望把英国石油公司赶出伊朗之后,与其他得克萨斯石油巨头达成合作。但是他大错特错了。其他得克萨斯石油巨头们都与英国石油公司同气连枝,拒绝接手伊朗的油田。摩萨台积压了数百万桶的石油无法出售。

与此同时,美国联邦贸易委员会开始调查在国外达成垄断协议的石油公司。以美国总检察长詹姆斯·麦克格拉内里(James McGranery)为首,联邦政府认为这些大型石油公司确实已经构成了一个国际石油卡塔尔。在1953年4月21日,美国政府向埃克森、美孚、加利福尼亚标准石油公司、德士古和海湾石油公司提起了诉讼。

但是到1953年8月时,美国总统艾森豪威尔以对抗共产主义和苏联的名义,撤销了这些反垄断诉讼案件。由于担心苏联进入伊朗并控制伊朗的油田,美国政府宁愿让这些石油公司作为垄断者牢牢控制伊朗的石油,也不愿让伊朗石油落入共产党的手中。

为了确保这些石油公司获得成功,美国政府连同英国政府精心策划并资助了推翻摩萨台的政变，然后支持被迫流亡国外的伊朗沙阿①穆罕默德·礼萨·巴列维（Mohammad Reza Pahlavi）重登王位。沙阿渴望得到西方政府的支持，并向美国承诺如果他重掌权力，他可以保证把现已国有化的石油体系转为私有化。最终他成功了，石油七姐妹都加入了伊朗石油开采的行列中。

当然，整个故事怎么能少了科威特呢？英国石油公司和海湾石油公司通过幕后交易控制了科威特的油田。

所以就像你看见的，在美国政府和英国政府的帮助下，这些大型石油公司瓜分并单方面控制了中东最赚钱的商品——石油。但是，他们只返还了很小比例的利润给这些中东国家。新一代的石油大亨充实了他们在美国和欧洲的银行账户，而这些石油出产国的老百姓只能眼睁睁看着他们的国家被剥夺自然资源。但这种局面很快得到了改善。

欧佩克

石油输出国组织（欧佩克）是第一个成功从石油七姐妹手中夺取石油控制权的组织（国家政府间组织）。在1960年9月10日，来自伊朗、伊拉克、科威特、沙特阿拉伯和委内瑞拉5个石油出产国的代表在巴格达会面，商讨如何重新获得对他们国家最赚钱资源的控制。4天以后，欧佩克诞生了。欧佩克现在已有11个成员国。卡塔尔是在1961年加入，印度尼西亚和利比亚是在1962年加入，阿尔及利亚是在1969年加入，尼日利亚是在1971年加入，而阿联酋是在1974年加入。

当然，如果欧佩克成员国想要把石油分销到世界各地，还需要和石油公司合作，不过现在他们已经掌握了主动权。欧佩克的创始人之一，委内瑞拉代表胡安·巴勃罗·佩雷斯·阿方索（Juan Pablo Pérez Alfonso）就曾

---

① 是古代伊朗高原诸民族的君主头衔，等于就是伊朗的国王。——译者注

第10章 石　油

自豪地说，"我们控制着向世界市场出口的90%的原油。现在，我们团结起来了。"

有着如此大胆的宣言，你可以预见欧佩克将会采取多大的行动。不过遗憾的是，欧佩克还没有完全意识到他现在可以行使的权力。在接下来13年里，欧佩克仅仅从那些大型石油公司那里获得了公平的待遇和报酬。直到1973年10月6日，赎罪日战争爆发后，欧佩克才第一次体会到他们对全球油价的影响有多大。

埃及和叙利亚进攻以色列，想要收回以色列在6年前的六日战争期间占领的西奈半岛和戈兰高地。美国和很多欧洲国家都表示支持以色列，而欧佩克看到了一个可以弥补因美国通货膨胀而损失掉的利润的机会，于是选择支持同为阿拉伯国家的叙利亚和埃及。为了表示对埃及和叙利亚的支持，也为了让利润回到通货膨胀前的水平，欧佩克决定于10月16日开始对这些支持以色列的国家实施石油禁运。这意味着每天向美国和其他欧洲国家输送500万桶原油的管道立刻被切断了。于是，石油的供给突然就大幅度减少了，而需求仍然保持不变。供给和需求的平衡一被打破，石油的价格就开始暴涨。在一年不到的时间里，原油的价格就从每桶约3美元上涨到每桶约12美元——上涨了400%。

虽然这次价格上涨看起来很过分，但实际上是非常合理的。你要知道在1973年秋天之前，因为通货膨胀，美元相对于黄金的价格贬值了约75%。而在这期间，欧佩克一直都是以每桶约3美元的价格出售原油。越到后期，欧佩克收到的美元越不值钱，原油价格从原来每桶约3美元降成了每桶0.75美元。把原油价格推高到每桶12美元，仅仅是把原油的价值拉回到了原来的水平而已。如果通货膨胀后的3美元只相当于通货膨胀前的0.75美元，那么通货膨胀后的12美元也只相当于通货膨胀前的3美元。所以虽然欧佩克最终发现了自己的权力有多大，但它也只是在负责任地行使这一权力。

欧佩克新发现了这一权力并将其好好地利用，但利用的方式并不像你可能想的那样。欧佩克并没有突然抬高石油价格，而是在接下来4~5年的时间里较小幅度地抬高了油价。不过，欧佩克增加了其相对于石油公司和外国政府的谈判筹码。它已经成为了一支不容小觑的力量。

我们大部分人都误以为欧佩克是个卡特尔垄断组织，一直不断提高油价。其实不是的。欧佩克从来不曾也永远不会设定油价。油价是由原油期货交易所决定的。欧佩克唯一的权力就是增加或减少市场上原油的供给量。虽然供给减少或增加会对全球油价产生影响，但是欧佩克并没有百分之一百地控制全球的石油供给。目前，欧佩克只控制了全球约50%的原油出口量。而且欧佩克也希望看到油价维持在一个合理的水平。如果油价太高，人们就不会购买这么多原油，并且开始寻找石油的替代品。如果人们停止购买原油，欧佩克的成员国就再也赚不了钱了。所以他们怎么会希望这种事情出现呢？

欧佩克受到了很多不应有的无理指责。记住，是利益驱动了石油出产国的石油产业，就像它驱动了石油消费国的石油产业一样。美国和其他国家面临的很多由油价上涨带来的问题，在很大程度上都是自己造成的。对石油（尤其是外国进口的石油）的依赖程度有多大，是由我们自己决定的。由于我们似乎已做出了严重依赖石油的决定，我们就需要意识到油价将会如何影响我们的投资。

石油与你的投资组合

华尔街就像猎鹰一样紧盯着油价，是有很好的理由。当油价上涨时，消费者就会花更多钱到石油化工产品上，比如汽油。消费者花在石油化工产品上的钱越多，他们可以花到其他产品上的钱也就越少。他们花到其他产品上的钱越少，其他企业可以赚的利润就越少。正如你知道的那样，利润下降等于股票价值下降。

反过来也一样。当油价下跌时，华尔街就会对美国公司的盈利潜力更

第10章 石 油

为乐观。这种乐观情绪上升，通常会导致股价上涨，而这种情况出现时，每个人都很开心。

如果你想弥补你投资上的"短板"，你也应该像华尔街一样密切地关注着油价的走势。不过这不是要你一天到晚盯着彭博（Bloomberg）或者财经频道（CNBC），以了解油价的动向。你只需要偶尔查看一下油价就可以了。如果你不喜欢通过报纸或者电视新闻来了解油价，那么当你开车去加油时，瞄一眼加油站的油价就可以了。如果加油站标价上升，那么原油价格也很可能在上升。如果你在加油站注意到这一情况，你一定要查看新闻，了解一下当时情况。

当你去了解石油市场时，你必须要知道你在寻找什么信息。这里有一个纲要。

石油市场

两大期货交易所决定了原油的均价，分别是纽约商业期货交易所（NYMEX）和伦敦国际石油交易所（IPE）。纽约商业交易所交易西德州轻质原油（WTI）——来自美国油田。伦敦国际石油交易所交易布伦特原油——来自英国油田。

你可能已注意到这里并没有提到来自中东、俄罗斯等地的原油。这是因为世界上大部分原油的交易都不经过交易所。它们都是从卖家直接到买家的场外交易。但是原油交易所仍然很重要，因为它们决定了那些场外交易的原油售价。

所以当你看到或听到新闻说原油达到每桶70美元，你就知道这个数字是源于原油期货交易所。

油价上涨，股市下跌

在很多时候，原油价格上涨都会导致股票市场下跌。或许原油与股市这一关系最典型的例子是发生在1973年10月阿拉伯石油禁运之后。从

外汇交易大师的工具与策略

1973 年 11 月到 1974 年 10 月,标准普尔 500 指数下跌超过了 42%——从 107.69 下跌到 62.28(见图 10.1)。

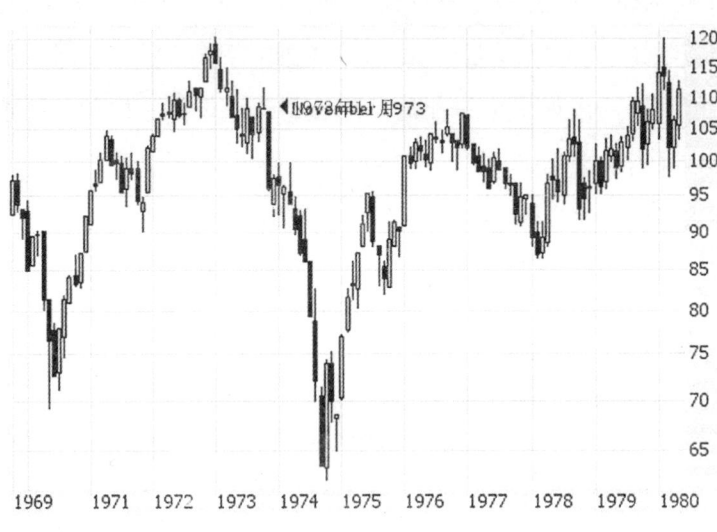

图10.1

S&P500从1973年11月到1974年10月的急剧下跌,月线图

资料来源:Prophet.net

所以当油价翻了两番时,股票市场首当其冲。这种危机也导致汽油限量供应,国家限速为每小时 55 英里,联邦法律重新规定一个日光节约时间——所有一切都是为了节省石油。

美国试图节省石油是因为供给大幅减少而需求正在增加。这个供给和需求的严重不平衡导致油价极速往上蹿。

我们要问自己的是这种情况还会再次发生吗。欧佩克或其他主要石油出口国有可能突然减少石油供给吗?当然有可能。不过让我们换到供给-需求平衡的另一方看看。石油出产国已决定永远不降低他们的石油产量,但是石油消费国对石油的需求量一定会越来越大。像中国和印度这两个国家正经历飞速的经济发展，对石油和其他自然资源的需求也越来越旺盛。假想一下，如果二十几亿的人在未来 50 年内全部买上车，这对石油消费来说意味着什么。

如果像中国这样的发展中国家和美国这样的经济强国继续增加对石油的需求，石油价格势必会上涨。而上涨的油价也会对在华尔街交易的上市公司的盈利能力产生影响。那么，股票市场的这一"短板"如何进行弥补呢？

假设你计划 1974 年退休，而你只能傻傻地看着你的养老金在你眼前一点点消失。这真的很残酷。但如果你没有提前做好准备，那么你就可能在 2010 年、2011 年、2012 年或其他什么年遭遇这样的情况。不过你很幸运，你不会只能傻傻地呆在一边什么事儿也做不了。

基本面分析工具：纽约商业期货交易所原油期货

美国的原油期货是在纽约商业期货交易所进行交易。你可以打赌，不管世界上发生了什么事情，纽约都有人在关心这事是否会影响原油的价格。而当这些人发现有什么重大事件发生时，他们会投资原油期货。当原油市场发生有利事件时，原油期货的价格就会下跌。当原油市场发生不利事件时，原油期货的价格就会上涨。而不管价格是上涨还是下跌，走势都会非常震荡。原油的价格包含了这么多因素——包括政治的和经济的，所以它的波动十分剧烈。

通过追踪纽约商业期货交易所的原油期货的波动，你就可以大致推测美国经济未来将面临什么状况。当油价上涨时，美国经济通常会减速；当油价下跌时，美国经济通常可以受惠于较低的能源价格。但是油价对美元的影响，就要复杂一些。最复杂的地方在于原油是以美元计价和销售的。让我们来看看这一点是如何让我们的基本面分析更复杂的。我们将再次运用供求关系图，也仍然从基本的供求关系图开始讲起（见图 10.2）。

图10.2

美元—基本的供给和需求

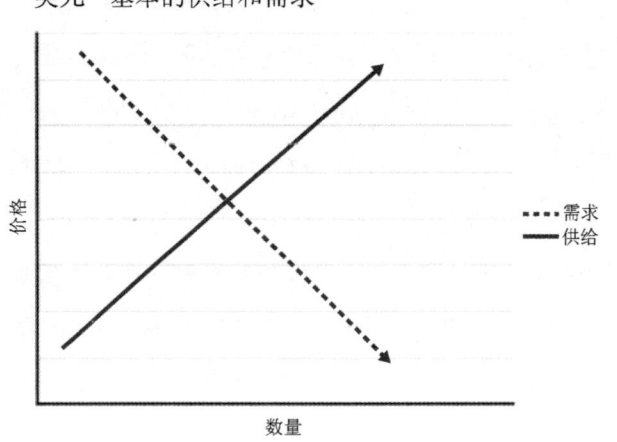

资料来源：欧罗波罗斯（Ouroboros）资本管理有限公司

当原油期货价格上涨时，美元的价值理论上也会上升。原油价格上涨越多，外国需要购买用以支付原油的美元也就越多。当市场对美元的需求增加时，美元的价值也会上升。你可以从图10.3中看到当市场对美元的需求增加时，美元对应的价格水平是如何上升的。

图10.3

美元—需求增加，价格上升

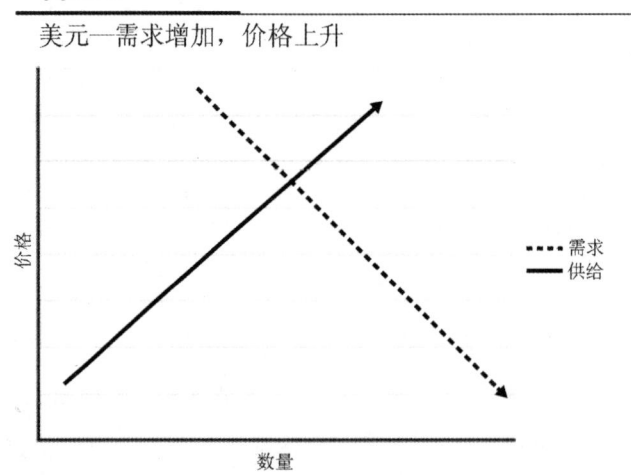

资料来源：欧罗波罗斯（Ouroboros）资本管理有限公司

第10章 石 油

当原油价格最终掉头向下时,市场对美元的需求也会降低。当对美元的需求减少时,美元的价值也会降低。你可以从图10.4中看到,当对美元的需求减少时,美元对应的价格水平是如何降低的。

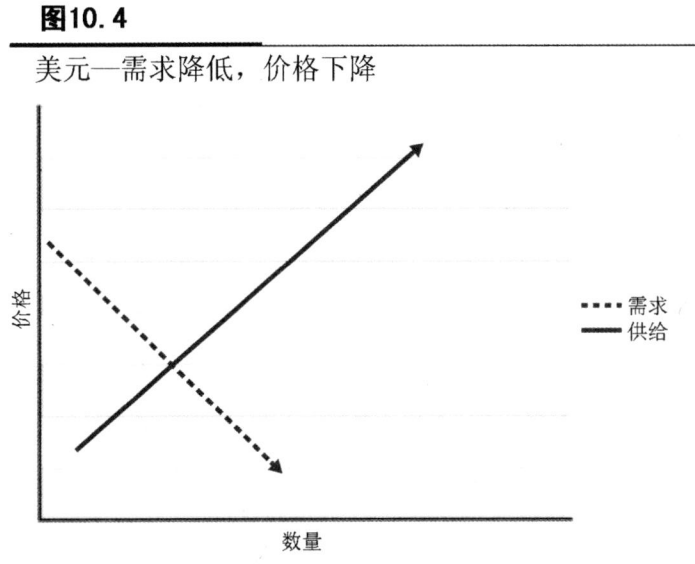

图10.4

美元——需求降低,价格下降

资料来源:欧罗波罗斯(Ouroboros)资本管理有限公司

不过事情并不是如此简单。油价上涨确实会增加对美元的需求,但是油价上涨也会对美国经济产生负面影响。问题是,哪一个因素对外汇市场影响最大。这取决于你关注哪个货币对。如果你关注的货币对包含美元以及在高油价时期经济也运行良好的国家的货币,那么高油价对美国经济的影响就较为重大。如果你关注的货币对包含美元以及经济受阻于高油价的国家的货币,那么油价上涨对市场对美元的需求的影响更为重大。让我们来看几个实例吧。

当油价上涨时,受影响最大的货币就是加元。这也许会让很多人感到惊讶,美国从加拿大进口的原油总量超过了从其他国家包括沙特阿拉伯进口的原油总量。也许你还会感到惊讶——加拿大的石油储量超过了世界上除了沙特阿拉伯以外的任何一个国家。但这还只是其中一部分,由于过去

外汇交易大师的工具与策略

数年油价上涨如此迅猛,加拿大现在已经从储量丰富的油砂中提取石油并获利丰厚了。

中国也为加拿大在石油上获得的成功出了一份力。中国大型石油公司认识到(就像我们一样),人口不断增加,对石油的需求也会不断增加。考虑到这一点,中国石油公司已经在寻找他们可以开采的石油资源。中国把目光放到了加拿大。所以当你看见油价上涨时,你可以看看加元是不是走强了。

例如,我们来看看美元/加元这个货币对(见图10.5)。你会注意到当油价开始在2003年上涨时,美元/加元这个货币对就开始下跌,因为加元走强了。由于加元是列在这个货币对的第二个,所以当它走强时,这个货币对就向下波动。

图10.5

美元/加元(右轴)与芝加哥期权交易所的原油指数(左轴)比较

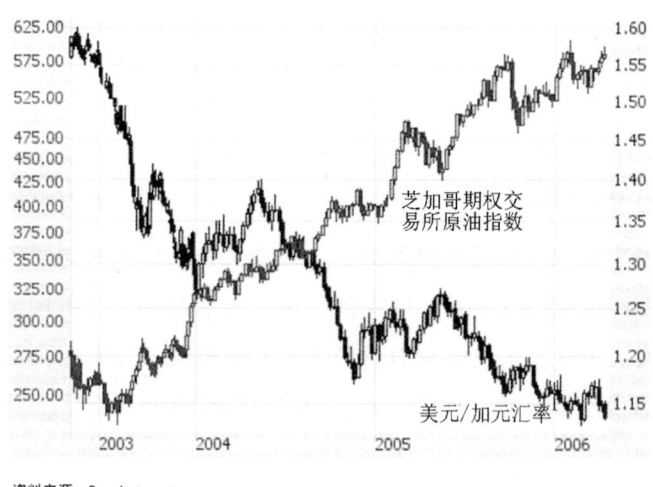

资料来源:Prophet.net

你可以进行这种预测,因为当美国从加拿大进口原油时,它必须把美元兑换成加元。这就意味着美元供给增加,美元价值因此下跌,而对加元

第10章 石油

的需求增加,加元价值因此上升。

对油价上涨反应最为强烈的货币对当属加元/日元。我们已经讲过,当油价上涨时,加元会走强。现在,让我们看看当油价上涨时,日元会怎么样。

日本国内用油几乎100%都靠进口。这会从两个方面影响日本的经济。首先,当油价上涨时,日本需要支付更多到进口原油上。另外,日本的经济依赖其出口商品的能力。当油价上涨时,车船的燃料油价格会上升,因而日本出口商品的运输成本也会上升。日本商品价格越高,外国消费者购买日本商品的数量就会越少。

知道了油价上涨对加元有如此正面的影响,对日元有如此负面的影响,那么现在你就可以做好准备以弥补你不断上涨的汽油账单和不断缩水的股票资产。

使用这些工具

你不需要在日常生活尽一切可能地追踪油价走势。如果你没有在新闻上听到关于油价的报道,你也一定会在加油站看到油价的变化。不过不必为此悲观,油价只可能朝一个方向前进,就是上涨。

当你看到油价大幅波动时,你也会看到与石油有极强相关性的货币出现大幅波动。有些货币与油价具有正相关性——这表示当油价上涨时,该货币的价值也会上升,有些货币与油价具有负相关性——这表示当油价上涨时,该货币的价值会下降。如果可以的话,你可以利用那些其中一个货币具有正相关性,另一个货币具有负相关性的货币对,就像加元/日元。这不仅有助于你从外汇交易中赚钱,也可以弥补由油价上涨导致的额外支出。

第 11 章　重大新闻

重大新闻是外汇交易中的不确定因素。美国股票市场创下破纪录的收益会推高美元，而恐怖袭击就会拉低美元。无论这些新闻是正面的还是负面的，你永远都要设置止损来保护你的账户。一旦你设置了止损，你很快就会知道重大新闻并不是什么可怕的事情。这些重大新闻有助于你在外汇市场盈利的机会有 50%。但是更为重要的是，这些重大新闻最终会成为过去，利用这些重大新闻引发的长期趋势才更明智。

基本面因素

任何市场的投资者，尤其是外汇市场的投资者，永远都会密切关注着新闻，看看是否能从中找到什么能够指明下一波大趋势方向的线索。如果投资者从这些新闻中看出什么苗头，他们会立即采取行动并祈祷他们做出了正确的决策。他们有时候看准了，有时候就没有。有一个很重要的观念你要记住，外汇市场最终会取得一个共识并决定对这条新闻最正确的反应是什么。长期的反应往往与即时的反应刚好相反。所以如果你保持耐心，给予市场足够的时间来发展，你就可以抓住一波更大的长期行情。

第 11 章　重大新闻

现在让我们进入饮料行业，看看可口可乐公司曾经短暂的"New Coke"（新可乐）之旅。可口可乐公司曾经想开发一种新产品，以增强其竞争优势，对抗像百事可乐这样的竞争者。他们决定为其支柱产品可口可乐尝试一种新配方。公司研发出各种新配方，并展开市场调查，看人们对这些新口味的反应如何。终于，经过数月的反复测试之后，可口可乐公司正式把新可乐推向了市场。结果惨遭失败。即使所有市场调查和测试都显示比起原来的配方，人们更偏爱新可乐，但是事实就是人们抵制这个新可乐。可口可乐公司公司忽略掉了一点，即喝可口可乐长大的美国人对可口可乐的情感依恋。比起喝口感更好的饮料，人们更在乎的是能够尝到陪伴着自己成长的那种味道。为了应对这一危机，可口可乐公司从货架上撤下了新可乐，重新推出了传统可口可乐，人们过去的最爱终于又回来了。通过对市场抵制新可乐作出快速反应，可口可乐公司维护了其品牌价值，并在相当长的一段时间内占据着软饮料市场的主导地位。这是一个公司对导致重大改变的长期趋势做出的反应。

外汇投资者对重大新闻发布的反应，常常就像人们对新可乐的反应一样难以预测——即使你认为你掌握了大量研究资料。不过即使最后发现你掌握的资料和数据都是错误的，也没有关系。人类是任何金融市场的基础。对于什么应该发生，什么不应该发生，每个人都有他自己一些先入为主的看法，并且还会将这些看法付诸实践。外汇市场正确的反应被证明是与那些大多数投资者相一致的反应。

为了说明一些最初的反应为何成为长期正确的决定，而另一些为何没有，让我们来看两个实例，一个是在 2001 年 9 月 11 日恐怖袭击之后，投资者对美元/瑞郎和美元/加元的反应，另一个是 2005 年 7 月 20 日中国宣布调整人民币汇率之后，投资者对美元/日元的反应。

预测正确

在9.11袭击和美国准备攻打阿富汗和伊拉克之后,全球投资者开始涌向两个比较安全的货币对——美元/瑞郎和美元/加元。大部分投资者认为美元会继续走软,因为美国仍然面临恐怖袭击的威胁,而美国政府一定会动用军事力量加以打击。这两种情况都造成了极端不稳定的经济环境,而投资者不喜欢不确定。他们想知道预期情况怎样,这样他们就可以制定相应的计划。当投资者不知道该如何计划时,他们就会寻找安全的投资场所。这就是2001年9月11日之后的发生的情况。在世贸中心遇袭后两年多的时间里,美元/瑞郎的汇率下跌了逾4000点。与此同时,美元/加元的汇率下跌了逾3000点。

瑞士法郎被认为是避险货币,因为瑞士在全球冲突中采取、未来也会继续采取中立立场。瑞士是在二战期间确立了自己的中立国地位,当时它决定既不支持纳粹德国,也不与之对抗。《音乐之声》的粉丝应该记得剧中冯·特拉普(Von Trapp)一家为了逃避纳粹政权试图逃往瑞士的情节。瑞士的中立后来被证明是瑞士最宝贵的资本之一。从二战之后,世界35%的投资者都选择让瑞士银行来管理他们的资金。

虽然加拿大的投资管理等级并不像瑞士那样高,但加元仍然被视作避险货币。即使相对瑞士,加拿大卷入了较多军事冲突,但仍然属于中立国。加拿大似乎从来不会主动挑起战端,当然也不会自称为世界警察。

加拿大相对于瑞士的优势是,加拿大是一个大宗商品出产大国。另外,它与美国的经济联系紧密。美国从加拿大进口的商品数量超过了从其他任何一个国家进口的商品数量。这意味着当美国经济发展良好时,加拿大的经济也很可能发展良好,因为为了支持蓬勃发展的经济,美国可能从加拿大进口价值数十亿美元的原材料商品。这种关系赋予了加元极大的优势,因为它可以作为美元的一个很好的替代。如果美国经济表现良好,但

第11章 重大新闻

全球投资者因为恐怖袭击突然失去信心，他们就可以把资金投到加拿大，这样既可以享受美国经济增长带来的好处，也不用担心美元贬值。事实上，这些投资者反而希望美元贬值。

现在的问题是如果全球投资者在全球动荡时期奔向瑞士和加拿大，你如何利用外汇市场呢。答案就是卖空美元/瑞郎或者美元/加元货币对。让我们来看看为什么要这样。这仍然是供给和需求方面的经济学问题。

我们首先看看美元/瑞郎。如果全球投资者要把他们的资产从美国转移到瑞士，他们就必须把他们的美元资产转换成瑞士法郎资产。这就会增加美元的供给，同时增加对瑞士法郎的需求。结果就是美元贬值，瑞郎升值。当你把这些力量运用到美元/瑞郎上，就会导致这个货币对下跌。当作为基准货币的美元走软时，该货币对的汇率就会下跌。当作为报价货币的瑞郎走强时，该货币对的汇率也会下跌。所以当你看图11.1的美元/瑞郎走势图时，你会发现该货币对在一直下跌。当你认为汇率将要下跌时，你就卖出该货币对。

同样的思路也可以运用到美元/加元货币对上。如果全球投资者要把他们的资产从美国转移到加拿大，他们就必须把他们的美元资产转换成加元资产。这就会增加美元的供给，同时增加对加元的需求。因此，美元就会贬值，加元就会升值。当你把这些力量运用到美元/加元货币对上，就会导致这个货币对汇率下跌。当作为基准货币的美元走软时，该货币对的汇率就会下跌。当作为报价货币的加元走强时，该货币对的汇率也会下跌。所以当你看图11.2的美元/加元走势图时，你会注意到该货币对一直在下跌。当你认为汇率将要下跌时，就卖出该货币对。

图11.1

美元/瑞郎的月线图。2001年9月11日之后，该货币对急剧下跌。

资料来源：Prophet.net

图11.2

美元/加元的月线图。2001年9月11日之后，该货币对大幅下跌

资料来源：Prophet.net

第11章 重大新闻

预测错误

当2005年7月20日中国政府宣布将调整人民币汇率时，外汇投资者开始疯狂抛售美元/日元。由于日元与人民币的联系非常紧密，所以投资者认为日元也会像人民币一样走强。到这里为止，他们的推测都是正确的。就像我们之前讨论过的那样，两只货币都相对于美元升值了约2%。不过那些卖出美元/日元，但计划长期持有的投资者就不那么幸运了，该货币对波动到那里后就止步不前了。

全世界很多投资者和经济学家都认为，中国政府这次调整只是一个开始，之后中国政府会继续调整再调整，直到人民币再升值30%或更多。不过中国政府并没有进一步把人民币价值提高到真实的市场价值，而是在这次调整之后就按兵不动了。什么动静都没有。事实上，中国人民银行行长和其它政府官员出来发表强硬声明，强调中国政府没有考虑进一步调整人民币汇率。这让美元止住了下跌趋势，美元/日元汇率盘整一段时间后终于180度掉头开始向上。大部分卖出该货币对的投资者都遭遇了亏损，但是还是有很多投资者立即反向操作买进了该货币对，获得了利润（见图11.3）。

通过这些实例，外汇投资者要明白一点，有时候我们会预测准确，有时候会预测错误。当情况变化时，你一定要迅速改变你的想法并跟上趋势。想知道什么时候必须做出改变，最简便的方法就是通过这最后一个基本面的分析工具。

最后的基本面分析工具：技术面分析

我们知道你一定会奇怪为什么把技术面分析归类为基本面分析工具，不过这样归类，你就可以在基本面分析和技术面分析之间架起桥梁。技

外汇交易大师的工具与策略

面分析是对外汇市场的各种走势图进行研究。但是技术面分析本身不会驱动外汇市场。基本面因素才会驱动市场。所以当你进行深入研究之后,你会发现技术面分析其实是对基本面如何驱动外汇市场进行研究。

图11.3

美元/日元的日线图。在2005年7月20日中国政府把人民币汇率上调2%之后,该货币对极速下跌,随后又立即反弹

资料来源:Prophet.net

虽然技术分析不会影响任何一只货币的供给或需求,但是它会告诉我们供给和需求何时会发生改变,以及它会如何影响两只货币的汇率。知道这一点,你就可以利用随后的波动了。你会遇到很多你不知道将会对外汇市场产生何种影响的重大新闻。我们也是如此。当遇到这种情况时,我们就会等待,看大部分外汇投资者会如何反应。一旦投资者作出了反应,我们就可以根据这些反应制定我们接下来的交易计划。技术面分析让我们可以看到外汇市场上大部分投资者在做什么。你也一定要明白,大部分后续

第 11 章 重大新闻

波动会出现在较长时间框架中。虽然外汇市场对重大新闻的反应很迅速，但是大部分利润都存在于由重大新闻带来的长期波动中。

使用这些工具

我们将在第 13 章的《技术分析工具》中为你介绍各种技术工具和技术，你可以将它们运用到你自己的交易中。

第 12 章 供给和需求的跷跷板

你可能已经注意到我们运用了一些同一个货币对上涨或下跌的例子来说明多个基本面因素对外汇市场的影响。例如，我们介绍了欧元/美元从 2002 年一直到 2005 年的这波上涨行情，并且把这波上涨归结于利率和股票市场两个因素。乍一看，你可能以为搞错了，因为你认为不应该把一个波动归结于两个基本面因素，但是这样是可以的。我们花了大量篇幅来讨论个别基本面因素对外汇市场的影响，但是你最需要知道的一点是这些基本面因素并不是独家存在的。同一时间有很多个基本面因素都在以自己的方式影响着外汇市场。而诀窍就是权衡哪些因素对外汇市场的影响最大，以便你利用。要做到这一点，我们建议使用一个我们称为"供给和需求的跷跷板"的工具。

跷跷板与单只货币

供给和需求的跷跷板有两边。左边代表的是需求增加供给减少，右边代表的是供给增加需求减少（见图 12.1）。

第 12 章 供给和需求的跷跷板

图12.1

供给和需求达到平衡

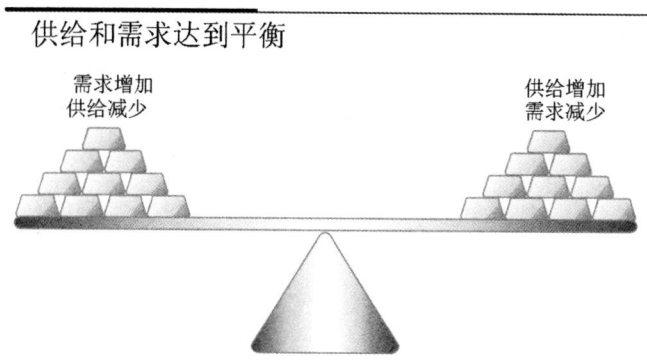

资料来源：欧罗波罗斯（Ouroboros）资本管理有限公司

当你分析美元未来将有多强劲或者多疲软时，你需要把所有基本面因素加到这个跷跷板上。如果一个基本面因素会增加需求或者减少供给，你就把它加到跷跷板的左边。如果一个基本面因素会增加供给或者减少需求，你就把它加到跷跷板的右边。当你把越来越多的基本面因素加到跷跷板上时，你就会注意到跷跷板一边高一边低，具体哪边高哪边低，要取决于两边各加了多少个基本面因素。如果跷跷板左边的基本面因素更多，跷跷板左边就会下降，右边会上升。当出现这种情况时，你就知道从基本面来讲，美元会升值。要记住这个的简单方法就是看跷跷板的斜率。你可以看到它是左边低右边高。这就是正的斜率，表明美元强劲（见图12.2）。

如果跷跷板右边有更多基本面因素，跷跷板右边就会下沉，左边会上升。当出现这种情况时，你就知道从基本面来讲，美元会贬值。同样，要记住这个的简单方法还是通过看跷跷板的斜率。你可以看到它是左边高右边低。这就是负的斜率，表明美元疲软（见图12.3）。

图12.2

需求增加

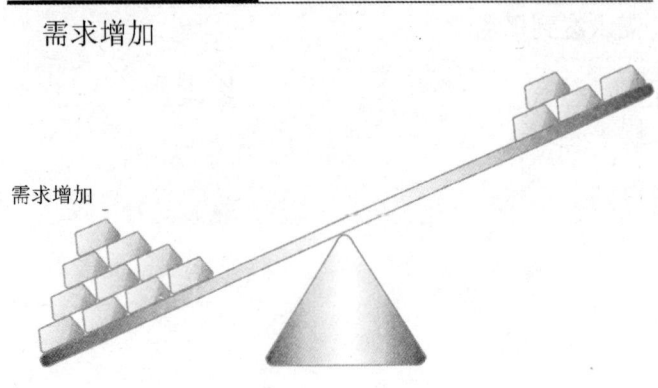

需求增加

资料来源：欧罗波罗斯（Ouroboros）资本管理有限公司

图12.3

需求减少

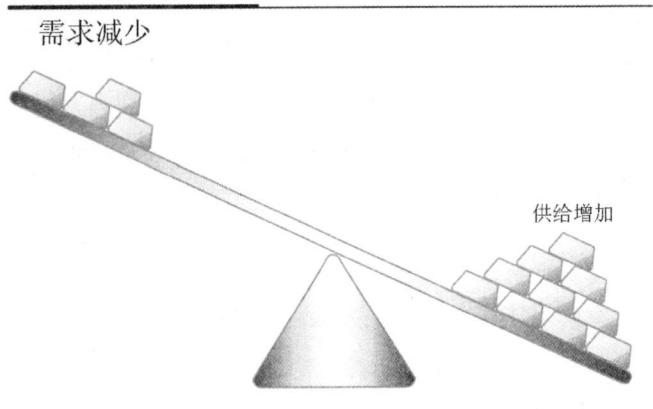

供给增加

资料来源：欧罗波罗斯（Ouroboros）资本管理有限公司

运用这个供给和需求跷跷板，将有助于你更好地管理大量复杂的经济信息。举个例子，当你分析美元的相对强弱时，你需要追踪各种影响美元价值的基本面因素——比如失业率、贸易差额、利率等等，你很容易迷失在海量的信息里。但是，如果你单独对每一个因素进行分析，就很容易判断每个因素会对美元产生正面或负面的影响。一旦你分析完一个因素，就把它放在跷跷板上正确的位置，然后再对下一个因素进行分析。当你把各

第12章 供给和需求的跷跷板

自因素都分析完毕之后,你就可以看跷跷板的哪一边更重些,从而得出强势美元或者弱势美元的结论。

应该把各种经济因素放在跷跷板的哪一边,以及给每一个经济因素分配多少权重,都需要做一些练习。但是,只要你避免把事情做得更复杂,你就可以做得很好。请记住,只有当你把所有基本面因素都结合起来以后,你才可以对什么在影响美元或其他任何一只货币的价值进行完整的、有意义的分析。

运用供给和需求跷跷板来分析单只货币非常重要,但这还只进行了一半。一旦你分析完一只货币,你还需要分析货币对中的另一只货币。外汇市场的一切都是相对的,而你唯一可以利用基本面分析赚钱的方式就是比较货币对中两只货币的基本强度,然后判断哪一个更强势。

跷跷板与货币对

当你利用跷跷板分析单只货币的强度时,你要把那些会让货币走强的基本面因素放到跷跷板左边,那些会让货币走软的基本面因素放跷跷板右边。但是,当你运用跷跷板来分析一只货币与另一只货币的相对强弱时,你需要把货币按照它们在货币对中的顺序放到跷跷板上。比如,你在分析欧元/美元时,因为欧元列在货币对的左边,美元列在货币对的右边,所以你要把欧元放在跷跷板的左边,把美元放在跷跷板的右边。如果是分析美元/日元,你就要把美元放跷跷板左边,日元放在跷跷板右边。

分析对货币对中每只货币产生影响的基本面因素,然后比较两只货币,会有助于你制定更为明智的投资决策。在你的分析中运用供给和需求跷跷板,会帮助你高效梳理各种基本面因素,也有助于你把货币对未来的波动方向形象化。如果货币对左边的货币有着更强的基本面前景,跷跷板的左边就会下沉,右边就会上升。因此,跷跷板的斜率就为正的,这个货币对将会上涨(见图12.4)。

图12.4
正斜率的跷跷板

供给增加

资料来源：欧罗波罗斯（Ouroboros）资本管理有限公司

如果货币对右边的货币有着更强的基本面前景，跷跷板的斜率就为负的，货币对也会按照相同的方向波动，也就是下跌（见图12.5）。

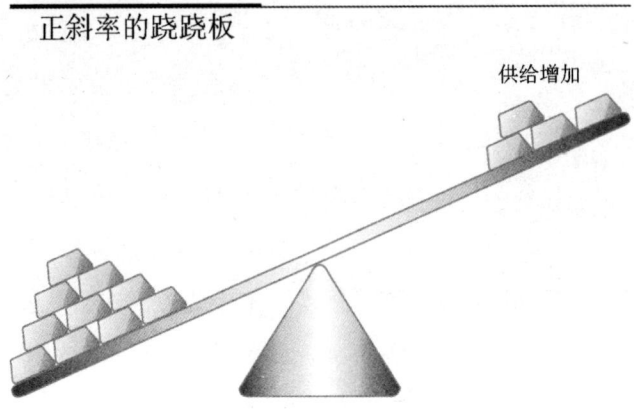

FIGURE 12.5
Seesaw with negative slope

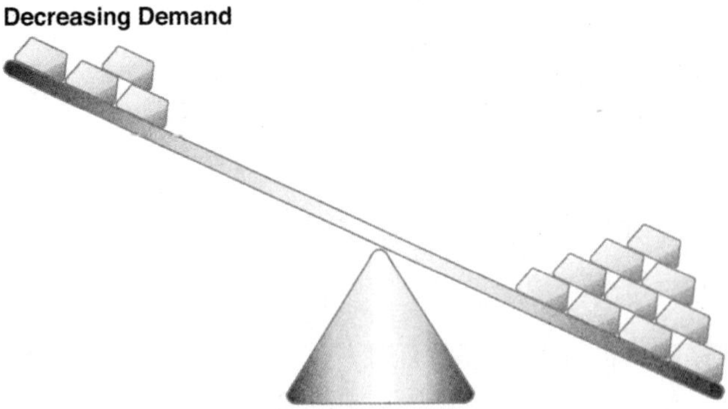

Decreasing Demand

Source: Ouroboros Capital Management, LLC

第12章 供给和需求的跷跷板

关于基本面分析有一个提醒，一个货币对的价格波动不会永远与影响外汇市场的首要基本面因素相一致。有时候货币对似乎有自己的想法。即使当你分析完所有基本面因素之后认定某个货币对会朝一个方向波动，但有时候这个货币对偏偏就朝另一个方向前进。有时候你可以很容易找到造成这种反向波动的意外因素，但是有时候就没那么容易。不管你是否可以找到每一次反向波动的原因，你都需要做好意外准备。永远不要对自己的分析过于自信。

利率与英镑/日元

英镑/日元在2003年和2004年初的价格波动，可以作为货币对受利率影响的一个很好的例子。当时英镑/日元在一年多的时间里一直跟随着利率变化而变化，之后又在一个月时间经历了180度的急转弯。

英镑/日元对利率的变化极为敏感，这种情况已经持续了数年。在过去10年里，英国的利率一直远远高于日本的利率，但是每当两国的利差扩大或缩小时，这个变化就会体现在货币对的价格变化上。比如英国的利率从2001年11月开始到2003年2月一直为4%，而日本的利率仅为0.1%。在此期间，外汇投资者都已经习惯了如此宽幅的利差，并且已经把英镑/日元推得很高。到2003年2月时，英国央行决定把利率从4%调整到3.75%。即使英国利率调低以后，仍然远高于日本的利率，但是利差收窄还是导致外汇投资者抛售英镑/日元，英镑/日元因此下跌（见图12.6）。

图12.6
英镑/日元截止到2003年2月初的月线图

2003年2月初,英镑/日元的汇率为197.39。到2月底英国央行调整利率之后,英镑/日元的汇率跌到185.82点,跌幅近1200点。没有人愿意看见自己的资产贬值,尤其是外汇投资者。当投资者看见英国央行降息时,他们看到了未来从不断缩小的利差中赚钱的机会。不过,接近1200点的跌幅也实在惊人。当市场开始适应新的利差时,英镑/日元又开始上涨了。不过英镑/日元的多头没有高兴太久,因为这波反弹非常短暂。在2003年7月,英国央行宣布再次降息,这次将把利率降低到3.5%。于是,市场再次把英镑/日元拉了下来。在第二次降息之后两个月内,英镑/日元又从198.15的开盘价下跌到185.07的收盘价,跌幅多达1300点(见图12.7)。

第 12 章　供给和需求的跷跷板

图12.7

英镑/日元截止到2003年8月的月线图

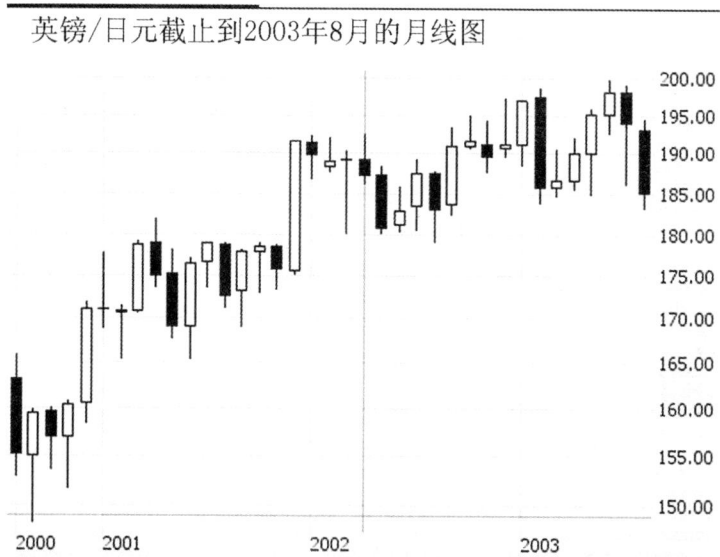

当投资者认识到 3.5% 与 0.1% 的利差还是很大时，市场开始趋于稳定，并且在接下来两个月内保持在 185 附近。到 2003 年 11 月，英国央行终于发布了好消息，宣布将把利率提高到 3.75%。这个新闻立即被市场吸收，英镑/日元从 2003 年 11 月的 186.15，一路上涨到 2004 年 1 月底的 203.68，涨幅近 1800 点（见图 12.8）。

到 2004 年 2 月时，英国央行再次传来好消息，决定把利率再次提高到 4%。根据英镑/日元过去的价格行为，你可能会认为当利差再次扩大时，该货币对会继续上涨。即使供给和需求的跷跷板也表明利率提高会导致货币对上涨，但事实是该货币对从 2004 年 2 月初的 203.68 的开盘价，一路下跌到这个月月底的 192.49 的收盘价，跌幅达 1100 点（见图 12.9）。

图12.8

英镑/日元截止到2004年1月的月线图

图12.9

英镑/日元截止到2004年2月的月线图

第12章 供给和需求的跷跷板

虽然数年来利差是一个重大的驱动因素，但是英镑/日元仍然会受到其他基本面和非基本面因素的影响。

小结

你可以肯定有很多投资者被这波下跌行情打得措手不及，而你在以后的投资中也仍然会遇到措手不及的时候。这是市场的正常现象。你必须为一切做好准备。通过这一章我们想告诉你的是，利用供给和需求的跷跷板来展开你的基本面分析，让胜利的天平倾向于你。同时，一定要做好应对意外的准备。

第13章 技术分析工具

技术分析工具可以帮助你识别市场情绪——外汇市场在做什么以及为什么这样做。当外汇投资者研究市场时，他们就会对市场当前的状况形成一些看法，并且这些看法最终会左右他们的交易决策。而当他们开始操作时，这些交易决策就会反映在货币对的价格波动中。

在交易中，你只需要关注两种市场情绪——看空和看多。你可能对股票市场的这两个术语比较熟悉，不过在外汇市场，它们的含义稍有不同。在股票市场，"看多"只有一个积极的含义，即认为市场将上涨，而"看空"只有一个消极的含义，即认为市场将下跌。但外汇市场就不是这样。当外汇市场上一个货币对上涨时，只是表示货币对中第一个货币（即基准货币）的价值相对于货币对中第二个货币（即报价货币）的价值上升。当外汇市场上一个货币对下跌时，只是表示货币对中报价货币的价值相对于基准货币的价值上升。所以当你谈到外汇市场的看多或看空时，你需要说得具体一点。你必须指出你更青睐货币对中哪个货币。例如，图13.1上欧元/美元的走势是下跌，但你仍然可以说你看多美元，因为当美元走强时，该货币对就会下跌。

第13章 技术分析工具

图13.1
欧元/美元的日线图

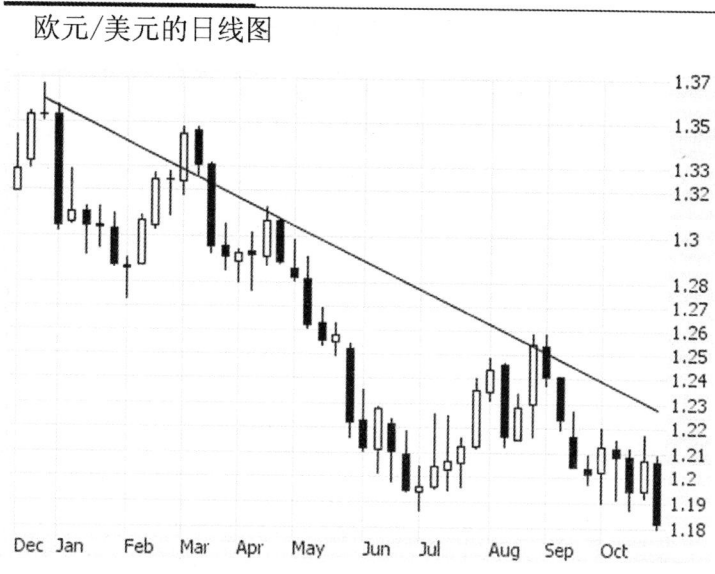

资料来源：Prophet.net

图13.2
美元/日元的日线图

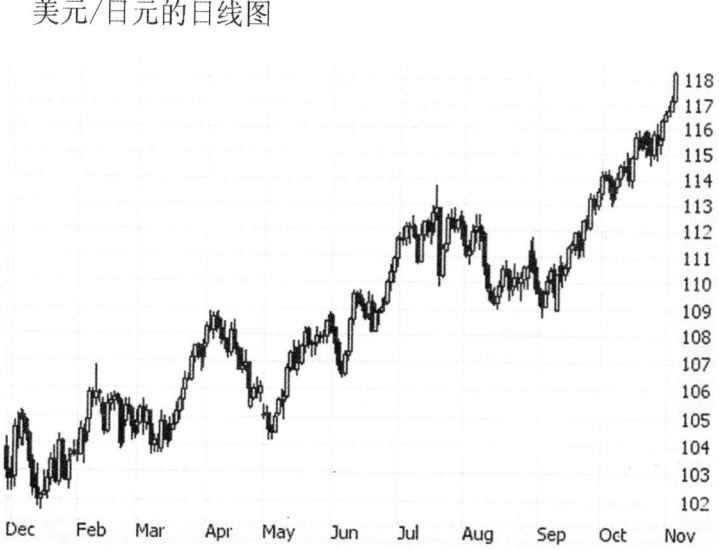

资料来源：Prophet.net

现在，如果是一个以美元作为基准货币的货币对，比如美元/日元，你再说你看多美元的话，这个货币对就应该上涨（见图13.2）。

当你制定投资决策时，判断市场情绪至关重要，而技术分析可以帮助你判断市场情绪。但是，你也会遇到外汇市场出现犹豫不决的时候。这时，你无法判断市场情绪如何。市场之所以犹豫不决，通常是因为有太多参与者保持中立或者空头和多头暂时休战。当出现这种情况时，市场就开始横向整理。

技术指标

技术指标是技术分析的基本工具。它们对市场波动进行分类，所以你不需要处理大量无规则的价格波动。目前已有数千个技术指标可以使用。事实上，我们也创建了一个我们自己的指标，叫做外汇预测（Forex Forecast）——一个独家所有的预测指标，只能到网站 www.investoolsct.com 上的"投资工具"（INVESTools）一栏下载。这个网站上还有这个预测指标的衍生指标，是专门用于股票市场投资的。但事实上，大部分外汇投资者使用的指标不超过20个。我们当然用不着打击你，你并不需要从数千个技术指标中去寻找适合的指标。我们只是想让事情尽量地简单，因为当你可以简单有条理地处理各种信息时，从外汇市场赚钱就更容易。

你可以看见技术指标通常分为两种：趋势和非趋势（或者说震荡）。实践者们把技术指标分为这两种，是因为趋势指标产生的交易信号更容易在趋势市中获利，而非趋势指标，或者说震荡指标产生的交易信号更容易在震荡市中获利。虽然这是一个将这些指标概念化的好方法，不过大部分指标在趋势市中表现最好。幸运的是，外汇市场有大量强劲的趋势可供我们利用。我们是趋势交易者，我们的策略都是趋势交易策略，所以我们对技术指标的看法有些许不同。技术指标对于我们来说，是有着两个步骤的

第13章 技术分析工具

过程。首先，我们要识别当前趋势。然后，我们就等待，直到市场发出进场指令，我们就可以进场利用当前的这波趋势获利了。

趋势是最重要的技术面信息。一旦你能够识别市场趋势，你就走完了通往成功的道路的四分之三。当你参与其他市场的交易时，你成功的几率也会指数式增长。让我们看看美国股票市场过去数十年的表现，看看为何有如此一说。如果你在1995年买入股票或者共同基金并且一直持有到2000年，你一定赚了很多钱。你具体买了哪只股票或共同基金都无所谓，因为几乎所有股票和共同基金都上涨了。一旦你认为股票市场将要上涨，你所需要做的就是把钱投进去，然后等待。每个月的投资收益报告都会告诉你赚了多少钱，你可以提前多早退休。这时候的每个人看起来都很聪明，因为每个人都在赚钱。但是我们的成功不是靠我们的本事，而是遇上了这波趋势。市场的趋势是上升，所有人只是乘着趋势的波浪上升的。

后来所有一切都改变了，到2000年时市场掉头向下，大量资金流失。投资者这时候的聪明才智并不亚于大牛市时期，但他们仍然在亏钱。我们仍然在不停买入股票，但我们股票价值似乎永远不再上升了。大多数投资者都感到迷惑不解，最后都亏了很多钱。所以这到底是怎么回事呢？嗯，当然是趋势反转，市场开始往下走了。现在，当然有大量基本面因素导致趋势反转，但是在技术分析中我们只关心趋势反转本身。我们要确保我们一直跟随着趋势。那么有没有投资者与趋势对着干反而赚钱了呢？当然有。不过这个问题如果这样问——有没有很多投资者与趋势对着干反而赚钱了。答案一定是没有。当你顺势而为，就可以享受很好的生活时，你为什么要拼命逆流而上呢？

技术分析工具：移动平均线

要想确认趋势，我们有比较简单的方法。我们使用移动平均线。如果移动平均线向上，我们就知道此时正处于上升趋势。如果移动平均线向下，此时就处于下跌趋势。就是这么简单。这里有一张欧元/美元的走势图，上面添加了一条移动平均线（见图13.3）。

图13.3

欧元/美元的日线图上添加了一条30日移动平均线

资料来源：Prophet.net

你会知道这个分析方法究竟有多简单。不管这条线朝哪方移动，这都是趋势的方向。

一旦你识别出了趋势的方向，接下来我们就要判断应该在哪个点加入趋势，因为有些点位要优于其他点位。当你上高速路时，你知道你将要加入路上的趋势，或者说车流是怎样，但你必须决定什么时候加入进去。大部分高速路入口会帮我们做这个决定。我们在上高速路之前，只需等待绿灯放行就可以了。如果我们前面亮的是红灯，就表示目前还不能进入高速路。

震荡指标就好像高速路口的交通灯。当潜在的盈利机会出现时，它们会给予我们提示，我们就知道是时候进场了。在你观察本书走势图中的价格趋势以后，你可能会注意到，上升趋势通常不是直线上升，下跌趋势也不是直线下跌。它们都是朝一个方向波动一段时间后，又朝相反方向回撤一部分，之后又再回到原来趋势继续前进。这些回撤都是加入趋势的理想时机。而震荡指标就有助于你识别何时是回撤，何时是反转。

技术分析工具：震荡指标

震荡指标在一个设定的范围内往返波动。它们上去了又下来，下来了又上去。当震荡指标上涨太高，就被认为是超买。当震荡指标下跌太低，就被认为是超卖。而当震荡指标从无论从哪个极值区域中出来时，你入场的绿灯就亮了。

让我们来看几个你可以用于交易的震荡指标。在这里，我们就只讨论其中4个，不过除此之外你还有很多震荡指标可以采用。当然，我们还是不建议一次使用过多的震荡指标。我们要避免技术分析中出现混乱的提示。最好一次只使用一个或者两个震荡指标。这4个震荡指标分别是：

- 指数平滑异同移动平均线（MACD）
- 随机震荡指标（stochastics）
- 顺势指标（CCI）
- 相对强弱指数（RSI）

当MACD绘制成柱状图时，用起来最简单（见图13.4）。当柱状图高于指标中间的0轴线时，MACD就处于超买，当柱状图低于指标中间的0轴线时，MACD就处于超卖。在上升趋势期间，当MACD向上穿越0轴线时，就是极好的买入机会。在下跌趋势期间，当MACD向下穿越0轴线时，就是极好的卖出机会。

图13.4

欧元/美元日线图，下面加上了MACD指标

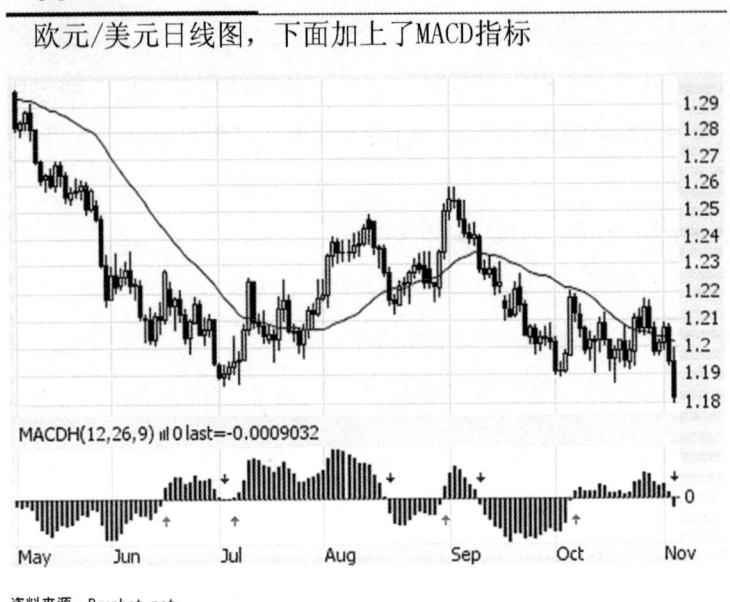

资料来源：Prophet.net

　　随机震荡指标是两条在 0 到 100 之间来回波动的线（见图 13.5）。当这两条线上涨高于 75，就表明市场处于超买状态，当两条线下跌超过 25，就表明市场处于超卖状态。在上升趋势期间，当两条线掉头向上穿越 25，就是极好的买入机会。在下跌趋势期间，当两条线掉头向下穿越 75，就是极好的卖出机会。

　　CCI 是一条来回穿越 0 轴线的线（见图 13.6）。当这条线上涨超过 100 时，就表明市场处于超买状态。当这条线下跌超过-100 时，就表明市场处于超卖状态。在上升趋势期间，当 CCI 线掉头向上穿越-100 时，就是极好的买入机会。在下跌趋势期间，当 CCI 线掉头向下穿越 100 时，就是极好的卖出机会。

第13章　技术分析工具

图13.5

欧元/美元的日线图，下面加上了随机震荡指标

资料来源：Prophet.net

图13.6

欧元/美元的日线图，下面加上了CCI指标

资料来源：Prophet.net

外汇交易大师的工具与策略

RSI 是一条在 0 到 100 之间来回波动的线（见图 13.7）。当这条线上涨超过 80，就表明市场处于超买状态。当这条线下跌超过 20，就表明市场处于超卖状况。在上升趋势期间，当 RSI 线掉头向上穿越 20，就是极好的买入机会。在下跌趋势期间，当 RSI 线掉头向下穿越 80，就是极好的卖出机会。

图13.7

欧元/美元的日线图，下面加上了RSI指标

资料来源：Prophet.net

这几个震荡指标都是很好的工具，都可以用于你的交易。当你观察每一个指标时，如果市场处于上升趋势，你就要寻找市场处于超卖的时期。也就是说上升趋势中出现了小幅回调。当你看到震荡指标掉头离开了超卖区域，就说明上升趋势恢复了，此时就是入场买入的好时机。反之，市场处于下跌趋势时，你就要寻找市场处于超买的时期。也就是说下跌趋势中出现了小幅反弹。当你看到震荡指标掉头离开了超买区域，就说明下跌趋势恢复了，此时就是入场卖出的好时机。

第13章 技术分析工具

交易术语

你将在15章的具体交易案例中进一步了解这些术语。每一个术语都涉及交易过程中的一个具体步骤。你越熟悉这些术语，对你的交易就越有帮助。

· 止损 这是第二次提到这个术语，主要是因为它实在太重要了。一旦设置了止损，只要价格朝你相反的方向前进并到达你指定的价位，就自动卖出。

· 限价或目标价格 一旦设定目标价格，只要价格朝你交易的方向前进并达到你指定的价格，就自动平仓。设定目标价格主要有两个原因。第一个就是即使你没有一直盯着你的账户，它也会自动帮你平仓并兑现利润。第二个就是让你明确你对这次交易的期望值是多少。这有助于计算你的风险报酬率，并且判断是否值得进场。

· 入场价 入场价就是你选择进场交易的价格。如果你是做多，就是买入价，如果是做空，就是卖出价。

· 出场价 出场价就是你了结头寸的价格。如果你是做多，就是卖出价，如果是做空，就是买入价。

· 风险报酬率 风险报酬率衡量的是你将冒多大的风险来获得一定的收益。如果你愿意冒100点的风险——也就是说把止损设为100点——来获得100点的收益，你的风险报酬率就是1∶1。如果你在超过50%的时间里都做对了方向，这个风险报酬率也不坏。但是，对于交易者来说，想要做对方向的几率超过50%本身就极不容易。我们知道这听起来多少让人有点泄气，不过我们会告诉你如何进行弥补。如果你认为你做对方向的几率低于50%，你就可以通过提高每笔盈利单的盈利额来弥补亏损单造成的亏损。在大多数情况下，我们的风险报酬率至少达到1∶3——这表示我们所冒的风险只占我们目标收益的33%。例如，如果我们做对方向就可以赚300点或更多的盈利，我们就可以冒100点的风险。

第14章　支撑位、阻力位和菲波纳奇

在上一章，我们讨论了几个技术分析工具。它们都有助于你在任何时候识别趋势和市场情绪。把这些技术指标运用于你的投资中，将提高你分析市场未来走势的准确率。不过，技术指标也有一定的局限性。

技术指标最大的缺点就是，用于计算指标的方程式会导致指标滞后于市场。也就是说价格波动要在发生之后，才会反映在指标上，这意味着当前波动的盈利可能性已经没有了。大部分技术分析者也不介意这个时间上的滞后，因为这样就相对更容易解读技术指标上的信号，也更容易建立交易规则。当你在外汇市场这样波动性较强的市场上交易时，技术指标可以帮助我们避免模棱两可的状态，这是非常吸引人的地方。

暂且撇开简便性和实用性不谈，大部分技术分析者会以支撑位和阻力位分析作为技术指标的补充。而在各种支撑位和阻力位分析技术中运用最广泛的是菲波纳奇回撤。菲波纳奇回撤位以及其他水平的支撑位和阻力位都被认为是先行指标，因为它们按照可预测的路径引导着市场波动。在这里，我们说的可预测，当然不是指确定无疑的，只是相当接近。

当你浏览任何关于外汇市场或者机构投资者在关注什么指标的新闻时，你会发现它们通常会提及菲波纳奇回撤位和其他支撑阻力位。看到这

第14章 支撑位、阻力位和菲波纳奇

些技术分析工具被如此高频率地提及,应该会激励你展开进一步的学习,以便把它们融入你自己的交易中。即便你没有兴趣把它们运用到你自己的交易中,你还是应该了解其他大型投资者在关注什么。你将在本章后面部分了解到,支撑位和阻力位通常会成为自我实现的预言。所以,知道其他大型投资者的预期价格水平,将有利于你的交易。

在我们深入探讨菲波纳奇技术之前,让我们先来看看菲波纳奇技术的基本构成——支撑位和阻力位。

支撑位和阻力位

支撑位是货币对很难向下突破的一个价格水平,常被称为货币对价格波动的下边界。阻力位是货币对很难向上突破的一个价格水平,常被称为货币对价格波动的上边界。很多市场新手都会惊讶于价格行为真的受阻于这两个价格水平。虽然走势图上或者市场上并没有什么信号或指令要求所有投资者在某个支撑位或阻力位买入或卖出,但是投资者确实会这样一起行动。虽然关于这一现象有很多种解释,但是最合理的解释也是最简单的解释——对于支撑位,大部分投资者认为一旦价格到达支撑位,货币对就被合理地定价,此时就是一个极佳的买入机会;对于阻力位,大部分投资者认为一旦价格到达阻力位,货币对的价格就过高,此时就是一个极佳的卖出机会。不管这些理由是什么,如果你能准确识别市场上的支撑位和阻力位,你就获得了很大的交易优势。

我们刚刚提到支撑位和阻力位常常成为自我实现的预言。现在,我们来解释为什么会如此。随着越来越多的投资者开始采用技术分析来分析外汇市场,必然有越来越多的人去寻找支撑位和阻力位,并且这些支撑位和阻力位都大致相同。如果只有一个投资者相信某个价位是有效的支撑位或阻力位,这个价位就不会成为真正的支撑位或阻力位。但是如果成千上万的投资者都把这个价位当作是支撑位或阻力位,那么它很可能成为真正的

外汇交易大师的工具与策略

支撑位和阻力位。所以，你也知道了，这个价位背后并不存在真正的力量。它能够作为支撑位或阻力位的唯一理由就是，成千上万的投资者说它是，它就真的是了。如果足够多的投资者预言某个价位会作为支撑位或阻力位，当价格到达这个价位时，他们就会买入或卖出，从而实现了他们自己的预言。

识别支撑位和阻力位

你在每张走势图上都可以找到支撑位和阻力位。比如，请看图 14.1 的欧元/美元走势图，欧元/美元的价格多次下跌到 1.2000 后就上涨，一直都没有跌穿 1.2000 这个价格水平。市场并没有强制规定该货币对价格必须保持在 1.2000 以上。但是很显然，市场上大部分投资者都认为跌到 1.2000 的欧元/美元值得买入。你在图中也会看到，我们用一条较粗的黑线标出了支撑位的位置。你在进行技术分析时也可以这样做，画出支撑线会让你对重要的价格水平一目了然。

图14.1

欧元/美元的走势图上绘制了一条水平的支撑线

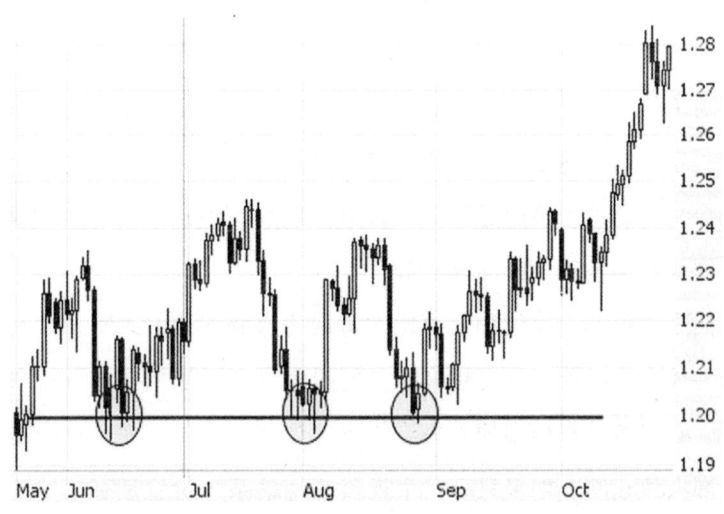

资料来源：Prophet.net

第14章 支撑位、阻力位和菲波纳奇

当看到价格下跌到支撑位就折返时,你要明白市场发生了什么,这将对你今后的分析大有助益。当投资者开始对一个货币对失去兴趣,或者当他们开始兑现利润时,该货币对的价格就会下跌。当价格下跌时,其他没有持有该货币对的投资者就会观望,看这个价格到底会跌多少。大部分投资者都经过大量计算后认为如果货币对跌到 1.2000,这个货币对就被合理定价,这就是一个买入的好时机。所以,当他们看到价格真的到达了他们预先认定的那个价位,他们就会进场买入该货币对。随着投资者逐渐进入市场,他们开始超过空头,对该货币对的需求也增加。这导致价格止住跌势并开始上涨了。

阻力位的形成与支撑位差不多。请看图 14.2 英镑/美元的走势图,你会看到英镑/美元的价格反复触及位于 1.7800 的水平线。虽然这个价位很容易在图上找到,但你还是要问自己为什么这个价位存在阻力。虽然并没有市场监管机构宣布英镑/美元的价格不能上涨超过 1.7800,但它的价格仍然乖乖地待在 1.7800 的价格水平以下。对于这一点,最简单的解释就是大部分市场参与者认为当英镑/美元到达 1.7800 时,价格就太高了,此时就应该卖出该货币对。还有一部分市场参与者在英镑/美元上涨的过程中做多了该货币对,之后受兑现利润的愿望驱使决定卖出该货币对。而那些之前没有持有英镑/美元头寸的市场参与者,他们想要进场赚取潜在的利润,于是决定卖出该货币对。

不管每个投资者卖出的动机是什么,总之卖出开始了,货币对开始掉头下跌。对大部分投资者来说,能够正确识别支撑位和阻力位是非常关键的一环,因为他们两个人的力量太过渺小,还不足以影响市场波动。如果知道支撑位和阻力位在哪里,他们可以在交易中作出灵活调整,以利用更大规模的市场波动。

图14.2

英镑/美元的走势图上绘制了一条水平的阻力线

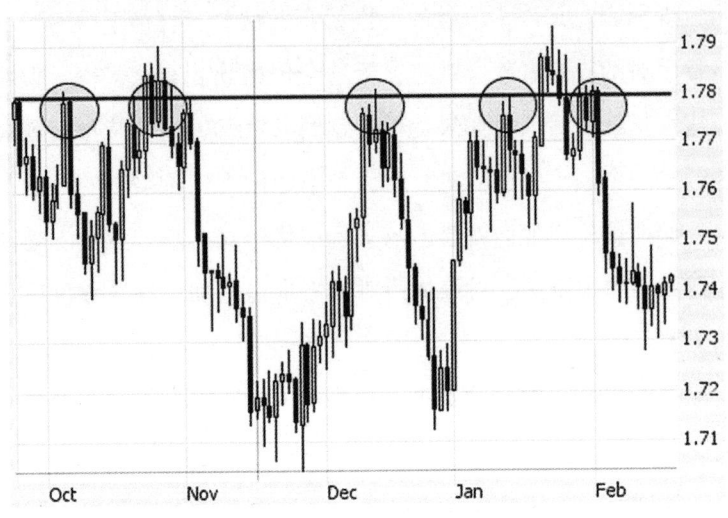

资料来源：Prophet.net

　　成为支撑位或阻力位有一个条件，就是这个价格水平多次被触及，但是一直都没有被突破。你也可以想到，如果大量投资者认为某个价格水平是某货币对过去的合理价格，那么这些投资者也很可能认为这个价格是这个货币对现在的合理价格。你可以确认他们认为这仍然是一个合理的价格，因为就像你在图14.1欧元/美元走势图中看到的一样，价格一次又一次下跌到这个价位后折返。

　　支撑线和阻力线并不一定要求是水平的，它们也可以是斜的——向上倾斜或向下倾斜。你也可以想到，当你分析横盘整理的市场时，支撑线和阻力线通常都是水平的。当市场处于横盘整理时，价格往往在水平的支撑线和阻力线之间来回震荡。在支撑线和阻力线之间还有一条中轴线，也是水平的。但是，当市场开始进入单边市，就像外汇市场经常出现的那样，这些水平的支撑线和阻力线突然就没这么重要了。

　　如果市场开始走单边市了，你还继续使用水平的支撑线和阻力线，你

第14章 支撑位、阻力位和菲波纳奇

会遭受打击,觉得自己无法正确管理交易。现在请看图14.3的欧元/美元走势图,欧元/美元曾在7月初下跌到1.1900的支撑位。当该货币对从这个价位折返后,价格继续上涨,直到7月中旬又再次下跌。如果市场继续保持横盘整理,你可以预期价格会再次跌回1.1900的支撑位。但是它没有。价格在7月底之前只下跌到1.2000的价格水平,之后再次掉头并上涨到更高的价位。这应该就向你发出了第一次信号——市场打破了横盘整理形态,开始单边走势了。

图14.3

欧元/美元的走势图上绘制了一条向上倾斜的支撑线

资料来源:Prophet.net

当市场开始形成新的上涨趋势时,你就必须开始寻找新的支撑位和阻力位。再回头看看图14.3,你可以看到图中并不是一条水平的支撑线,而是一条斜向上的支撑线。请记住,你要寻找的是那些货币对很难突破的价格水平。一旦你看到一条线上至少有两个点成功阻止了价格突破,你就可以确信你找到了一条支撑线或阻力线。并且这条线成功阻止价格突破的次

数越多，这条线就越牢靠。在图14.3中，价格在7月份两次下跌到这条支撑线，在8月份也两次下跌到这条支撑线。但是每当价格下跌到这条支撑线时就折返，所以你应该提高对这条支撑线的牢靠程度的信心。

阻力线也像支撑线一样，当货币对开始走单边时，也会朝某一个方向倾斜。虽然你仍然能在单边市的走势图上画出很多条水平的阻力线，但是起主导作用的阻力线仍然是朝某一个方向倾斜的。图14.4英镑/美元走势图上画的这条向下倾斜的阻力线就是一个极好的例子。在这张图上，你也可以在9月初1.8500的价格水平画一条水平的阻力线，但是随着价格下跌之后再也没有上涨回这个价格水平，这条阻力线很快就被暂时废弃了。

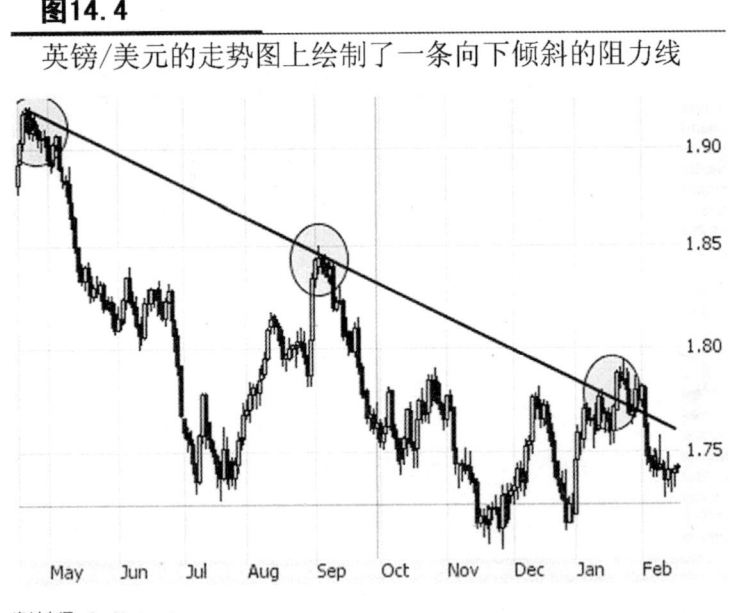

图14.4

英镑/美元的走势图上绘制了一条向下倾斜的阻力线

资料来源：Prophet.net

我们说"暂时废弃"，有可能听起来有点奇怪，但它确实准确描述了这张走势图上的情况。我们想要强调的是虽然货币对的价格远离了某个价格水平的支撑位或阻力位，但这个价位的支撑位或阻力位并不一定永久失

第14章 支撑位、阻力位和菲波纳奇

效。市场有着非常长时间的记忆，或许在未来某个时间，英镑/美元的价格就会再回到 1.8500 的价格水平，这个过去的阻力位就会重现生机。所以当你寻找支撑位和阻力位时，不要仅限于寻找那些出现在最近时间里的。你最好回顾一下较远过去的价格走势，以确保你掌握了所有可能在今天市场发挥作用的支撑位和阻力位。

在技术分析中利用支撑位和阻力位的最大好处，或许是具有普遍的实用性。你是采用 1 小时图还是周线图都无所谓，在任何时间框架的走势图上都可以找到支撑位和阻力位。欧元/美元小时图（见图 14.5）上的支撑位，就像前面欧元/美元日线图上的支撑位一样牢靠。当然，你也会注意到小时图上每一次反弹的幅度都小于你在日线图上看到的反弹幅度。但是一个活跃的交易者会利用好支撑位，力图从每一次的反弹中获利。

图14.5

欧元/美元小时图上有一条水平的支撑线

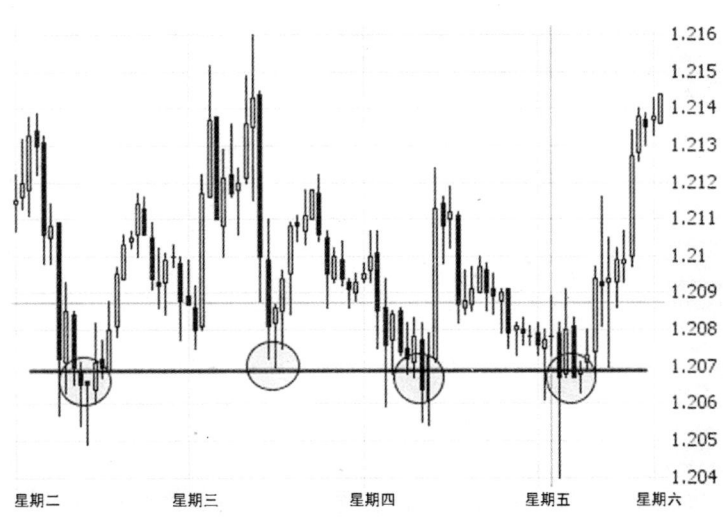

资料来源：Prophet.net

在任何时间框架的走势图上都可以找到水平的或者倾斜的支撑线或阻

力线。在英镑/美元 10 分钟图上（见图 14.6）就有一条向下倾斜的阻力线，这说明尽管时间框架如此短，仍然可以在走势图上识别出有效的阻力线。市场中的多头继续试图把货币对价格推高，但是他们每做一次尝试，他们就会减少一点动量，因为空头可以把价格越压越低。你在外汇投资中选用哪个时间框架都可以。当你越来越熟悉支撑位和阻力位，并知道如何识别出走势图上各种水平的支撑位和阻力位，你就可以大大提高你投资的绩效。

图14.6

英镑/美元10分钟图上有一条斜向下的阻力线。

资料来源：Prophet.net

突破支撑位和阻力位

通过支撑位和阻力位，投资者可以预测货币对将会波动多远，以及到什么价位货币对就会掉头并朝相反方向前进。但是就像生活中所有美好的事物一样，特定水平的支撑位和阻力位总是会有失效的时候。有时候，市

第14章 支撑位、阻力位和菲波纳奇

场太过强劲,会导致货币对突破之前形成的支撑位或阻力位。不过幸运的是,作为一个投资者,你知道每一个支撑位或阻力位被突破之后,总是会有新的支撑位和阻力位形成。另外,被突破后的支撑位或阻力位在未来某个时候仍然会发挥一定的作用——更多细节将在后面章节讨论。

不过在我们开始讨论突破支撑位和阻力位之前,一定要先讲一个让很多投资者感到沮丧的一个话题——尝试性突破。当你学习如何识别与你交易的货币对有关的支撑位和阻力位时,你一定会注意到价格不会每次都受阻于完全相同的点位。事实上,要完全准确识别支撑位或阻力位,几乎是不可能的事。例如,说欧元/美元的支撑位刚好在1.2013或者1.1958是没用的。如果你对支撑位和阻力位的要求这么严格,那么你的支撑位和阻力位一定守不住的,你也会被大量的价格行为误导。比如说,如果价格下跌超过你识别的精确支撑位两个点,你就认为价格突破了支撑位并且将会继续下跌,那么这很可能是一个非常愚蠢的看法。

要想避免过于严格确定支撑位和阻力位的水平,可以试着确定一个可作为支撑位或阻力位的价格区间。你采用的时间框架将决定你应该设置多宽的价格区间,但是不管设置多宽,你永远都要给它们留一点空间。我们有一个名叫布莱克·扬(Blake Young)的交易伙伴是这样说的,"当你画支撑线和阻力线时,应该用很粗的蜡笔,而不是那种很尖的针管笔。"给自己留点空间,有助于你避免做出草率的交易决定。

即使你在支撑位和阻力位上采取了预防措施,但你仍然会发现市场具有一种病态的幽默——即使你画的所有支撑线和阻力线都非常完美,但就是没有发挥作用。为了便于理解我们这话的意思,请把你画的支撑线和阻力线想象成一个大牧场周围的栅栏,把货币对的价格想象成牧场里的牛。大多数时候,牛都会待在栅栏围起来的牧场里。但是有时候,某一头母牛发现了一小片肥美的青草刚好在栅栏之外,于是决定去尝上几口。要想尝到栅栏外的青草,母牛必须把头伸到栅栏外并且伸得越远越好,直到它不得不把头缩回。从技术上讲,这头母牛仍然在栅栏内,但它成功越过了边界足够远，看起来就好像出去了一样。

你可以看到，这只母牛把头伸出栅栏外的情景就好像欧元/美元日线图上的情景（见图14.7）。由于要为支撑位和阻力位确定一个大概的价位，我们会说这张走势图上的支撑位位于1.2000附近。在6月期间，欧元/美元的价格两次下跌到这个支撑位，并且在第3次下跌时直接突破了该支撑位。无论从哪点看来，1.2000的支撑位都被突破，不会再对市场价格产生什么影响了。但是，仅仅几天之后，价格又回到了支撑位之上，并且在7月份两次试探了这个价位，之后上涨到更高的价位。

图14.7

欧元/美元的日线图上，价格暂时突破了支撑位

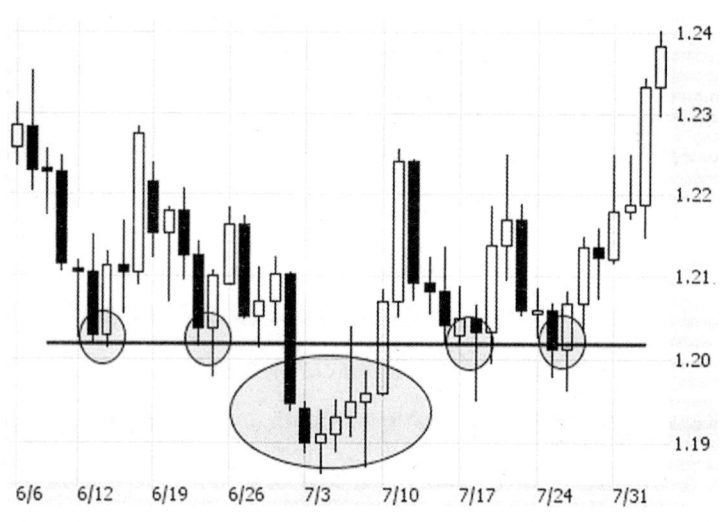

资料来源：Prophet.net

我们再回过头看一下，我们之前提到了"暂时废弃"这一概念，这里就是一个很好的例子。再看看这张欧元/美元走势图，当价格于6月底突破了位于1.2000的支撑位时，如果是你，就很可能把这个支撑位作废了。但

第14章 支撑位、阻力位和菲波纳奇

是我们不能在支撑位或阻力位被突破之后就弃之不管,你需要把它当做一个在当前不会影响市场,但在未来某个时候还有可能影响市场的价格水平。换句话说,虽然这个价位暂时废弃不用了,但在未来有可能被重新启用。

我们希望你在看欧元/美元走势图时,会问自己这样一个问题,"我如何知道价格什么时候真正突破支撑位或阻力位呢?"对于这个问题,唯一的答案就是寻找次级确认信息,确认价格行为的改变大到足以影响支撑位或阻力位的历史水平。有两个形成次级确认信息的方法已被证明是非常有效的——设置价格波幅基准和识别角色反转。

设置价格波幅基准 设置价格波幅基准涉及分析一张走势图,看是否能够找到价格曾经暂时突破先前的支撑位或阻力位,在折返之后又再次回到先前这个价位的情况。在欧元/美元走势图上(见图14.8),你可以看到价格在7月、8月和9月期间一直处于上升趋势,不过在此期间价格也数次下跌到由粗线描绘的那条斜向上的支撑线以下。价格下跌到这条主要支撑线以下的时间非常短,下跌幅度也并不大,但这并不意味它们不重要。如果你再画一条次级支撑线,就像图中主要支撑线下面的那条虚线一样,你就可以把这条线作为你的价格波幅基准。

FIGURE 14.8
EUR/USD, showing a secondary support level—your price-amplitude benchmark

Source: Prophet.net

价格波幅基准可以告诉你,如果价格突破了主要支撑线或阻力线,但是没有突破这条基准线,你基本上就不需要担心价格趋势发生了改变。但是,如果价格突破主要支撑线或阻力线之后,势头依然强劲,随即又突破了这条基准线,价格就很可能朝这个方向继续前进。你可以在图 14.8 中看到,价格在 9 月份突破了基准线。通常情况下,一旦价格打破了先前的趋势,它会继续沿着新的趋势波动下去。

识别角色反转 识别角色反转就要留意支撑位反转为阻力位,阻力位反转为支撑位。你经常会看到货币对的价格上涨遇到阻力位后回调,之后掉头向上突破阻力位,然后再次回调,下跌时受阻于之前的阻力位,然后再次反弹。通常情况下,当阻力位被突破之后,这个阻力位就会转化为支撑位。反之,当支撑位被跌破之后,这个支撑位就会转化为阻力位。

美元/日元的走势图(图 14.9)就提供了一个很好的角色反转的例子。从 7 月底到 9 月中,美元/日元的价格一直受阻于一条斜向下的阻力线。每

第14章　支撑位、阻力位和菲波纳奇

当货币对价格上涨触及这条阻力线——图中分别用 A、B 和 C 标出，空头就会进场把价格拉下来。终于在 9 月中旬，市场上的多头聚集了足够动量把价格推高并突破了之前的阻力线。很明显，这次上涨消耗了多头太多力量，后继乏力，于是价格开始掉头下跌。这种价格行为是很正常的现象。但是，之前阻力位被突破对市场产生的心理影响不容忽视。突然所有认为之前的阻力位有效的市场参与者开始重新调整他们的头寸，于是阻力位变成了支撑位（位于 D 点）

你会发现你还可以在美元/日元走势图上画一条基准线。如果你在主要阻力线上方画一条基准线，当价格于 9 月突破主要阻力线后就会触及这条基准线。这就是要告诉你，你可以在交易分析中同时运用基准线和角色反转确认信息。你没必要限制自己只使用其中一个。尽可能多地寻找你可以寻找到的信息来支持或否定任何一笔交易，是我们希望你将其看作贯穿本书始终的一个主题。不管你是分析多个基本面因素并判断如何把它们分配到供给和需求的跷跷板上，还是通过多个技术指标来确认一个价格波动，总之，永远不要仅凭一个信息就做出交易决策。是否能够意识到周围发生的一切，是区别成功投资者和失败投资者的一个标志。

在交易中利用支撑位和阻力位

你已经学会了如何识别水平的和倾斜的支撑线和阻力线。你也知道了如何区分这些价格水平何时只是被试探，何时是被突破。现在，你需要把这些要点综合起来并把这个理论运用于交易中，看这些支撑位和阻力位将如何影响你的投资决策。

现在我们来回顾一些在运用支撑位和阻力位时所需遵循的原则：
- 当在上升趋势中寻找入场点时，把注意力放在支撑位上。
- 当在上升趋势中寻找出场点时，把注意力放在阻力位上。
- 当在下跌趋势中寻找入场点时，把注意力放在阻力位上。
- 当在下跌趋势中寻找出场点时，把注意力放在支撑位上。

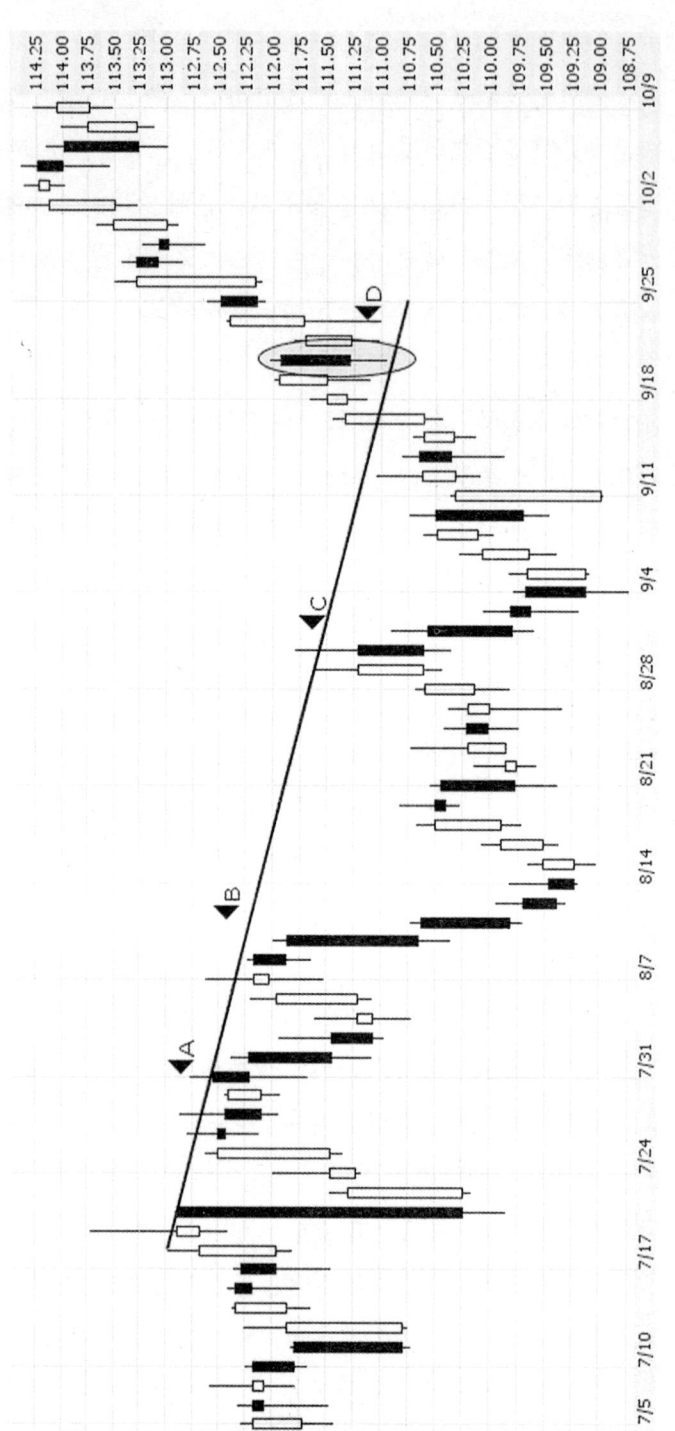

图14.9 美元/日元走势图上出现了一次从阻力位转换为支撑位的角色反转

资料来源：Prophet.net

第14章 支撑位、阻力位和菲波纳奇

· 永远要等待支撑位或阻力位的反弹或突破的确认信息。

每当货币对的价格到达了支撑位或阻力位，市场参与者就开始感到焦虑，因为他们知道当前趋势很有可能反转。对于那些跟随当前趋势交易的投资者来说，这是一个紧张的时刻，因为他们必须决定是否继续持有现有头寸并希望支撑位或阻力位被突破。对于那些想为下一笔交易寻找入场点的投资者来说，这也是一个紧张的时刻，因为他们必须决定是把赌注下在折返上还是突破上。总之，只要货币对价格接近支撑位或阻力位，市场上总是会充盈着紧张气氛。

作为个人投资者，你在这个时候最好是等待市场作出反应。不要试图通过聪明才智战胜市场。等待市场自己决定如何对待这些支撑位或阻力位之后，你再展开行动。当你投资外汇市场时，只要能够有效地管理头寸，你将会从顺势而为中得到一切。

等待市场作出反应，也就是看货币对的价格行为如何反应。例如，如果价格上涨到阻力位后折返，然后持续走低，你就知道市场认为这个阻力位是有效的，你就可以据此下单或管理你的头寸。另外，如果价格下跌到支撑位并且跌穿了这个支撑位，你就知道市场不再认为这个支撑位有效，你就可以据此下单或管理你的头寸。

想要更好地理解这些概念并学习如何把它们运用到你的交易中，最有效的方法就是通过案例来学习。请看图14.10美元/瑞郎的走势图，这是美元/瑞郎在2005年下半年的价格走势。从9月初开始，货币对价格就一路向上。到10月初时，货币对的价格开始回调，一直回调到1.2700的价格水平。

图14.10

美元/瑞郎从2005年9月到10月的价格走势

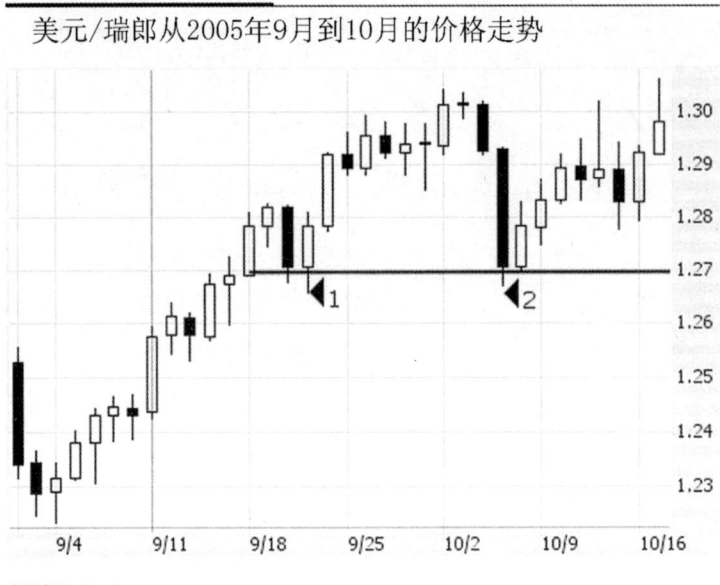

资料来源：Prophet.net

当你观察这张走势图时，你需要后退一步，试着从市场参与者的角度看看。当你看一波持续时间较长的趋势，比如美元/瑞郎走势图中9月份的那波上升趋势，你就知道大部分市场参与者都认为该货币对的价格应该上涨，并纷纷涌入市场以利用这波行情中获利。任何一个优秀的投资者永远都会在进场前设定好出场价格。在本例中，目标出场价格就是1.3000。（顺便说句题外话，大型投资机构在决定目标价格和止损点时，把注意力放在整数位上是很正常的事情。）一旦价格到达预先设定的价格，之前顺势操作的投资者就认为是时候兑现利润了，于是，他们开始了结头寸。与此同时，也有越来越多的空头开始进场，这又进一步把价格压低。随着价格开始下跌，投资者开始寻找可能阻止货币对进一步下跌的支撑位。当你看图中9月底的价格走势时，你可以看到一根黑色的蜡烛线显示价格下跌到1.2700。随后在第二个交易日，价格又立即掉头并继续沿着原来的趋势上涨了两周。但是，价格这次下跌到1.2700的价位应该引起注意，因为这里可能形成了一个支撑位。到了10月初，由于此时大部分市场参与者都认为这个支撑位可以成功守住，于是它真的守住了。

第14章 支撑位、阻力位和菲波纳奇

当然,在价格刚到达1.2700时,就进场买入会显得太过激进,因为市场还没有确认它是否"敬畏"这个支撑位,不打算突破它。所以,你还要等待确认信号。在第二个交易日,美元/瑞郎的价格果然掉头,于是你获得了第一个市场可以很好守住这个支撑位的确认信息。这时,你可以选择进场买入该货币对。但是让我们假设你是一个极度保守的投资者,你想要等待另一个入场机会。

图14.11是美元/瑞郎在9月之后几个月的走势图,你可以从图中看到在价格于10月初从1.2700的价位反弹之后,上涨到1.3000的价格水平。在这个新确认的阻力位短暂停留之后,价格又开始掉头下跌,到10月底时又跌回1.2700的价格水平。价格每折返一次,支撑位或阻力位的效力就会更强一点。知道这一点后,当你看到价格开始从这个支撑位折返时,你就可以认定1.2700的支撑位是有效的,从而进场买入美元/瑞郎货币对。

图14.11

美元/瑞郎从2005年9月到12月的价格走势

资料来源:Prophet.net

189

外汇交易大师的工具与策略

当你进场时，你知道两件事：第一，价格刚从1.2700的支撑位折返；第二，价格在朝着1.3000的阻力位前进。由于你知道货币对价格遇到阻力位很可能波动巨大，所以你决定把目标价格设在这个价位。如果价格上涨到1.3000的阻力位时，市场决定"敬畏"这个阻力位，要把价格压下来，你就可以平仓并享有你的利润。如果价格上涨到1.3000的阻力位时，市场不再"敬畏"这个阻力位，决定继续上涨突破它——就像本例中的情况一样，你就可以继续持有你的头寸，赚取更多利润。最重要的事情并不是当价格到达1.3000的阻力位时，你准确知道你将怎么做，而是当价格接近这个阻力位时，你知道这个阻力位的存在，并且采取相应的措施。

在这个案例中，我们介绍了如何利用水平支撑线和阻力线来做交易的方法。如果你在这期间下了单，你就可能获得很大的成功。但是，仅仅这一个例子是不够的，我们还没有介绍如何利用倾斜的支撑线和阻力线做交易的方法。下面这个例子就是。之所以要学习如何利用倾斜的支撑线和阻力线做交易，主要是因为市场早晚会进入趋势市。就像你之前学习的那样，趋势是你的好朋友，当你顺着趋势交易时，就会大大提高你成功的几率。

请看图14.12瑞郎/日元的走势图。这个货币对从6月底开始进入上升趋势。就像你看到的那样，上升趋势很少是直线向上的。你常常会看到价格上涨一段时间后，就发生回调，以为下一波更猛烈的上涨做准备。当瑞郎/日元的价格在7月后期发生回调时，触及支撑位反弹，并上涨到更高的价位。你可以从图中看到新的支撑位要高于前一个在6月底形成的支撑位。这表明你在分析中应该采用一条斜向上的支撑线。

第14章 支撑位、阻力位和菲波纳奇

图14.12

瑞郎/日元走势图上形成一条斜向上的支撑线

资料来源：Prophet.net

我们再一次假设你是一个极度保守的投资者，你仍然不打算在这个时候进场买入，你还想等待价格再次回到支撑位然后折返，以确认这条斜向上的支撑线的有效性。幸运的是，你不需要等待太久，因为到8月底时，瑞郎/日元的价格再次下跌到这条支撑线，然后掉头开始上涨。这时，你决定进场以利用这条经过确认的支撑线。在经过更新的瑞郎/日元走势图上（图14.13），你可以看到在这个支撑位入场，你还有很大的获利空间——根据前一个在8月初走出的最高点。这也可以让你设置一个相对保守的止损位——根据前一个支撑位反弹时走出的最低点。

图14.13

瑞郎/日元走势图上确认了一条斜向上的支撑线

资料来源：Prophet.net

虽然这两个例子中的交易都是极佳的赚钱机会，但我们还是想确定我们没有脱离交易的残酷现实。任何人都可以找到很好的交易例子。但当我们这样做的时候，我们要承认并不是所有的交易都可以像我们期望的那样美好。即使当你利用趋势来提高成功的几率，但你仍然可能遇到表现不如预期的交易。有一种交易失败的情况被称为"挨鞭打"。之所以取这个名字，是因为你在亏钱之后，有一种被市场鞭打的感觉。在你刚进场后，货币对价格就立即反转，你最终只有亏损出场。在大多数情况下，"挨鞭打"发生得非常迅速，这也说明了外汇市场是多么变幻无常——即使你事先进行了全面的基本面和技术面分析。虽然亏损总是让人沮丧，不过我们将在第16章资金管理中讨论一些你可以用于交易的技术，它们将有助于你保持一个长期的视角。

在讨论菲波纳奇技术之前，我们想先看一个例子。在这个例子中，我

第 14 章　支撑位、阻力位和菲波纳奇

们可以在技术分析中融入一点基本面分析。这个例子涉及美元/加元货币对。在图中（见图 14.14）所示这段时间，大宗商品价格一直在上涨，尤其是原油的价格。大宗商品价格上涨导致对加元的需求增加。当需求增加时，加元的价值就会相对于美元上升，于是美元/加元货币对开始下跌。在 5 月和 6 月，你可以看到当价格越走越低时，在价格的上方开始形成一条斜向下的阻力线。

图14.14

美元/加元货币对的价格上方形成一条斜向下的阻力线

资料来源：Prophet.net

　　在价格第三次上涨触及阻力线时，你可能已经准备入场卖空美元/加元货币对。你通过顺势交易并等待价格再次从阻力位折返，再次让胜利的天平倾向于你。另外，你在基本面分析中确定了基本面因素对你有利。所以，虽然你不能百分之百保证成功，但是可以确信你从这笔交易中赚得丰厚利润的几率很高。从美元/加元的走势图中（见 14.15），你可以看到你的入场点给了你很大的盈利空间。另外，在这个入场点设置的止损位也离

193

得比较近，如果价格真的朝与你交易相反的方向波动，你也不会亏损太多钱。

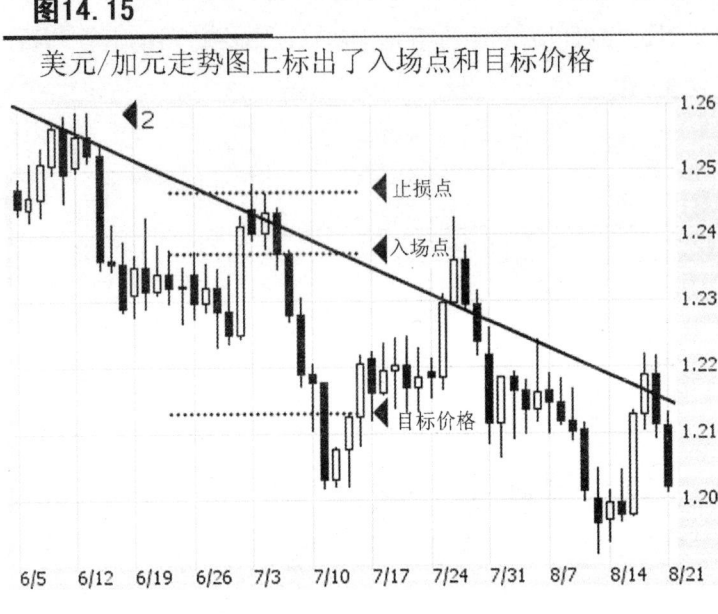

图14.15 美元/加元走势图上标出了入场点和目标价格

资料来源：Prophet.net

支撑位和阻力位在任何投资者的技术分析工具箱中都是举足轻重的一个。能够预测货币对价格将在什么价位转向，并且不需要等待技术指标滞后的信息，对外汇交易来说，简直是无价之宝。但是如果你认为就根据货币对之前折返的价位来画支撑线和阻力线是革命性的创举，那么请等一等，你先看看你可以用由一个意大利养兔子的人——被称为"比萨的莱昂纳多"，也就是菲波纳奇——发现的数列做些什么再说。

菲波纳奇

菲波纳奇分析主要是根据菲波纳奇数列的一系列数字和比率，来识别在趋势回撤和趋势持续时期的支撑位和阻力位。这个数列是一个被称为

第14章 支撑位、阻力位和菲波纳奇

"比萨的莱昂纳多"的意大利数学家,也就是菲波纳奇发现的。这个数列是从0、1和1开始,并且从第3个数字开始,每一个数字都是通过加总前两个数字得来的。比如,如果你从总这个数列的最开始两个数字,你会得到0+1=1。然后再加总数列最近前两个数字,你就会得到1+1=2。再重复这个过程,你就会得到1+2=3。当你继续计算下去,这个数列就会像这样排列下去:0、1、1、2、3、5、8、13、21、34、55……

虽然这个数列本身就是一项让人着迷的发现,但是这个数列中各个数字之间的关系,才是我们作为投资者真正的兴趣所在。莱昂纳多指出不管你计算到多大的数字,这个数列中相同间隔的两个数字之间的比率都会一直保持一致。从投资者的角度来说,在这个数列中发现的最重要的两个比率分别是38.2%和61.8%。这两个比率在自然界中一再地出现,比如向日葵的同心圆、海螺壳、松果等,同时也存在于像帕特农神庙这样的建筑杰作中。这个比率也使外汇市场的价格走势呈现出非常有趣的形态。

我们首先看看那些投资者在预测回撤水平时所用到的比率。第一个是38.2%,它几乎是这个数列中任何一个数字除以其间隔一个数字之后的数字得到的比率。比如,在数列中随便取一段…13、21、34、55…如果你用数字21除以其间隔一个数字之后的数字,即55,你就会得到38.2%的比率(21÷55=0.382,或者38.2%)。第二个比率是61.8%,它几乎这个数列中任何一个数字除以其后一个数字得到的比率。比如,再次选择…13、21、34、55…这段数列,如果你用34除以55,就会得到61.8%的比率(34÷55=0.618,或者61.8%)。

投资者在识别回撤时的支撑位和阻力位时所用到的比率,除了上面讨论的这两个比率之外,大部分投资者还会使用另外3个比率,分别是0%、50%和100%。这3个数字与菲波纳奇数列没有直接的联系,但是把它们和上面两个主要的菲波纳奇比率结合使用时,它们可以使你的回撤分析工具更加完善。

我们下面将要讨论的两个菲波纳奇比率也从菲波纳奇数列而来。这两个比率在分析价格趋势投射时的效用最高。第一个比率是161.8%,它几乎是菲波纳奇数列中任何一个数字除以其前一个数字得到的比率。比如,

看看这段数列…13、21、34、55… 如果你用55除以34，就会得到161.8%的比率（55÷34=1.618，或者161.8%）。第二个比率是261.8%，它几乎是菲波纳奇数列中任何一个数字除以其间隔一个数字之前的数字得到的比率。比如，再看看这段数列…13、21、34、55、89… 如果你用89除以其间隔一个数字之前的数字，即34，就会得到261.8%的比率（89÷34=2.618，或者261.8%）。

投资者根据市场之前的波动，用菲波纳奇比率来投射未来的支撑位和阻力位。换句话说，市场之前的波动可以指示菲波纳奇回撤位的位置。由于所有的菲波纳奇回撤水平都是以百分数的形式进行讨论，所以你首先要决定选用哪个价位作为这些百分数的参照。只是简单地说"38.2%水平的回撤"，这句话本身并没有什么意义。你要问的问题是什么价位的38.2%？还是那句话，要想说明菲波纳奇回撤位和投射位到底怎么回事，最好的办法是通过案例来介绍。

菲波纳奇回撤水平

外汇市场的趋势永远不是直线向上或向下的。上升趋势永远不会径直向上，下降趋势永远不会径直向下。随着多头和空头不断进出市场，价格一路都会发生回撤。但是，投资者都想知道的是，当回撤发生时，回撤的幅度到底有多大。这就是菲波纳奇回撤技术展现魅力的地方。

我们要看的第一个例子涉及英镑/美元（见图14.16）。菲波纳奇技术的第一步就是识别你想要分析的价格波动。在英镑/美元走势图中，你可以看到我们在9月初到10月初的这波下跌趋势上画了一条线。这就是我们将要用于菲波纳奇回撤分析的价格波动。

第 14 章　支撑位、阻力位和菲波纳奇

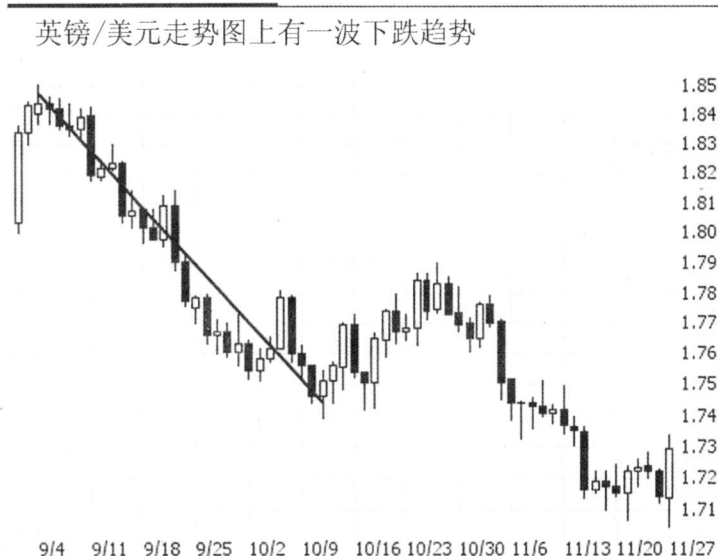

图 14.16

英镑/美元走势图上有一波下跌趋势

资料来源：Prophet.net

　　我们画的这条线看起来似乎有点随意，要在某种程度上识别峰顶和谷底确实需要一定的经验和技巧，但是只要多加练习，你就可以准确识别价格波动。另外，当你在交易路上前行时，随着交易技术提高并且获得新的信息，你可以调整你的分析方法。

　　一旦你在英镑/美元的走势图上识别出了你想要分析的价格波动，就可以绘制你事先确定的菲波纳奇回撤线。你可以看到我们是以之前讨论过的回撤水平来画回撤线的，这几个回撤水平分别是 38.2%、50%、61.8% 和 100%（见图 14.17）。你的菲波纳奇回撤线可能会因你的走势图服务系统设定的规则不同而有些微的差别，但是它们应该都与英镑/美元走势图中的回撤线相似。

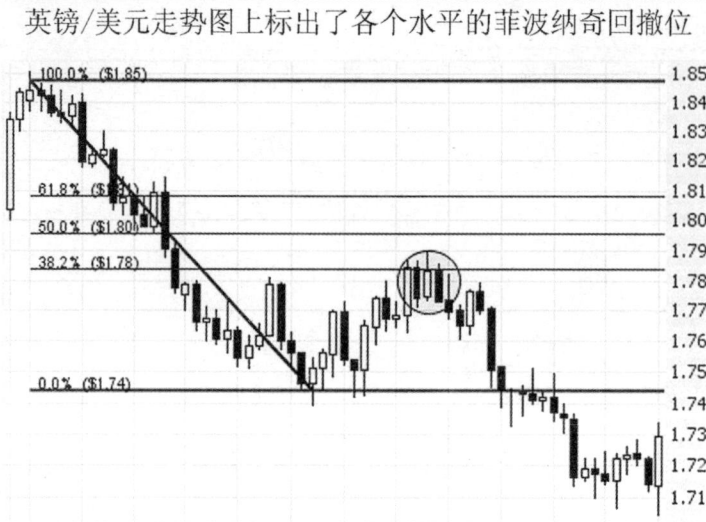

图14.17

英镑/美元走势图上标出了各个水平的菲波纳奇回撤位

资料来源：Prophet.net

你想确定该货币对价格在前1个月内下跌近1000点之后，会发生多大幅度的回撤。在走势图上绘制菲波纳奇回撤线，你就有了一些可以预期价格行为的关键价位。这里有一个重要提醒，由菲波纳奇回撤技术投射得到的支撑位和阻力位的作用，就和你自己确定的支撑位和阻力位的作用一样。这些价位在市场对它们做出反应之前并不重要。请记住这一点，你永远都要等待价格从菲波纳奇回撤水平的支撑位或者阻力位折返的确认信息。在图14.17英镑/美元的走势图中，你可以看到市场在盯着38.2%水平的菲波纳奇回撤位，并且当货币对价格到达这个价位时，空头就进场把价格拉下来。

很多市场参与者都在讨论菲波纳奇回撤位附近的价格行为到底是基于正常的市场行为——因为菲波纳奇回撤位太易于识别了，还是只是自我实现的预言。虽然这可能是一个有趣的理论话题，但是就市场运用来说，到

第 14 章 支撑位、阻力位和菲波纳奇

底是哪个原因都无所谓。作为一个投资者，你所需要担心的只是市场会选择怎么做。如果市场在到达某个水平的回撤位时，决定反转，那么就跟随着市场操作。

一旦你看见市场受阻于某个水平的回撤位，你就可以进场卖出英镑/美元货币对。之所以要卖出，是因为市场整体趋势是向下的，即使价格经历了小幅度的回撤。当然，那些激进的交易者会试图从回撤中获利，但是这样操作的难度很高，风险也很大。顺着趋势交易还有一个好处，即其他水平的菲波纳奇回撤位可以作为极好的止损位和目标价格。请看图 14.18 英镑/美元走势图，你可以看到我们确定的入场点和止损位。我们确定的入场位刚好在 38.2% 水平的菲波纳奇回撤位之下一点点。止损位设在下一个更高水平的回撤位，即 50% 水平的回撤位之上。而目标价格就设在 0% 的价位。如此设置之后，如果市场恢复其原有趋势，并且重新回到 1.7400 的价位，你就可以盈利。

图14.18

英镑/美元走势图上标出了入场点和止损位

资料来源：Prophet.net

外汇交易大师的工具与策略

在接下来的这个例子中，我们将加强涉及市场心理学的交易技巧分析。在市场上，你常常可以看到货币对的价格在短期内发生剧烈波动。这种波动通常是一些基本面因素改变的结果，比如发布了某项经济数据或其他。当市场看到了这种变化，每个投资者都想第一个做出反应，于是价格开始急剧变化。当价格变化时，市场上多头或空头的数量很快耗竭，市场不得不重新寻找方向。在市场重新寻找方向的时期，随着投资者犹豫是否跟随新的趋势，价格常常会回到之前的方向。这些短期的回撤位往往与菲波纳奇回撤位相吻合。此外，如果哪个重大新闻事件可以引发该货币对价格发生如此巨大的波动，那么这个新闻事件很可能会对该货币对价值产生长期的影响。如果这一切都是真的，最初剧烈的波动只是随后更大一波持续性波动的开始，那么你就可以参与新的趋势。所以整个交易的流程是：寻找一波较大规模的趋势，绘制菲波纳奇回撤线，等待价格回撤并且从某条回撤线折回，然后进场顺着新形成的趋势方向交易。

美元/日元货币对的走势图（见图14.19）可以作为这种市场反应的一个很好的例子。在12月初，美元/日元货币对价格正处于多年来的最高点121.00。而后日本消费者信心指数报告发布，结果意外达到高水平。这导致日元价值一夜之间大幅升值，而美元/日元货币对价格也应声大幅下跌。短短几天之后，该货币对价格竟跌至115.50的水平，而此时市场上的空头已经竭尽全力，该货币对价格不得不发生回撤。运用上面概述的交易策略，你就可以利用这次机会绘制你的菲波纳奇回撤线。

一旦绘制好菲波纳奇回撤线，你所需要做的就是等待市场将会对哪个水平的菲波纳奇回撤位做出反应。在美元/日元走势图上这样的急剧下跌之后，最常见的有效回撤水平是38.2%，因为它是最近的一个回撤位。急剧的价格波动常常是更大规模的波动将要到来的信号，投资者都想尽快进场以利用市场波动获利。

第 14 章 支撑位、阻力位和菲波纳奇

图 14.19

此图为美元/日元的走势图,在意外经济数据发布之后的一段价格走势上绘制了菲波纳奇回撤线

资料来源:Prophet.net

一旦你看见货币对价格开始从 38.2% 水平的菲波纳奇回撤位折返时,你就可以建仓了。这次交易与你在之前英镑/美元的例子中看到的交易过程类似。首先,你要决定在什么价位入场。当你在价格从支撑位或阻力位折返时入场时,你一定要给货币对价格留有足够的空间,以确定它真的从这个价位折返。但是,你也可能不想留太大的空间,以免失掉太多潜在的利润。折中的办法就是,可以考虑把入场点设在支撑位之上 10% 的价位(原文如此——译者注),或者阻力位之下 10% 的价位(原文如此——译者注)。比如在图 14.20 美元/日元的走势图中,你就可以把入场点设在 38.2% 水平的回撤位以下 10% 的价位——大约在 117.50 附近。这会给价格留一定的波动空间,也可以让你尽早入场以利用趋势恢复的行情。

201

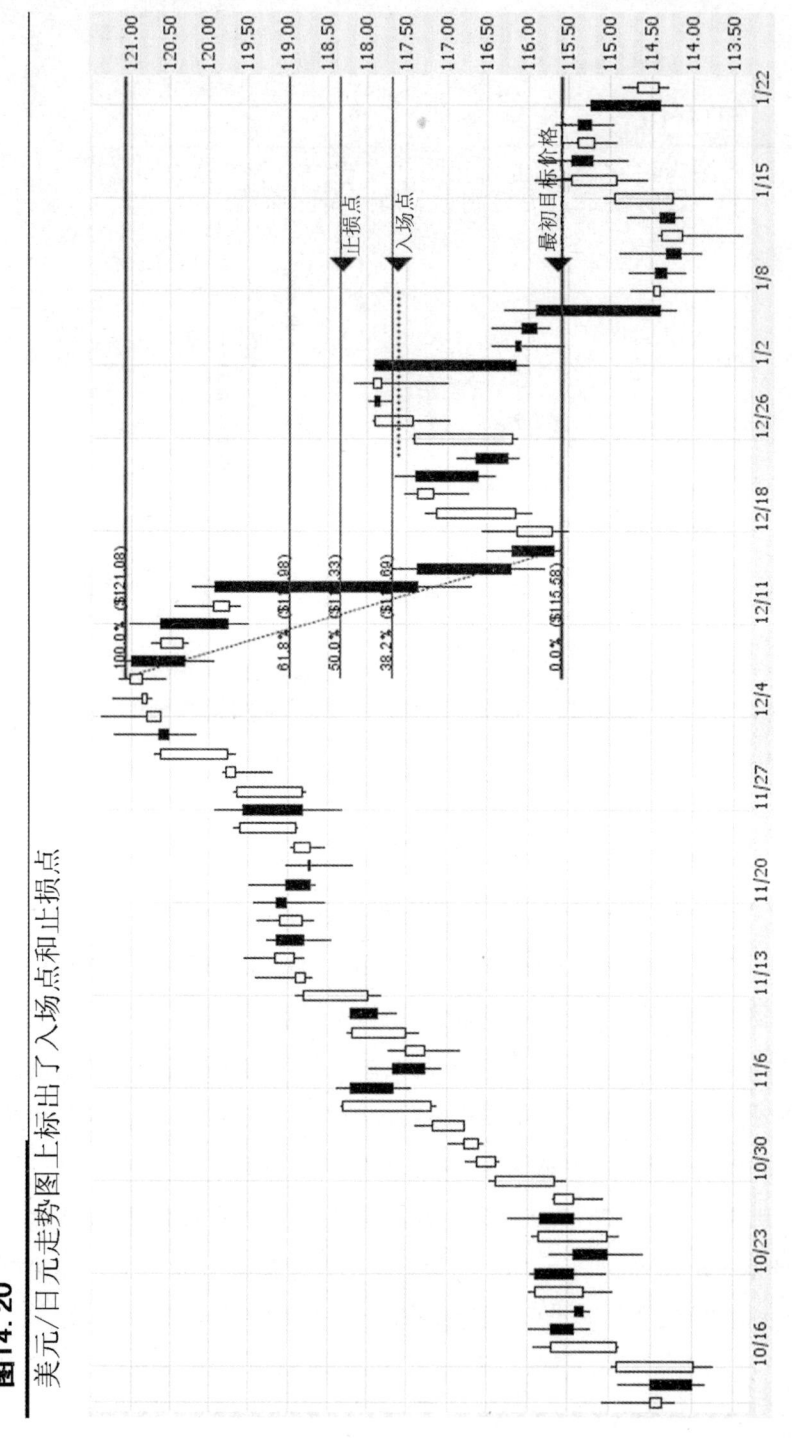

图14.20

美元/日元走势图上标出了入场点和止损点

资料来源：Prophet.net

第 14 章　支撑位、阻力位和菲波纳奇

菲波纳奇回撤位也可以作为很好的止损位。如果你在价格从 38.2% 回撤水平的阻力位折返时就卖出美元/日元货币对，为了预防价格没有恢复先前的下跌趋势反而继续上涨，你就需要设置止损保护交易。你可以选择把止损设在 50% 水平的回撤位上。选择 50% 水平的回撤位作为止损位，你的止损幅度就不太大。设置了保护性止损，你就可以放心地坚持你的交易计划。

你需要做的最后一个决定是，如果价格朝你预期的方向波动，你在什么价位出场。当然，你绘制的菲波纳奇回撤线对你做这个决定也非常有帮助。在本例中，即使你认为货币对将恢复原有的下跌趋势，但你仍然可能设定一个相对保守的盈利目标。在趋势的底部入场卖出也不是没有可能，所以你想把盈利目标设定在一个比较合理现实的水平。随着交易发展，你也可以根据情况调整你的盈利目标，不过开始时还是相对保守一点比较好。

对于保守的盈利目标来说，0% 水平的回撤位就是一个极好的选择。这个价位之所以被认为是保守的，是因为货币对的价格在近期已经触及了这个价位。由于价格近期才造访过这个价位，所以也不需要突破任何水平的支撑位或阻力位就能轻松回到这个价位。这对投资者来说是个好机会。越容易达到你的盈利目标，对你越有利。

利用你识别的菲波纳奇回撤位来设定入场点和出场点，可以提高你成功的几率，长期下来，你一定会获得成功。虽然你可能在这一笔交易中遭遇亏损，但如果你一直按照类似的方式来交易，长期下来，你一定是盈利的。我们将在第 16 章的资金管理中更详细讨论为什么会这样。在这里，你只需要知道，只要你的盈利超过了你所冒的风险，长期下来，胜利最终站在你这边。

包括菲波纳奇技术在内，技术分析最大的优势之一就是可以把同一个策略运用于上升趋势和下跌趋势中。再请看图 14.21 美元/日元货币对的走势图，你可以看到价格波动与菲波纳奇回撤位的这种关系，既存在于下跌趋势中，也存在于上升趋势中。首先，货币对价格从 5 月初开始一路急剧上涨到 6 月初。在到达约 109.00 的高点之后，美元/日元货币对的价格开始掉头向下。在这一次，价格在多头重新入场并开始把价格推高之前，一路跌至 50% 水平的菲波纳奇回撤位。

外汇交易大师的工具与策略

图14.21

美元/日元走势图上标出了各水平的菲波纳奇回撤位、入场点、止损点和目标价格

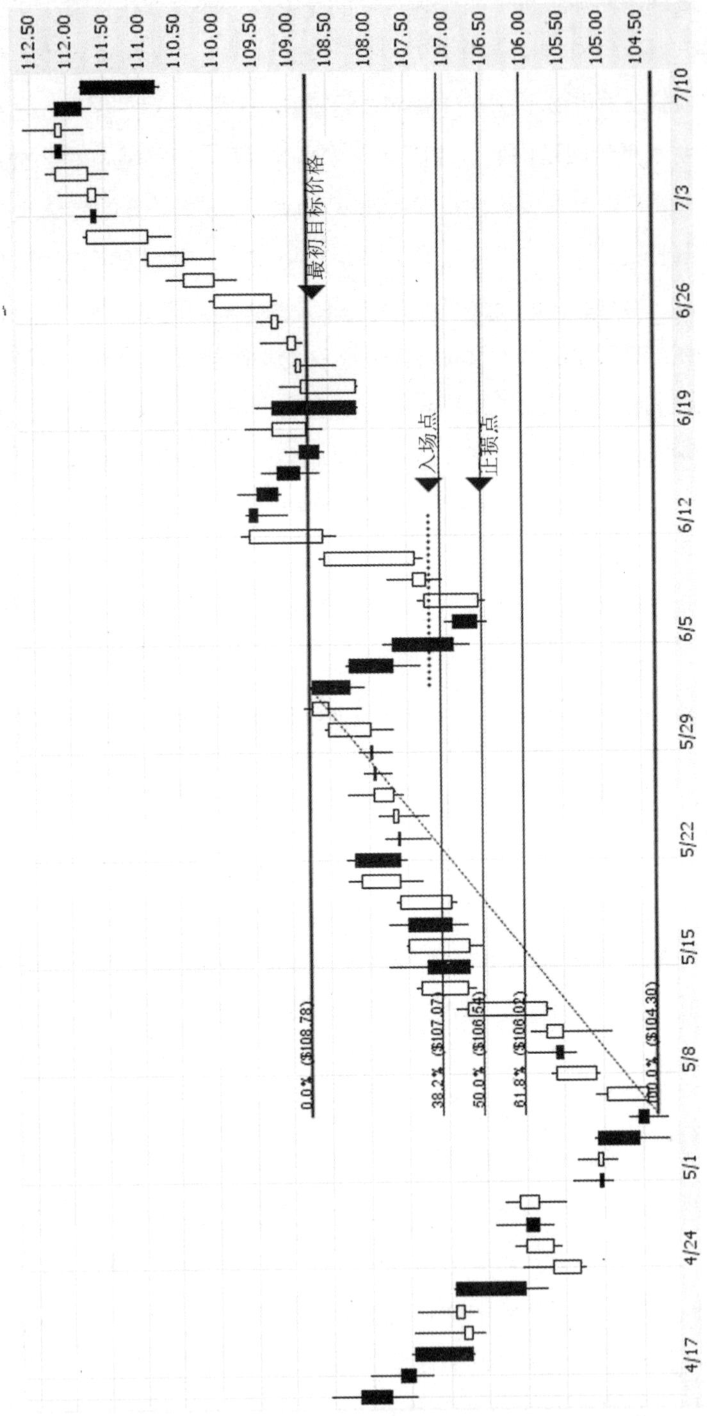

资料来源：Prophet.net

第14章 支撑位、阻力位和菲波纳奇

这一次，你还是可以把38.2%水平的菲波纳奇回撤位作为你的交易入场点。但是，由于这次是上升趋势，所以你应该把入场点设在回撤位之上10%的价位，而不是回撤位之下10%的价位。设置止损的方式也按照前两个例子中讨论的那样，可以把止损设在50%水平的菲波纳奇回撤位，并把盈利目标出场点设在0%水平的回撤位。当然，在本例中，你的止损点应该处于你的入场点之下，出场点应该处于你的入场点之上，因为你预期该货币对会恢复之前的上升趋势。虽然交易方向不同，但交易的思路是一样的。

现在，再回顾一下前面讨论的3个例子，你可能已经注意到每个例子中货币对的价格都成功超过了最初设定在0%回撤位的目标价格。这也没什么好意外的，因为正如我们之前提到的那样，如果货币对恢复原有趋势，就很可能继续朝着这个方向前进，直到市场有什么事情发生改变。知道这一点之后，我们想要向你介绍如何利用菲波纳奇投射位来预估趋势恢复后的未来价位。

菲波纳奇投射水平

菲波纳奇关键价位不仅可以用于趋势回撤，也可以用于趋势延续。但是要用于趋势延续时，你需要选用不同的菲波纳奇比率。之前你是用38.2%和61.8%的菲波纳奇比率来分析趋势回撤，现在你必须改用161.8%和261.8%的菲波纳奇比率来分析趋势延续。除了要改用其他菲波纳奇比率外，你还要把注意力从分析之前的价格走势改为分析这段走势的回撤。当你绘制菲波纳奇回撤线时，是基于之前的这波价格走势；当绘制菲波纳奇投射线时，是基于之前这波价格走势的回撤。

没有比通过案例更好的方式来说明这个交易方法了，所以让我们开始本章最后两个案例的讨论吧。你一定熟悉这两个例子，因为它们就是上面刚刚讨论过的美元/日元货币对。我们之所以选用相同的例子，是因为我们之前在讨论时指出你应该把最初的盈利目标位设在0%的回撤位，但是随着交易发展，你可能会想重设盈利目标。是的，这两个交易进展都很好，价格都远远超过了 0% 的回撤位。为了尽可能减少你在每一笔交易上的成本，我们想向你展示如何从每一笔交易中尽可能多地榨取利润的方法。

我们再回头看看之前在美元/日元货币对交易上的设置，你可以看到当货币对价格开始回撤后，就一路走低。这种现象很正常，因为虽然投资者期望暂时性的回撤，但是长期下来，他们还是希望整体趋势继续。现在的交易诀窍就是如何预测价格未来的波动幅度。就像你在图 14.22 美元/日元走势图中看到的一样，要投射价格未来的波动水平，就要从前一波下跌趋势的回撤入手。这次各水平投射线的分布刚好与之前的回撤线分布相反，投射线绘制好后，你可以看到一个位于 161.8% 投射位的支撑位。

假设你在 12 月底美元/日元货币对发生回撤之后，进场卖出该货币对。你最初的盈利目标位于 115.50 左右的价位。但是一旦价格抵达这个价位，你没有立即了结头寸，而是开始菲波纳奇投射位分析，并且把目标价格移到了 161.8% 水平的投射位，即约 114.00 的价位。这时候，你可以下移止损位，以保护一部分利润，同时可以继续持有头寸等待价格进一步下跌到 161.8% 水平的投射位。我们虽然在之前就讨论过，但是在这里还是要再强调一次——在交易中有明确的目标价格和止损位是非常重要的。如果你知道未来你将在什么价位出场，那么不管价格朝什么方向波动，你都不太可能在交易中做出愚蠢的、情绪化的决定。

你可以在美元/日元的走势图中看到，货币对价格确实下跌到了 161.8% 水平的投射位，并且在这个价位找到了支撑。虽然这看起来是我们这次运气好，支撑位刚好是我们确认的这个价位只是纯属巧合，但是我们可以向你保证这只是自我实现预言的另一个经典案例。请记住，大型机构投资者都在密切关注着这些菲波纳奇关键价位，他们知道市场上其他人也在关注着。为了不错过任何一笔交易，每个人都在准备着，一旦有人带头，就蜂拥而上。对于个人投资者来说，这种从众心理简直是一个可以好好利用的宝藏。

第14章 支撑位、阻力位和菲波纳奇

图14.22

美元/日元走势图上标出了各个水平的菲波纳奇投射位

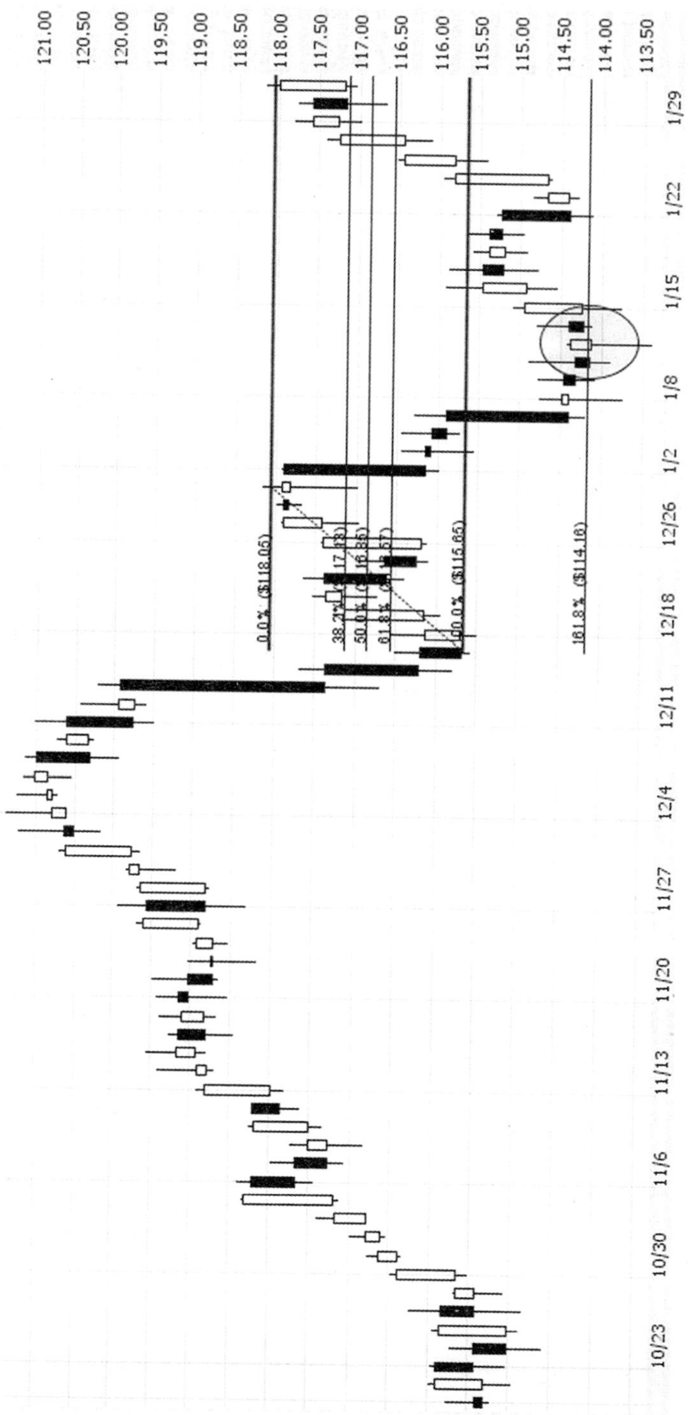

资料来源：Prophet.net

外汇交易大师的工具与策略

我们之前提到的第二个投射位处于261.8%的水平。如果你曾在交易中运用过这个价位，那么你一定知道你正处于整个趋势的中部，此时胜利的天平一定是倾向于你的。只要货币对有足够的动量形成一波大趋势，而你顺着趋势进行交易，你一定会获得丰厚的利润。有一点你一定要记住，你有可能在回撤之初就进场，也可能在货币对价格穿过161.8%水平的投射位之后才进场。具体在哪个时候进场都没有关系，你只需要把市场今天的信息分析好就行了。

作为一个投资者，观察价格在每个投射位和回撤位如何反应，将会带给你巨大的交易信心，因为你可以看到还有众多的价格点可作为你的入场点。你不必一定在行情发展之初就进场，在任何一波趋势中，你都有很多入场的机会。所以如果你错过了第一个入场机会，不要灰心。继续关注着货币对走势，等待下一次机会入场。

从美元/日元货币对走势图中的上升趋势中（见图14.23），你可以看到当货币对价格遇到161.8%的投射位时，几乎没有任何犹豫，直接穿越并继续上涨，直到抵达261.8%的投射位。现在，让我们从两个角度来进行分析。首先，如果你在价格突破161.8%的投射位之前入场，你所需要做的就是随着货币对价格上涨而调高你的止损位。就是这么简单。仅仅把问题复杂化是没有用处的。第二，如果你之前没有入场，只在场外看着价格突破161.8%的投射位，那么你可以在第二个交易日入场。这时，你可以遵照我们之前在回撤中介绍的入场规则来入场。当你在161.8%水平的投射位入场时，可以把盈利目标设在261.8%水平的投射位，把止损设在100%的投射位。这样设置既给了你很大的盈利空间，也可以保护交易，预防趋势意外反转。

第 14 章 支撑位、阻力位和菲波纳奇

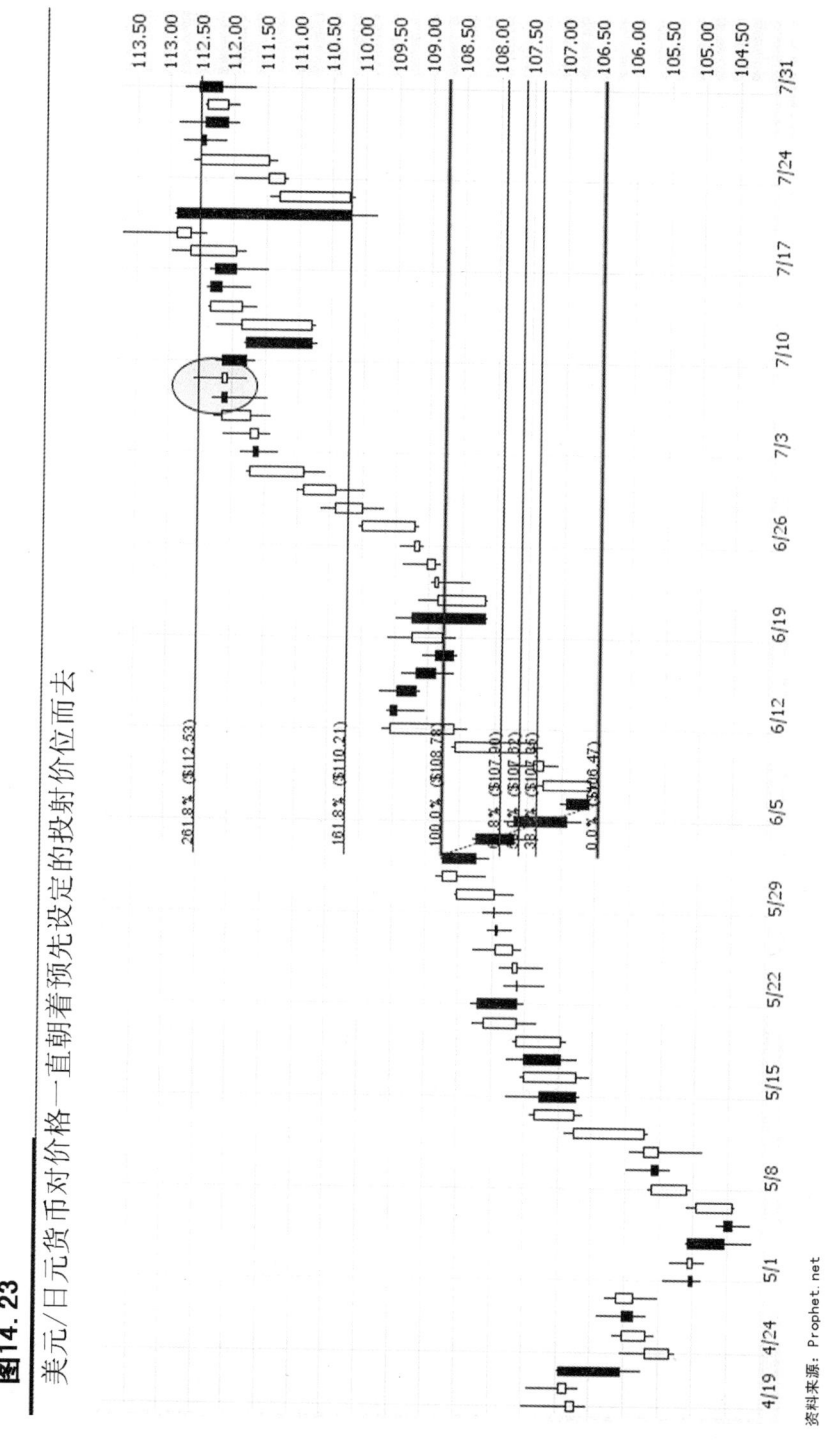

图14.23 美元/日元货币对价格一直朝着预先设定的投射价位而去

图 14.23 美元/日元货币对价格一直朝着预先设定的投射价位而去。

资料来源：Prophet. net

虽然市场在 7 月大部分时间里都波动剧烈，但是你会注意到价格仍然没有实质性地突破 261.8% 的投射位。很明显，市场大部分参与者都在盯着这个价位，认为价格不应该上涨超过它。而这个 261.8% 的投射位在接下来一个月里也充当了极好的阻力位。这时候，你可能不得不改变你的交易策略。虽然你还可以绘制其他更高菲波纳奇比率的投射价位，但是这样做没有多大的意义。货币对价格在到达 261.8% 的投射位之后，继续上涨穿越这个价位的几率会降低。不过如果你的胃口真有这么大，也可以试试。

使用这些工具

不管你是否在交易中采用菲波纳奇回撤位和投射位，知道这些关键价位的存在，都有助于你理解涉及菲波纳奇关键价位的新闻评论，以及避免在货币对价格接近菲波纳奇关键价位时进场交易。我们希望你能认识到在交易中采用菲波纳奇技术带来的神奇好处。当你有一个可以简单明了地预测支撑位和阻力位的工具，但在交易中却不采用，这似乎是很傻的行为。为了让你更好地开始使用这个神奇的工具，我们想提供一些帮助。我们会在网站上介绍其它一些利用菲波纳奇关键价位的方法，并进行详尽说明，网址是 www. profitingwithforex. com。如有时间，不妨登陆看看。

第15章　综合运用各种交易技术

到目前为止，你已经掌握了一些基本面分析工具，也掌握了一些技术面分析工具。现在该做什么呢？当然是把它们综合起来。这一章主要就是讲综合运用这些交易工具的具体技术。我们在本章中就运用了一些策略。这些策略非常管用，可以让你账户的增值速度超过你的想象。不过，我们事先要让你明白，有时候某些技术的效用要好于其他技术。要想成为一名优秀的外汇投资者，首先就是明白市场是不断发展变化的。当市场变化时，你的交易策略也应该进行相应的调整。可能有时候是在这里进行调整，有时候是在那里进行调整。在交易中，总是会有回报较低甚至亏损的时候，但是一旦你做出积极改变，对交易策略进行调整，你将继续获得大量利润。

在下面讨论的例子中，既包含成功的交易，也包含失败的交易。我们不会永远都是对的，任何人也不会。之所以这样安排，只是想告诉你不要对自己抱有任何不切实际的期望。如果你知道交易路上一定会遇到失败的交易，那么在遇到失败的交易时，你就可以泰然处之。在我们讨论的这些例子中，交易的分析思路都是有效的、正确的，但是有些交易结果就达到了预期，有些则刚好相反。在你进场交易之前，请仔细考虑我们之前讨论过的风险报酬率。考虑了这一点，交易就会大不一样。

外汇交易大师的工具与策略

这些策略并不是全面的。对于今天的市场，它们是极为出色的交易策略，但是外汇市场永远不会连续两天都是一样的。随着经济状况改变和外汇市场发展，我们会继续在我们的网站 www.profitingwithforex.com 上讨论新的和修订过的交易策略。在这里，还有一点你一定要明白，我们在这里概述的交易策略，只是众多类型交易策略的代表。例如，当我们讨论到基于不同新闻事件来交易不同货币对的策略时，我们只是想告诉你对于同一个新闻事件，某些货币对就比其他货币对更为敏感。不要只单单记住一个新闻事件与一个相应的货币对。你也应该关注一下其他新闻事件，并分析各个货币对对它们的反应如何。

同样的原理也适用于我们基于某个技术指标（比如 MACD）进行交易时。MACD 当然不是你唯一可以运用的技术指标。我们的例子都是很好的交易示范，都获得了很大的利润，但是我们希望它们可以作为把你引向其他交易技术的跳板。你可以考虑参加交易培训课程或通过其他交易书籍来扩充你的外汇交易知识，并请教一些专业投资者。我们已经亲自指导过成千上万的投资者交易股票、期权和外汇。我们也看到我们有很多学生获得了极大成功，最终辞掉本职工作做起了全职交易。其他一些学生也或多或少达成了他们的目标，并继续兼职交易。总之，不管你有没有全职工作，你都可以参与外汇市场交易。

现在，让我们开始吧。这是外汇交易很有趣的地方。

交易技术 1：套息交易

套息交易是一次赚取额外收益的机会。当你交易一个货币对时，你每天都有可能收到利息。在本书前面部分，我们提到过，有些经济体提供的利率会高于其他经济体提供的利率。这是很自然的现象，假如你准备把资金存入某个国家或地区，你当然会选择那些可以提供最高利率的国家或地区。在外汇市场也是同样的道理。

当你买入一个货币对时，比如欧元/美元，你就是在买入欧元卖出美

第15章 综合运用各种交易技术

元。当你卖出这个货币对时,你就是在卖出欧元买入美元。只要你卖出一个货币,你就必须每天向这个货币所属的经济体支付利息。只要你买入一个货币,你就会每天收到这个货币所属的经济体向你支付的利息。假设美国和欧盟的利率都为2%,那么当你买入欧元/美元时,你会因买入欧元而获得2%的利息,因卖出美元而必须支付2%的利息。在本例中,收入和支出相互抵消,所以你既不需要支付利息,也不能获得利息。

但是,在大多数情况下,一个经济体的利率总是会高于另一个经济体的利率。这就提供套息交易的机会。当你进行套息交易时,你应该买入利率相对较高的货币,卖出利率相对较低的货币。当你这样操作以后,你就可以每天坐等利息差额到来。在套息交易中,汇率上升或下跌都没有影响,你仍然可以获得利息。此外,还令人兴奋的是,汇率通常会朝着有利于利率较高的那只货币的方向波动。所以如果你长期持有这个货币对,你不仅可以获得利息收益,也可以从该货币对的价格变化中获得收益。

当你评估一次套息交易时,你需要搞清楚是应该卖出还是应该买入该货币对,才能获得利差。在大多数情况下,你的交易商会有一份不断更新的列表,这张表会告诉你应该买入还是卖出货币对才能获得利差,以及这个利差有多大。一旦你找到一个可观的利差,就要确定该货币对趋势正处于正确的方向。具体而言,如果一个货币对你必须卖出才能获得利差,你就要确定该货币对正处于下跌趋势。如果一个货币对你必须买入才能获得利差,你就要确定该货币对正处于上升趋势。让我们来看一个例子。

假设你看到英镑/日元货币对当前的利差很可观。你就有了一个从中赚取利差的机会。由于你必须买入该货币对才能获得利差,所以你要寻找买入的机会。请记住,你不要仅仅因为可以赚取利差就随意进场。遇到巨大亏损,那点利差还不够弥补的。你需要提高成功的几率。所以你要等待,直到看到趋势向上,并且根据技术分析找到了一个极好的入场点。

由于套息交易依靠利率差额,所以利率差额越大越好。在2004年期间,有很多货币对都存在巨大的利率差额。那时候,高息货币有英镑、澳

外汇交易大师的工具与策略

元、新西兰元，超低息货币有美元、日元和欧元。其中日元是利率最低的货币，新西兰元是利率最高的货币。因此，这是一个很受套息交易欢迎的货币对。截至本书写作之时，这个利差仍然存在。随着利率不断变化，受套息交易青睐的货币对也在不断更替，但幸运的是，它们的变化基本不大，你常常可以在一个货币对上采用套息交易策略长达数年。

一次套息交易有4个步骤。在套息交易中，我们会用移动平均线来识别趋势，用MACD来寻找交易入场点。

·第1步，寻找一个利差很大的货币对。在本例中，我们选择英镑/日元。

·第2步，判断应该买入还是卖出该货币对才能获得利差。在本例中，你应该买入英镑/日元，因为英镑的利率高于日元的利率。

·第3步，识别货币对的当前趋势。一定要确定货币对当前趋势的方向与你套息交易的方向一致。在本例中，由于你必须买入英镑/日元，所以该货币对应该处于上升趋势。

·第4步，当MACD发出入场指示时入场。在本例中，由于我们是做多，所以要等待MACD向上穿越0轴线——这告诉我们该货币对不再处于超卖状态，开始恢复其原有趋势了。

出场时机可以选在MACD掉头向下穿越0轴线时。MACD向下穿越0轴线表明市场中存在的向上的动量被耗竭了，此时了结多头头寸并观望一段时间最好不过。

成功的交易

根据这些规则，你会在2005年1月24日获得英镑/日元的入场信号，因为MACD在这天向上穿越了0轴线。因为你想买入英镑/日元来赚取利差，所以你要等待MACD向上穿越0轴线。当看到MACD在1月24日交易日结束时发生穿越，你可以在1月25日交易日开始时进场（见图15.1）。

第15章 综合运用各种交易技术

图15.1

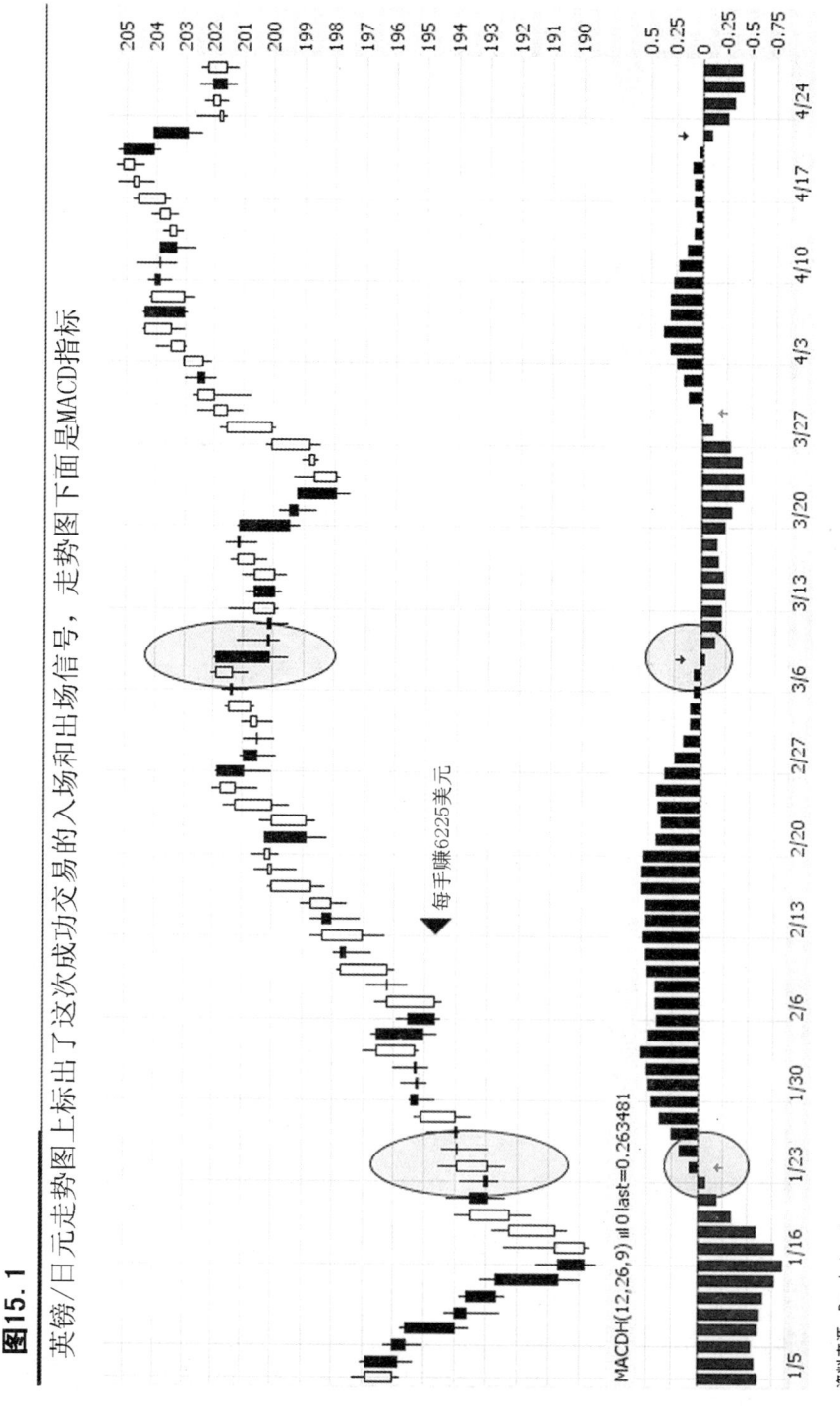

英镑/日元走势图上标出了这次成功交易的入场和出场信号,走势图下面是MACD指标

你会一直持有头寸,直到 MACD 掉头向下穿越 0 轴线。当 MACD 真的向下穿越 0 轴线时,已经是 2005 年 3 月 8 日了。当你在这天发现这一情况时,你可以在 2005 年 3 月 9 日交易日开始时平仓。

如果你做了这笔交易,你就会赚到 620 点的利润。另外,你还可以赚取 43 天的利差。如果一个点价值 9 美元,每手单每天的利差是 15 美元,那么你这笔交易每手单将赚约 6225 美元。

5580 美元(价差收益)+ 645 美元(利差收益)= 6225 美元

失败的交易

再次根据这些规则,你会在 2005 年 5 月 29 日获得英镑/日元的入场信号,因为 MACD 在这天再次向上穿越 0 轴线。因为你想买入英镑/日元来赚取利差,所以要等待 MACD 向上穿越的信号。当看到 MACD 在 5 月 29 日交易日结束时发生穿越,你可以在 5 月 30 日交易日开始时入场(见图 15.2)。

你会一直持有头寸,直到 MACD 掉头向下穿越 0 轴线。到 2005 年 6 月 5 日时,MACD 发生了穿越。当你在 6 月 5 日发现这一信号时,就可以在 2005 年 6 月 6 日开始时结束交易。

如果你做了这笔交易,你会亏损约 185 点。但是,你可以用这 5 天的利差收益来抵消一部分亏损。如果一个点价值 9 美元,每手单每天的利差是 15 美元,那么你这次交易每手单约亏损 1590 美元。

−1665 美元(价差亏损)+ 75 美元(利差收益)= −1590 美元

在交易中,有时候会赚钱,有时候会亏钱,但是如果你遵守一个好的交易系统,你终将获得成功。我们在这些例子中重点讨论英镑/日元货币对,是因为这个货币对目前正享有一个很大的利差。不过,未来将会出现其他也有着如此高利差的货币对。关注着这些货币对的利差变化,以便从中获利。

第15章 综合运用各种交易技术

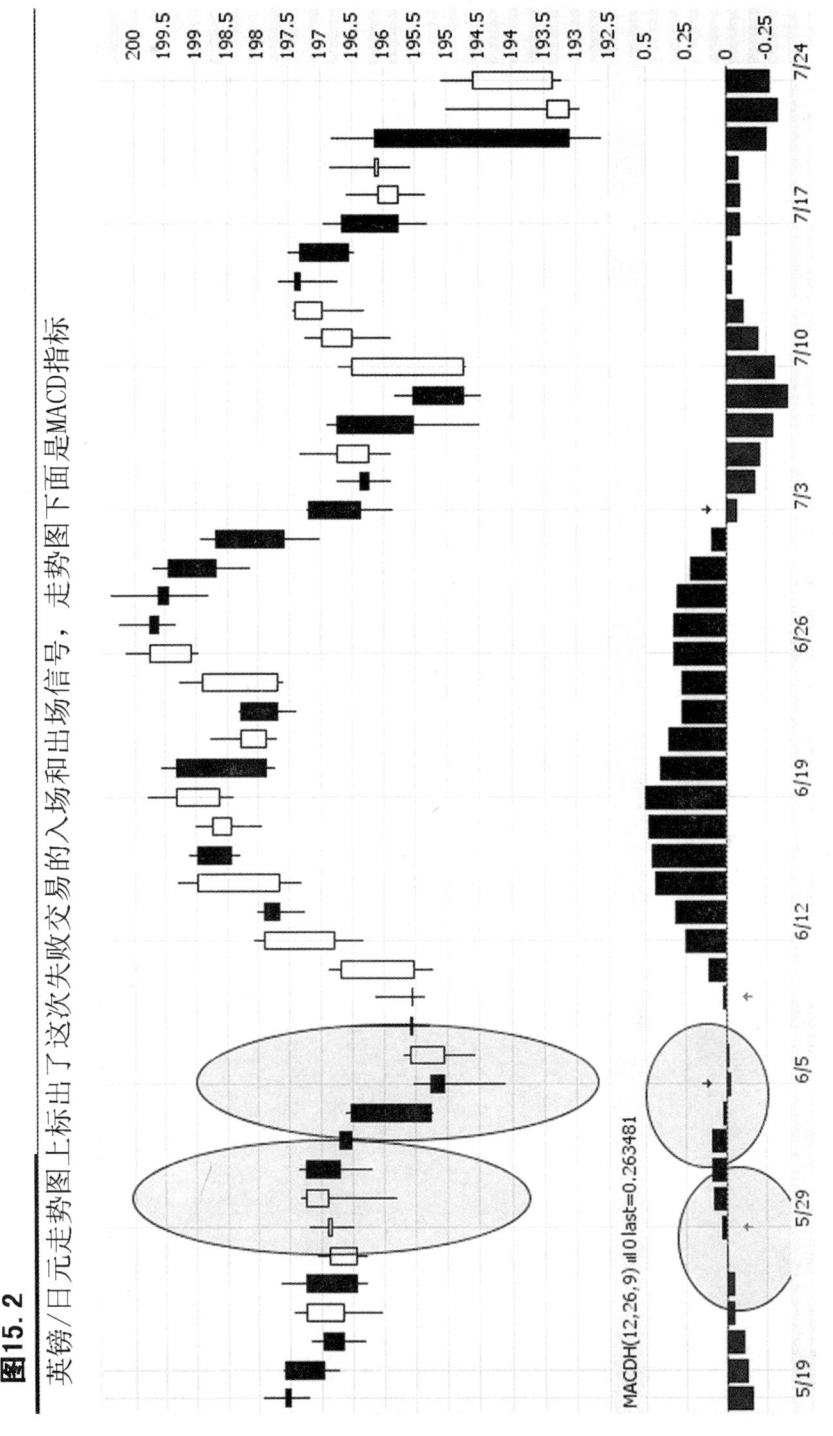

图15.2 英镑/日元走势图上标出了这次失败交易的入场和出场信号,走势图下面是MACD指标

资料来源:Prophet.net

217

交易技术2：交易数据发布行情

在一段时间之内，连续发布的经济数据往往倾向于相同的性质。具体而言，这些经济数据要么基本利空，要么基本利多，波动都具有趋势性。如果发布的某个数据带来了特别好或者特别差的消息，那么接下来发布的这个数据也很可能是类似的情况。宏观经济因素不会快速改变方向。要使一个经济体刹车，掉头，然后朝另一个方向而去是很难的事情。例如，如果这次发布的贸易差额数据显示美国与其他国家的贸易差额在变坏，那么下一次发布的贸易差额数据很可能显示贸易赤字进一步扩大。让我们来看一个极好的贸易差额数据实例，这个数据涉及世界最大的进口国——美国，和世界最大的出口地区——亚洲。我们选用日元作为亚洲所有货币的代表。随着美国经济在2003年和2004年复苏，美国消费者开始购买更多廉价的亚洲产品。这导致两个经济体的贸易差额扩大。我们之前提到过，当贸易差额扩大，美元供给增加时，美元会贬值。知道这一点后，你可以假设该货币对开始越走越低，所以你只能选择那些与之方向相同的交易。反之，如果贸易差额收窄，你就要寻找美元走强的交易。这就是说，如果该货币对的趋势向下，而发布的数据利好美元，你就要跳过这笔交易。同样的，如果发布的数据利空美元，而该货币对的趋势向上，你也不能选择这个交易。我们一定要确保只选择那些成功几率最大的交易。

现在，让我们看看这个交易的规则是什么。基于经济数据发布来交易分4个步骤。

· 第1步，选择要交易的货币对。在本例中，由于是贸易差额数据，所以我们选择美元/日元货币对，因为这两个货币在这项数据中扮演了重要的角色。

· 第2步，识别货币对当前的趋势。我们还是通过趋势线来识别当前趋势——只选择那些趋势方向一致的交易。

第15章 综合运用各种交易技术

·第3步,关注数据发布。如果数据结果正如你预期,就建仓交易。因为贸易差额数据只在每个月第二个星期四发布,所以我们一个月只需要采用一次这个交易策略。

·第4步,设置一个较近的止损和一个合理的限价单或者盈利目标。在本例中,由于是贸易差额数据,所以我们设置一个50点的止损和一个200点的盈利目标,风险报酬率为1∶4——这意味着我们只要4次中有1次正确就可以了。

失败的交易

按照这些规则,你会在2005年1月11日入场交易美元/日元货币对,因为这天发布的贸易差额数据正如预期。美国与其他国家的贸易差额在扩大,这会导致美元走软。与此同时,移动平均线也显示货币对趋势向下,从而确认了这次交易机会(见图15.3)。

但是,你持有这个头寸仅仅只有两天时间,因为在2005年1月13日,美元/日元货币对经历了一次剧烈的向上波动。在这次波动中,价格触及了你止损幅度为50点的止损位,于是你止损出场。

如果你做了这笔交易,你就会亏损约50点,每手合约亏损约500美元。

$$-50\text{点} \times 10\text{美元/点} = -500\text{美元}$$

成功的交易

根据交易规则,你会再次在2005年3月8日入场交易美元/日元货币对,因为这天发布的贸易差额数据正如预期。这一次,美国与其他国家之间的贸易差额收窄了——这会导致美元走强。与此同时,移动平均线也显示货币对趋势向上,从而确认了这次交易机会(见图15.4)。

这一次,你持有头寸也只有几天时间。市场并不需要太长时间就可以走出巨大的行情。在进场后几天内,该货币对价格就上涨触及你200点的限价单,于是你获利出场。

外汇交易大师的工具与策略

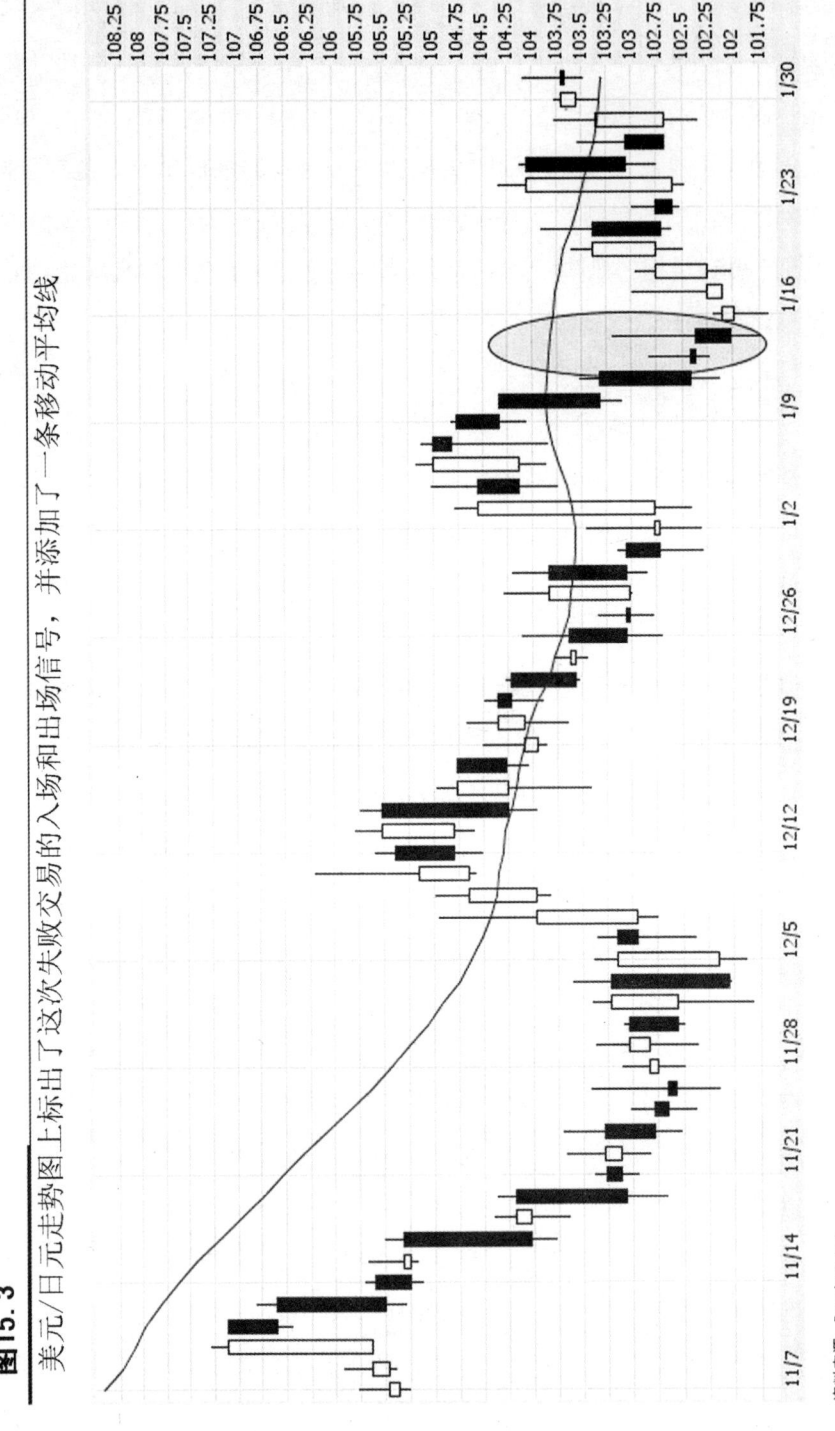

图15.3
美元/日元走势图上标出了这次失败交易的入场和出场信号,并添加了一条移动平均线

资料来源: Prophet.net

第15章 综合运用各种交易技术

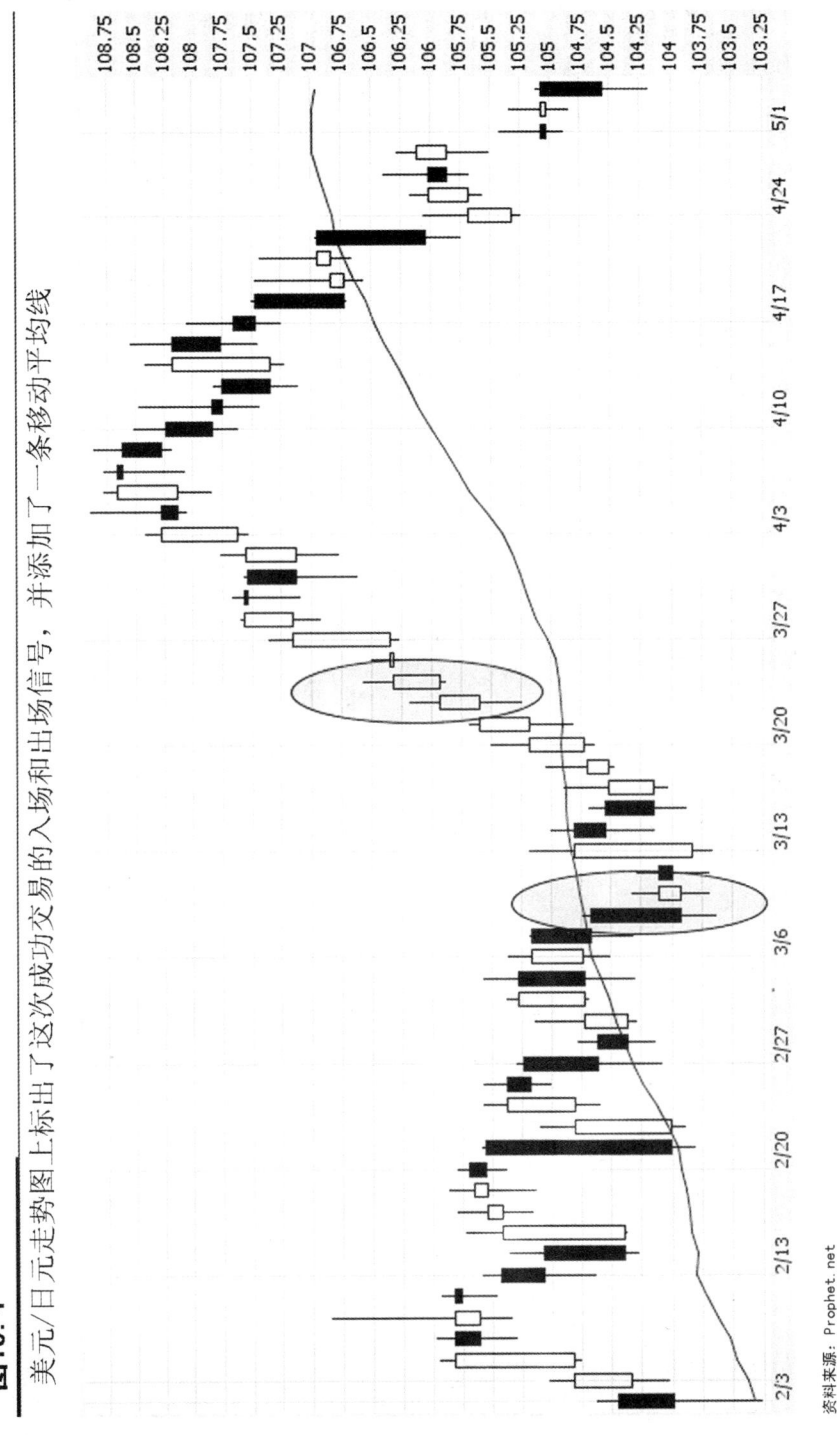

图15.4 美元/日元走势图上标出了这次成功交易的入场和出场信号,并添加了一条移动平均线

资料来源:Prophet.net

如果你做了这笔交易，你就会获得约 200 点的收益，也就是说每手合约盈利约 2000 美元。

$$200 \text{ 点} \times 10 \text{ 美元/点} = 2000 \text{ 美元}$$

你可以根据类似的规则来交易各种经济数据发布的行情，比如国际资本流动数据（TIC）或者联邦公开市场委员会利率决议等。你需要注意的一点是，这些交易都是长线交易。外汇交易者常常为了赚 100 点的快钱，试图猜测数据走势并进行超短线交易。这样做的风险非常大，难度也很高。成功的外汇投资者不会这样去冒险。他们在进场之前，都会等待所有的因素都分析整合好，这样才更有把握获得成功。他们都没有兴趣去追逐这种快钱。

交易技术 3：跟随油价走势

虽然绝大多数货币都会受到原油价格走势的显著影响，但是当油价变化时，有些货币的反应要比其他货币强烈。幸运的是，从长期来看，油价的波动也具有趋势性。当油价上涨时，它们在接下来几个月很可能继续上涨。当油价下跌时，它们在接下来几个月也很可能继续下跌。有些货币对油价的变化最为敏感，比如英镑和加元。下面，我们主要讨论美元/加元这个货币对。当美国从加拿大进口更多的原油时，加元的价值会相对于美元价值上升。这意味着这个货币对应该下跌。这个策略也是属于趋势交易策略，我们将用 CCI（商品通道指标）来确定我们的入场位。

让我们来看看交易规则是什么。跟随油价走势进行交易分 3 个步骤。

·第 1 步，等待油价与美元/加元汇率数次都上涨，或者油价与美元/加元汇率数次都下跌，但这一次我们只关注油价即将上涨的交易。

·第 2 步，等待 14 期 CCI 上涨到 100 以上，之后又下跌到 100 以下，就可以进场卖空美元/加元货币对。这告诉你多头只是暂时上推了该货币对，但无法改变其趋势。

·第 3 步，设置 300 点的限价单和 75 点的止损。这样设置，让你的风

第 15 章　综合运用各种交易技术

险报酬率为 1∶4,也就是说你即使犯几次错误也不会影响你的整体盈利。

成功的交易

根据这些规则,你将在 2005 年 7 月 8 日蜡烛线开始时获得美元/加元的进场信号,因为 CCI 又掉头穿越到 100 之下(见图 15.5)。当你看走势图上的日期时,一定要记住每天的蜡烛线是开始于东部时间下午 5 点,结束于东部时间第二天下午 5 点。所以标注为 7 月 28 日的蜡烛线实际上是开始于东部时间 7 月 28 日下午 5 点,结束于 7 月 29 日。美元/加元正处于下跌趋势,而油价正在稳步上升(见图 15.6)——这正是你所期待的情景。所以,你会在 2005 年 7 月 31 日的交易日开始时进场。之所以要等到 7 月 31 日,是因为市场将在每周东部时间星期五下午 4 点到星期天下午 2∶15 期间关闭。

美元/加元货币对价格在入场后一段时间内一直来回震荡,所以你会持有这个头寸近一个月时间。到 2005 年 8 月 23 日出场时,你将获得约 300 点的利润。

如果你做了这笔交易,就会获利约 300 点,每手合约获利月 3000 美元。

$$300 \text{ 点} \times 10 \text{ 美元/点} = 3000 \text{ 美元}$$

失败的交易

根据交易规则,你将在 2005 年 10 月 6 日蜡烛线开始时再次获得美元/加元的入场信号,因为 CCI 再次掉头穿越到 100 线之下。美元/加元正处于下跌趋势,油价也正在上涨。于是,你在 2005 年 10 月 9 日交易日开始时进场(见图 15.7)。这一次,仍然因为周末,延迟了你入场的时间。

在你进场交易之后不久,油价开始下跌,美元/加元货币对的价格也开始跟着上涨。这一意外情况使得原本看来如此好的交易突然改变了。你将在 2005 年 10 月 12 日止损出场,亏损约 75 点。

如果你进行了这笔交易,你将亏损约 75 点,每手合约亏损约 750

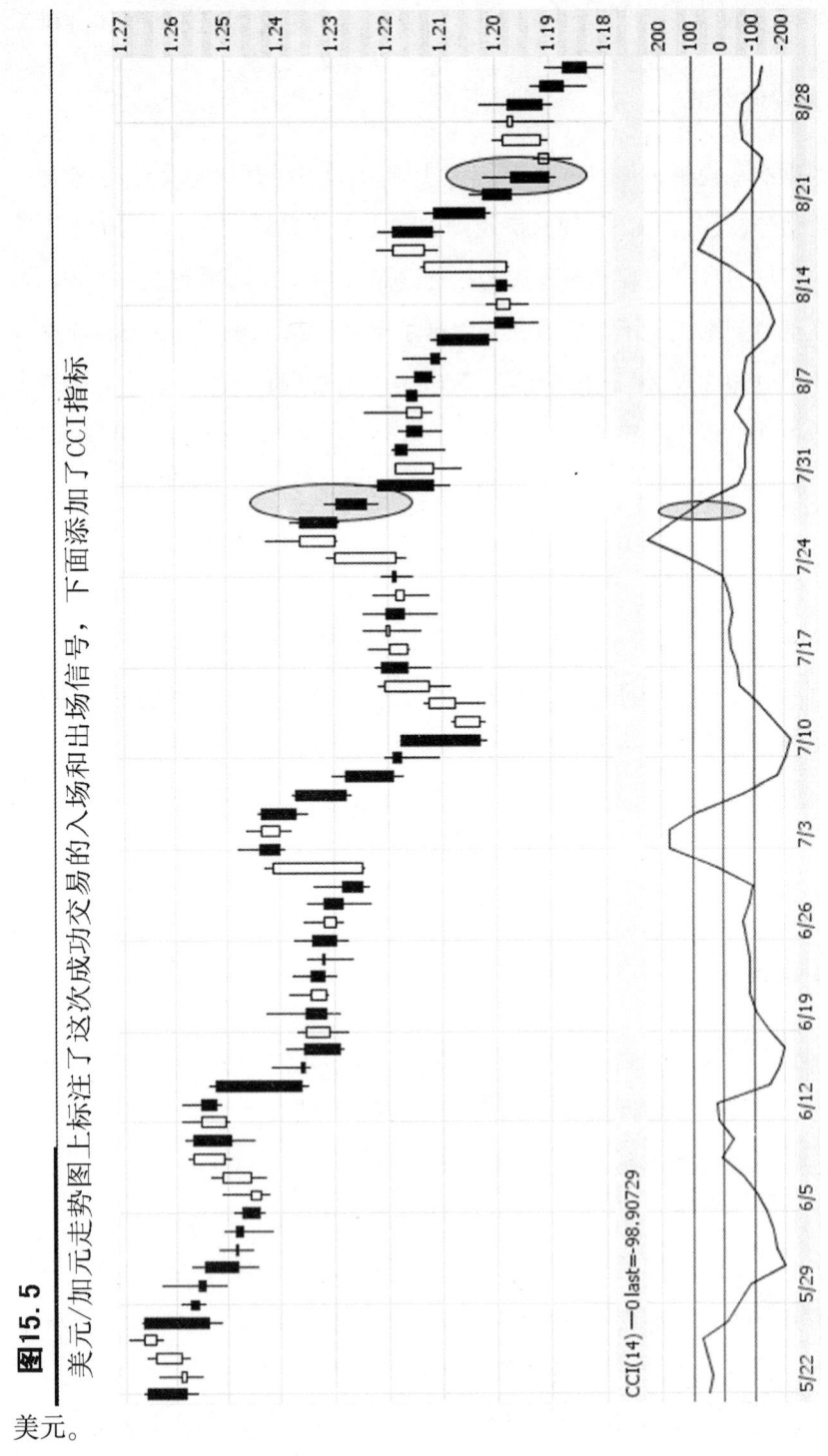

图15.5 美元/加元走势图上标注了这次成功交易的入场和出场信号，下面添加了CCI指标

资料来源：Prophet.net

美元。

第 15 章 综合运用各种交易技术

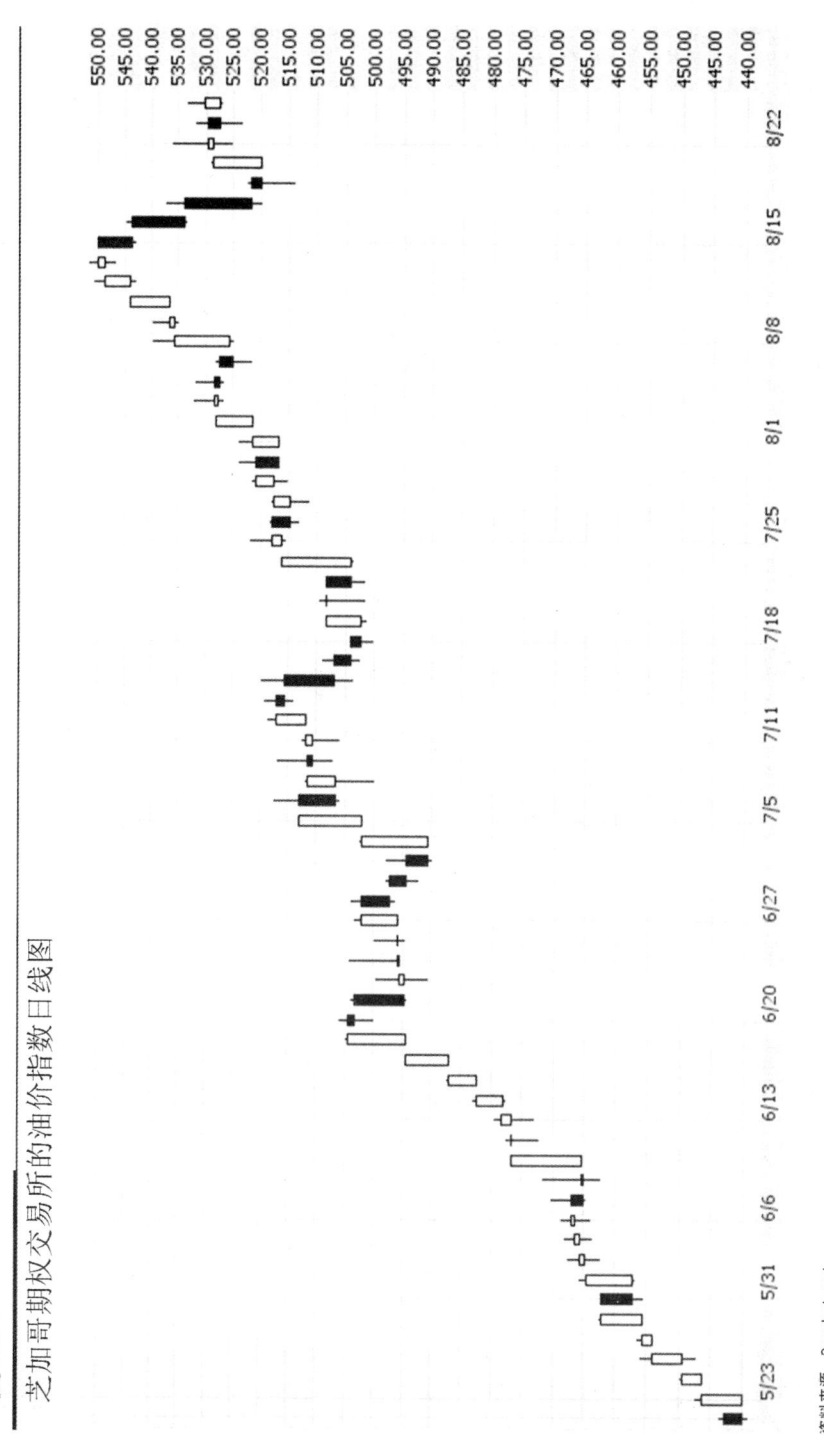

图15.6 芝加哥期权交易所的油价指数日线图

资料来源：Prophet.net

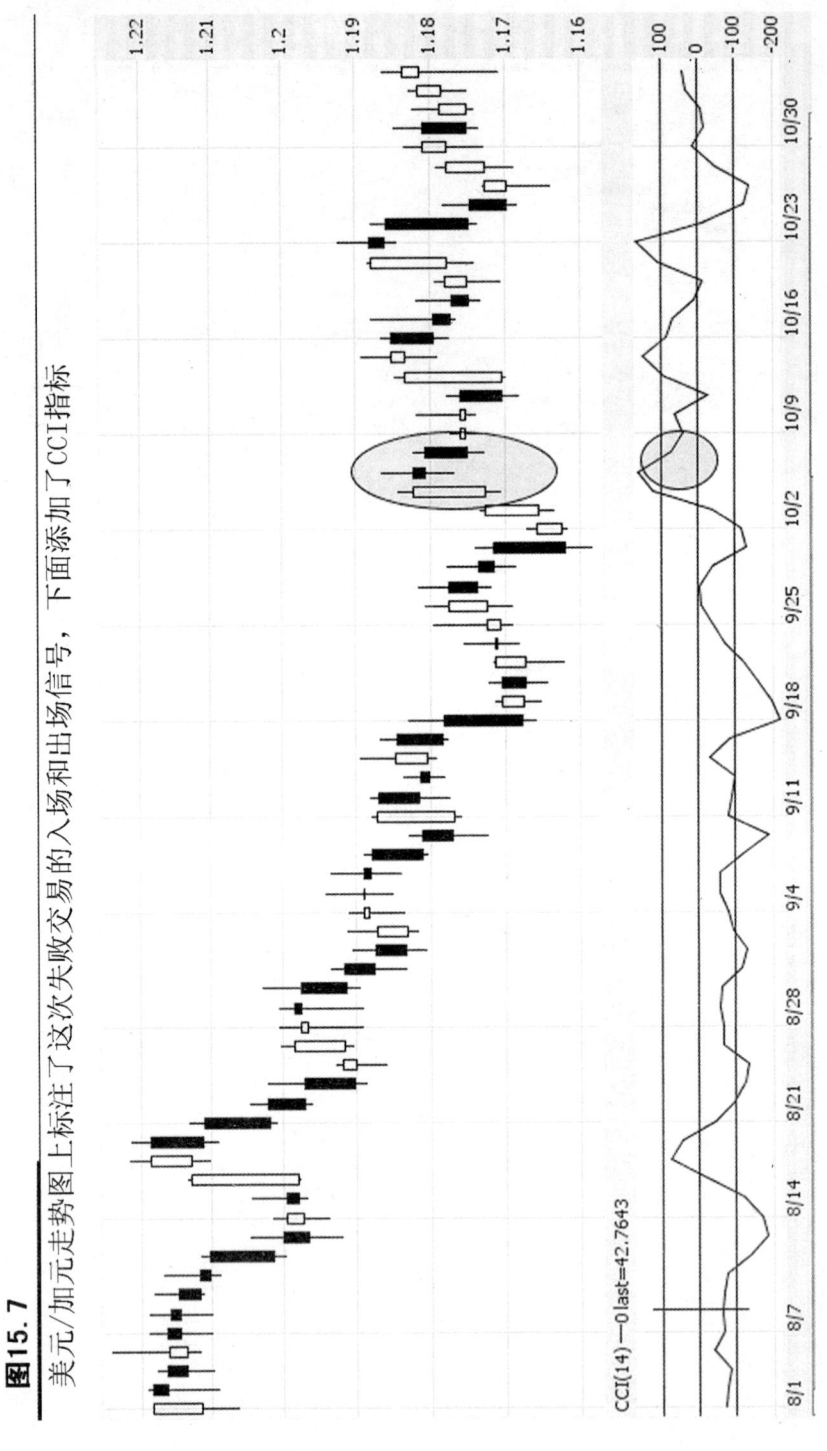

图15.7 美元/加元走势图上标注了这次失败交易的入场和出场信号,下面添加了CCI指标

第15章 综合运用各种交易技术

-75 点 × 10 美元/点 = -750 美元

出现这样的亏损交易并不稀奇。但是,你会注意到你要做几次这样 75 点的亏损交易才会抵消你做对一次,一次就达 300 点的利润。知道你有如此大的回旋余地,交易的压力将小很多。

如果油价开始下跌,你也可以寻找反向交易美元/加元的机会。虽然不太可能看到油价长期处于下跌趋势,但是我们可以利用短期的回调获利。当油价降低时,我们会看到美元/加元货币对价格上升。请记住,我们在交易中并不是希望油价朝哪一个方向波动。我们只是想确定它现在会朝哪个方向波动,以便我们进行交易。

交易技术 4:跟随黄金价格走势

澳元因与黄金价格有极强的相关性而闻名。这主要是因为澳大利亚出产和出口的黄金数量非常庞大。不管怎样,这个关系都为我们提供了另一个利用基本面因素交易外汇的方法。有一点要记住,美元与黄金价格是负相关关系。这通常意味着当美元跌价时,黄金会升值——这将导致澳元/美元货币对价格上升。反之亦然,当美元升值时,黄金通常会贬值。所以当黄金价格上涨时,我们可以做多澳元/美元,当黄金价格下跌时,我们可以卖空澳元/美元。

在下面这个例子中我们将采用技术指标 RSI(相对强弱指数)。你可能会问为什么前面的例子都是采用 CCI,现在却采用 RSI。其实这主要因为两个指标对于价格波动的反应速度不一样。我们发现 CCI 发出信号的速度更快,这对波动率较小的货币对有利,而 RSI 发出信号的速度较慢,这对像澳元/美元这样波动率较大的货币对来说,就是理想的指标。

让我们来看看这个交易方法的规则。跟随黄金价格走势做交易也分 3 个步骤,与跟随油价走势做交易的步骤类似。

- 第 1 步,利用移动平均线来判断黄金处于上升趋势还是下跌趋势。
- 第 2 步,等待澳元/美元的 7 期 RSI 进入其反转区域后再离开反转区

外汇交易大师的工具与策略

域,并且方向与黄金价格方向一致。如果黄金上涨,并且 RSI 上涨高于 30 线,就进场做多澳元/美元;如果黄金价格下跌,并且 RSI 也下跌低于 70 线,就进场做空澳元/美元。

· 第 3 步,设置一个 200 点的限价单和 50 点的止损。于是,你的风险报酬率为 1 : 4。

成功的交易

根据这些规则,你会在 2005 年 7 月 10 日获得澳元/美元的入场信号,因为 RSI 在这天掉头上涨超过 30 线(见图 15.8)。与此同时,黄金价格正处于上升趋势,并且还在继续走强(见图 15.9)。看到这一情况,你会在 2005 年 7 月 11 日的交易日开始时入场。

货币对价格在向上突破前来回震荡了一个星期。到 2005 年 7 月 20 日最终出场时,你将获利约 200 点。

如果你做了这笔交易,你将获利约 200 点,每手合约盈利约 2000 美元。

$$200 \text{ 点} \times 10 \text{ 美元/点} = 2000 \text{ 美元}$$

失败的交易

根据交易规则,你会在 2005 年 8 月 21 日再次获得澳元/美元的入场信号,因为 RSI 在这天又向上穿越 30 线。与此同时,黄金价格仍然处于上升趋势。于是,你在 2005 年 8 月 22 日的交易日开始时入场(见图 15.10)。

在你进场后,货币对价格仍然来回震荡了大约一个星期,之后下跌。你最终将于 2005 年 8 月 29 日止损出场,亏损约 50 点。

如果你做了这笔交易,你将亏损约 50 点,每手合约亏损约 500 美元。

$$-50 \text{ 点} \times 10 \text{ 美元/点} = -500 \text{ 美元}$$

根据交易规则,很快有一个入场信号出现于 2005 年 8 月 30 日晚。如果你也做了这笔交易,你将再次获利 200 点,也就是 2000 美元。通过一笔失败的交易来发现成功的交易,是很常见的现象。

第15章 综合运用各种交易技术

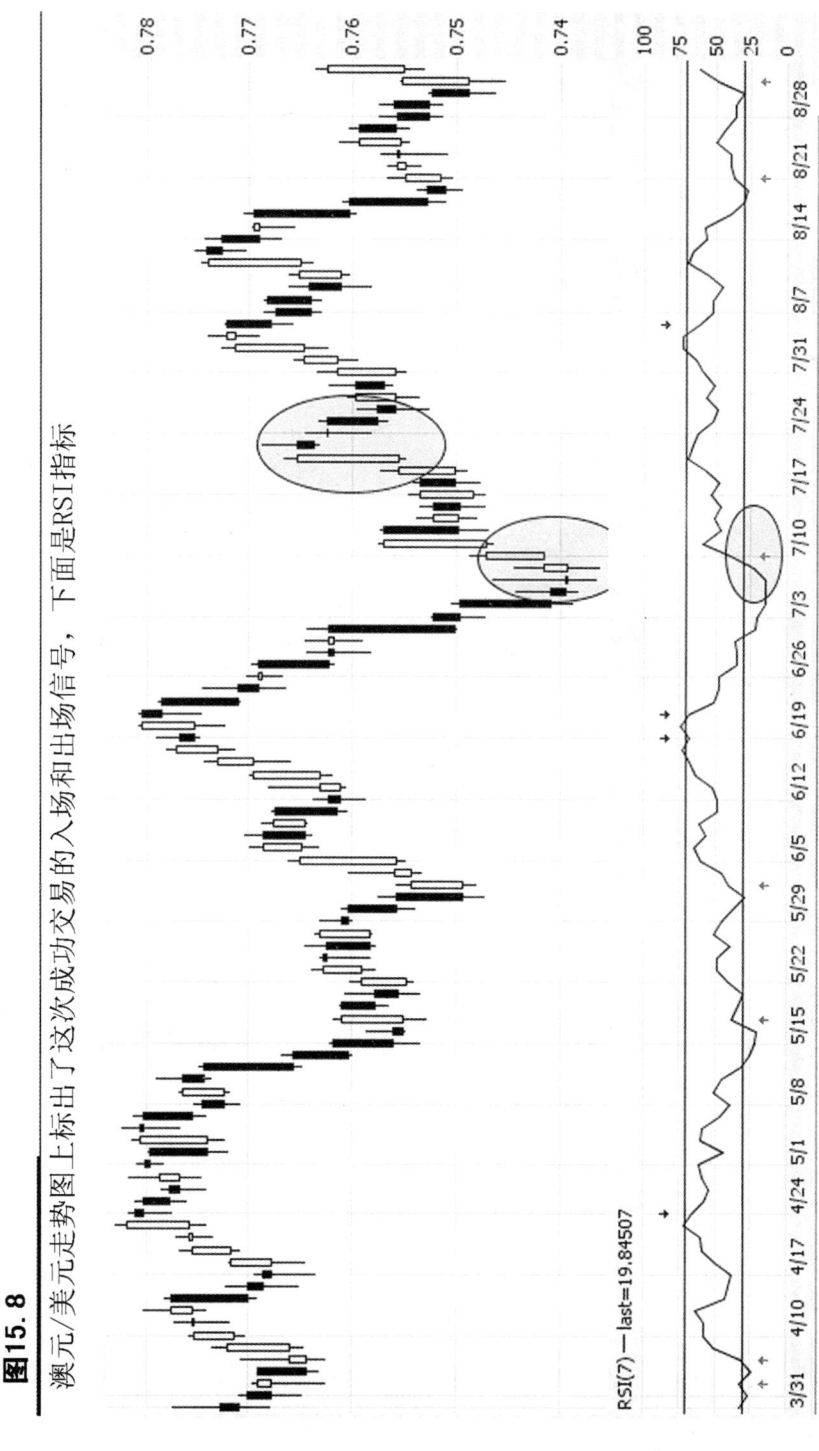

图15.8 澳元/美元走势图上标出了这次成功交易的入场和出场信号，下面是RSI指标

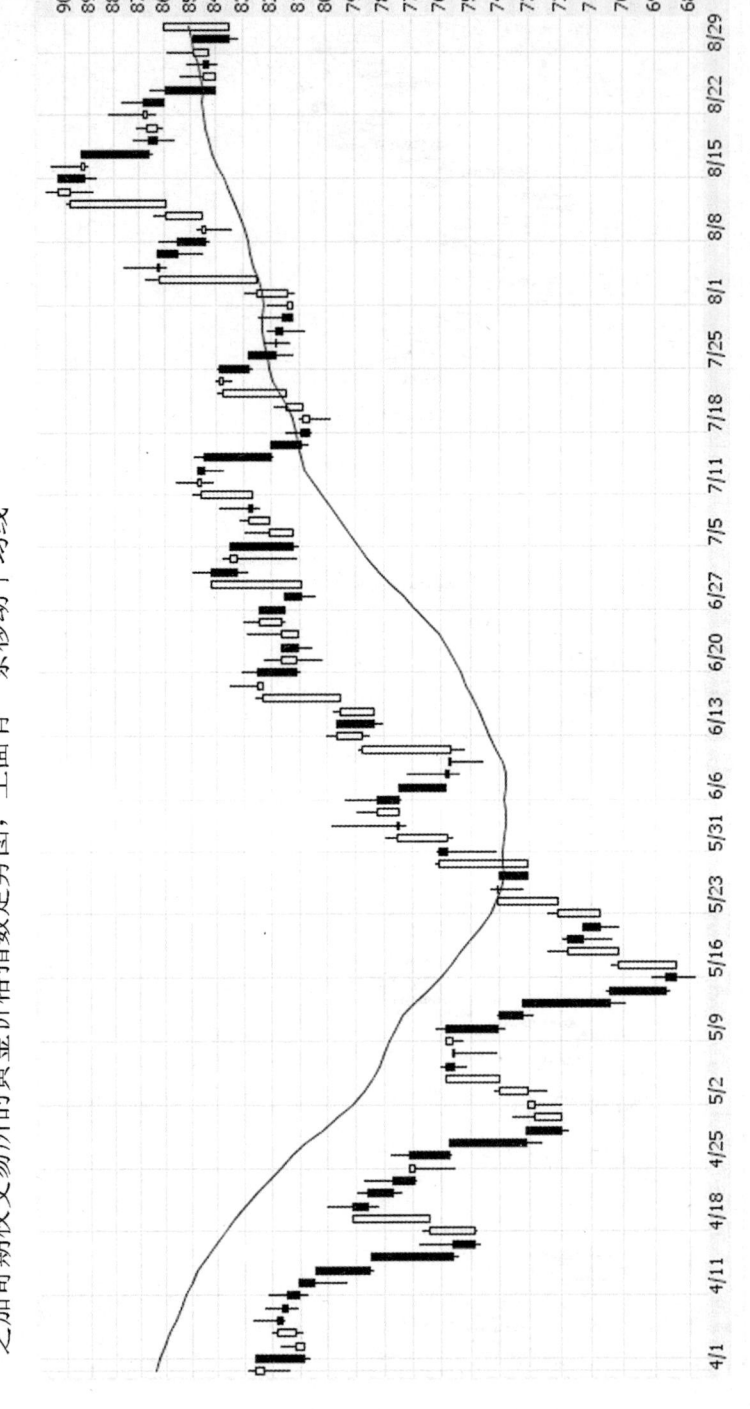

图15.9 芝加哥期权交易所的黄金价格指数走势图,上面有一条移动平均线

资料来源: Prophet.net

第15章 综合运用各种交易技术

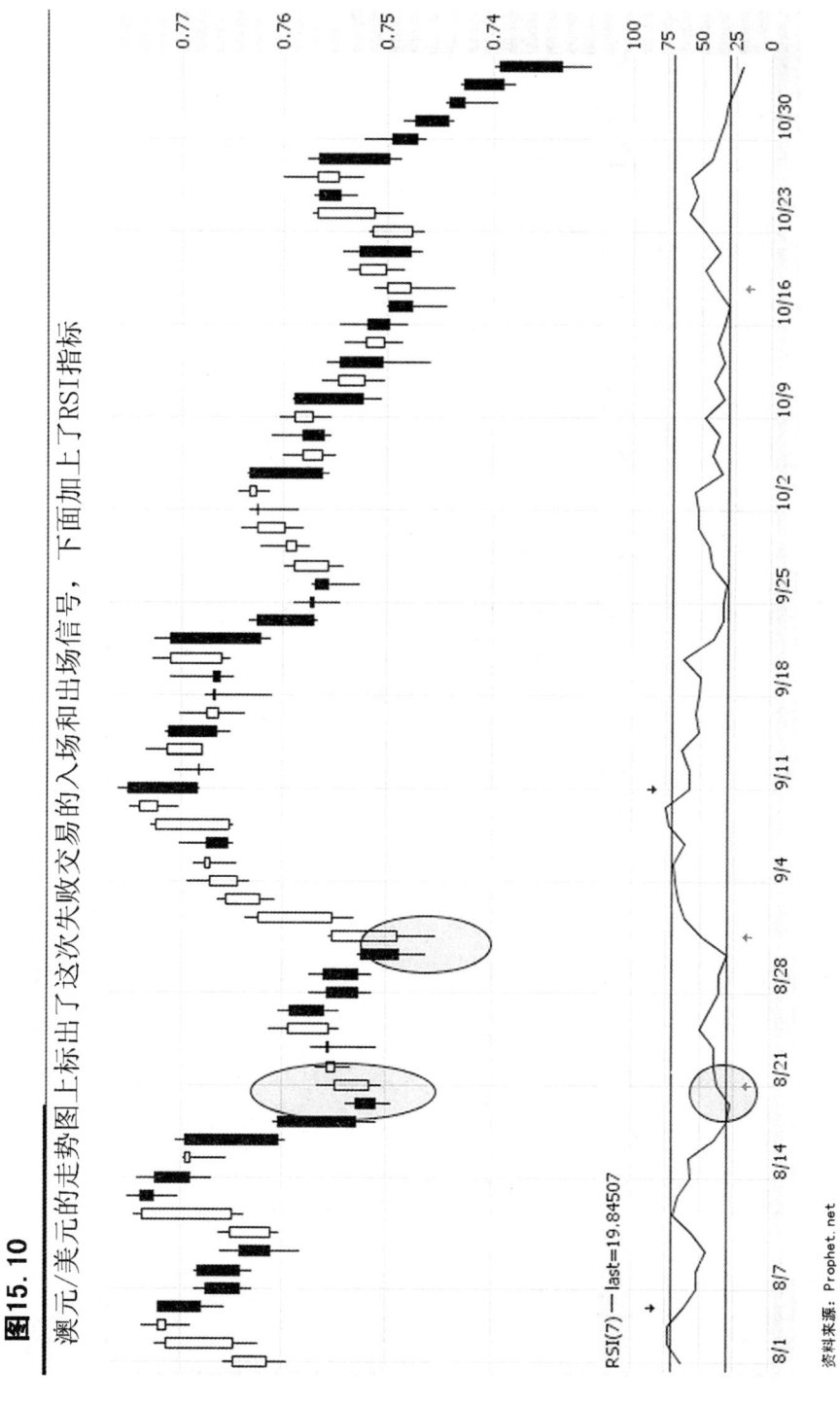

图15.10 澳元/美元的走势图上标出了这次失败交易的入场和出场信号，下面加上了RSI指标

交易技术 5：技术指标背离

当一个技术分析工具开始朝着与货币对价格相反的方向波动时，就出现了技术指标背离。举个例子，如果货币对价格在上涨，而 CCI 在下跌时，就出现了背离。技术指标背离是货币对将很快改变方向的重要指示。这是技术面分析相对于基本面分析最显著的一个优势。基本面因素通常不会给予太多市场即将反转的预告。你常常需要等待消息发布之后，才能判断市场走势。在某些情况下，技术分析就可以提前发出警告。

不过，我们并不是要贬损基本面分析。虽然技术指标背离表明货币对价格将反转，但你仍然想看看是否可以找到其他货币对价格即将反转的确认信息。如果你的基本面分析告诉你，价格反转将使货币对价格回到与当前基本面因素一致的方向上，那么你应该对接下来的反转更具信心。比如，当美元/加元正处于上升趋势，而油价也在上涨时，你就获得了这种类型的确认信息。通常情况下，当油价上涨时，美元/加元会下跌，因为油价上涨会令加元走强。所以如果你看到一个技术指标背离告诉你美元/加元货币对价格将转而下跌，与此同时油价正在上涨时，那么你应该更加坚信货币对价格将反转。

技术指标背离分为两种，分别是底背离和顶背离。当你看到底背离时，可以预期货币对价格将转而上涨；当你看到顶背离时，可以预期货币对价格将转而下跌。一个合格的底背离是，走势图上货币对价格的低点越来越低，而指标的低点却越来越高（见图 15.11）。

一个合格的顶背离是，走势图上货币对价格的高点越来越高，而指标的高点却越来越低（见图 15.12）

第 15 章 综合运用各种交易技术

图15.11

美元/加元走势出现底背离

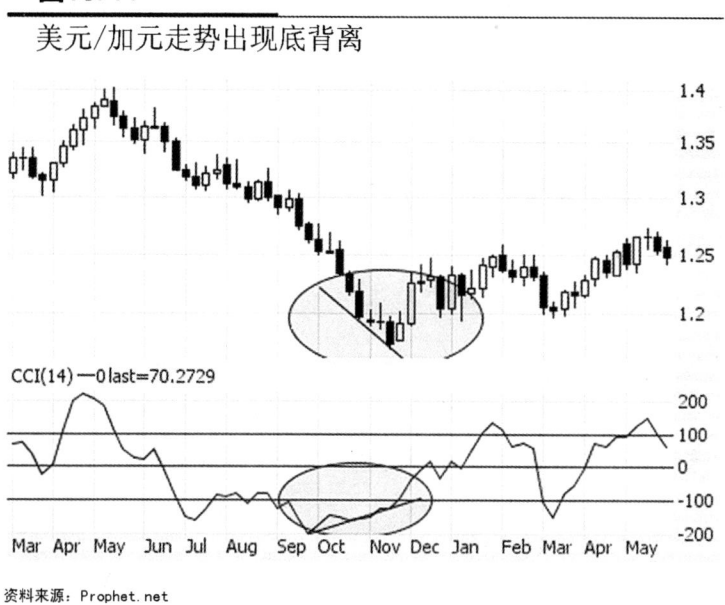

资料来源：Prophet.net

图15.12

美元/加元走势出现顶背离

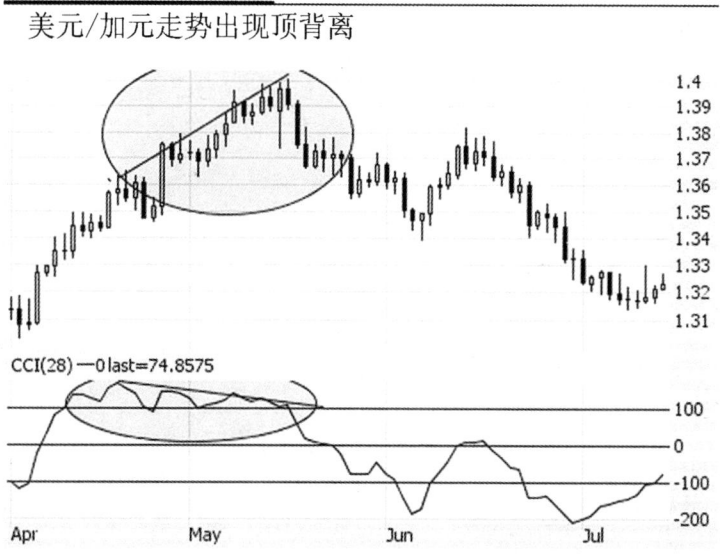

资料来源：Prophet.net

让我们来看看这类交易的规则是什么。我们这次选用 MACD 作为我们的技术指标。利用技术指标背离来交易有 3 个步骤。

·第 1 步，观察货币对与 MACD 是否形成底背离或顶背离。

·第 2 步，如果货币对价格与 MACD 形成了背离，那么在 MACD 穿越 0 轴线时进场交易。如果是底背离，就在 MACD 向上穿越回到 0 轴线上方时买入该货币对；如果是顶背离，就在 MACD 向下穿越回到 0 轴线下方时卖出该货币对。

·第 3 步，当 MACD 掉头再次穿越 0 轴线时，平仓出场。

成功的交易

按照这些规则，你会在 2005 年 2 月 13 日获得欧元/美元的入场做多信号，因为 MACD 与货币对价格背离，并且在这天向上穿越回到 0 轴线上方。看到这一情况，你将在 2005 年 2 月 14 日交易日开始时入场（见图 15.13）。

图15.13

欧元/美元走势中出现底背离，图中标出了入场点和出场点

资料来源：Prophet.net

第15章 综合运用各种交易技术

在技术指标背离后，欧元/美元在接下来一个月内稳步上升。当MACD于2005年3月21日向下穿越回到0轴线下方时，就可以平仓出场，获利约181点。

如果你做了这笔交易，你将赚到约181点，每手合约获利约1810美元。

$$181 点 \times 10 美元/点 = 1810 美元$$

成功的交易

这一次我们将向你展示两个成功的例子，因为底背离信号之后紧跟着就是顶背离信号。根据交易规则，你将在2005年3月20日获得欧元/美元的入场做空信号，因为MACD与货币对价格背离，并且在这天向下穿越回到0轴线下方。看到这一情况，你将在2005年3月21日交易日开始时入场——刚好是上面讨论的那笔交易出场的日子（见图15.14）。

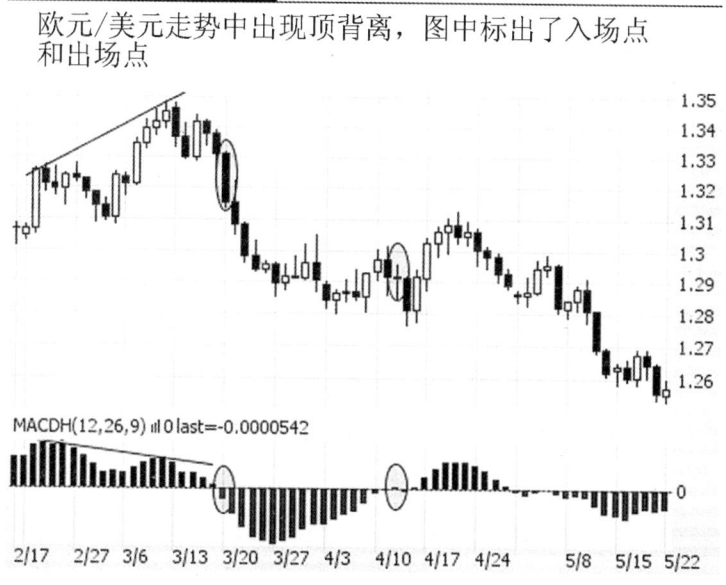

图15.14

欧元/美元走势中出现顶背离，图中标出了入场点和出场点

资料来源：Prophet.net

欧元/美元继续下跌了约 3 个星期。当 MACD 于 2005 年 4 月 13 日向上穿越回到 0 轴线上方时，你终于可以平仓出场，获利约 243 点。

如果你做了这笔交易，你将赚到 243 点，每手合约获利约 2430 美元。

$$243\ 点 \times 10\ 美元/点 = 2430\ 美元$$

更多交易技术

如果能把基本面分析工具和技术面分析工具综合起来灵活运用，你将获得大量在外汇市场获利的机会。从我们之前讨论的 5 个交易技术中就可见一斑。它们只是各种有效交易技术的一小部分，你可以结合其他基本面和技术面工具来发展出数百个交易技术。我们相信在所有工具中，你一定有特别偏爱的几个。你可以选择你最喜欢的或者最适合你的几个工具，结合起来发展出你自己的交易技术。

如果你想要了解更多有效交易技术的案例，可以登陆本书的网站 www.profitingwithforex.com。你可以在上面找到本章的一些免费补充内容，主要介绍我们喜欢的其他交易技术。有了这些交易技术，再加上你自己研发出来的，你就做好了从外汇市场赚钱的准备。

第16章 资金管理

在你出门开户并扎进外汇市场之前,还有一件事情你要知道——投资中最重要的一个方面就是资金管理。资金管理涉及你在一笔交易中愿意拿总资金的多少来冒险,你可以承受多少手合约的风险,以及如何对你的投资策略进行小小的改进来提高你的整体投资绩效。我们知道这部分内容听起来不像本书前面介绍的那些内容那样吸引人,但是在生活中,常常是那些日常不起眼的行为和想法导致最大的改变。适当的资金管理是那些你能一直管理到未来的成功账户和在 6 个月内就打爆的账户的区别。如果你曾在电视上看过扑克比赛,你就可以看到资金管理的影子。你很少会看到参赛者一次性把全部筹码推到桌子中间。在大多数情况下,这都是很愚蠢的行为。如果参赛者一次只拿一部分资金来做赌注,那么无论他这一局是赢是输,他都有机会参与下一局比赛。另一方面,如果参赛者把所有筹码都押到一局上,那他要参与下一局的唯一方法就是这一局必须获胜。这样他的压力就无比大,他必须等待一些更好的牌来证明这一大胆的举动。

管理扑克比赛筹码和投资账户的最重大区别是,扑克比赛涉及的变量是有限的。每张桌子只有 52 张牌,你可以自己估算你在这个风险限定领域的胜算有多高。但是金融市场上有成千上万个变量你需要考虑,在这种情况下要判断你的胜算多高就难得多。飓风来袭、政府丑闻、恐怖袭击等都会对外汇市场产生不可思议的影响，你在交易时就必须将其全部考虑在内。虽然几乎不可能把每一个变量都考虑到，但原则都是一样的——不管今天发生什么，你都要力求存活到可以参与第二天的交易

资金管理陷阱

为了更好地执行一个成功的资金管理体系，你需要知道一些投资者最常遭遇的陷阱。以下就是你在交易中最常遭遇的3个陷阱。

1. 风险控制走极端
2. 临场发挥
3. 不知道哪部分资金真正处于风险之中

风险控制走极端

风险控制走极端意味着你不是过于冒险就是过于胆小。这两种行为主要源于驱动金融市场的两大情绪：贪婪和恐惧。当贪婪占据主导并开始扰乱你的判断时，你就愿意在每笔交易上投入过多资金来冒险，因为你相信（不管出于什么理由）这笔交易将使你大赚一笔。当恐惧占据主导并阻碍你做决策时，你就不愿意在每笔交易上投入足够的资金来冒险，因为你对你的交易决策没有信心。让我们来看看这会对你的交易结果产生什么影响。

大部分投资者会在其投资生涯之初经历一次很成功的交易，从而极大地增强投资的信心。这对投资者来说，本身是一个好事情，但前提是你要懂得如何控制你的情绪。陷阱存在于投资者变得对自己的交易能力过于自信，并且在每笔交易上都过于冒险时。当意外出现时，交易将急转直下，投资者的账户将遭遇巨大亏损，甚至直接被打爆。例如，大部分投资者在任何一笔交易上承受的风险不会超过总资金的2%。他们这样做，是因为他们知道自己不可能每笔交易都正确，如果做错了，他们还可以保留住账

第 16 章 资金管理

户大部分资金以供以后交易。但是,当投资者变得对自己的交易能力过于自信时,他们开始自认为所向无敌,并且在每笔交易上承受的风险越来越大。他们为什么不这样呢?如果他们是如此厉害的投资者,就没有理由选择一个保守的交易计划然后等待账户缓慢稳步增长。如果他们是如此厉害的投资者,他们就可以承受更高的风险来获得成倍增长的利润。但是往往功亏一篑。如果你在风险管理上保守一点,这些亏损就不会让你太狼狈。但是如果你太过冒险,每笔交易的风险太高,那么即使只有一笔亏损,也会让你整个账号遭遇灭顶之灾。

让我们假设这些自负的投资者一开始在任何一笔交易上承受的风险都只占总资金的 2%。但是,随着时间流逝,他们看到越来越多的成功交易,于是想要加快赚钱的速度。为了达到他们高速增长的新目标,他们在每笔交易上承受的风险开始越来越高,因为他们在交易中承受的风险越高,他们的盈利也就越高(只要做正确)。所以他们从占总资金 2% 的风险开始,然后提高到 5%,然后到 10%,最终达到 25%。不幸的是,当他们在交易中把风险提高到总资金的 25% 时,他们失手了。这意味着他们这一笔单就亏损了总资金的 1/4,这是一个超乎绝大多数交易者预期的陷阱。

当你亏掉账户的 25% 时,剩下账户就要增长超过 25%,才能让账户余额回到亏损前的数额。这听起来似乎与直觉不符,但是让我们来解释一下。假设你有一个总资金为 10 万美元的账户,你愿意在一笔单上承受达总资金 25% 的风险,也就是 2.5 万美元,最后这笔交易失败了,你亏掉了 2.5 万美元。现在,你的账户余额变为 7.5 万美元(10 万美元–2.5 万美元 =7.5 万美元)。虽然让账户余额从 10 万美元变为 7.5 万美元,你只需要亏损账户的 25% 即可,但是如果想让账户余额从 7.5 万美元回到最初的 10 万美元,你就必须让账户增长 33%。因为你想让 7.5 万美元增长到 10 万美元,你必须另外赚 2.5 万美元,也就是账户余额的 33%(2.5 万美元÷7.5 万美元=0.33333,约 33%)。所以你只需要亏损 25% 就可使账户余额降到 7.5 万美元,但是要让账户余额再上升到 10 万美元,你的盈利就必须

外汇交易大师的工具与策略

达到33%。

遗憾的是,很多投资者认识到这一点时都有点晚了,他们要么急于找回亏损要么大幅降低风险敞口。那些认为自己必须立即补上亏损的交易者,仅仅为了弥补因25%的风险铸成的大错,开始承受比25%更高的风险。这是一种恶性循环,投资者的亏损越大,他愿承受的风险也越高,反过来又会导致更大的亏损和更高的风险。这些投资者终将打爆账户,然后永远离开投资界。你也许认识一些这样的投资者,从他们嘴里你可能永远听不到关于金融市场的正面评价。

进入另一个极端类型的投资者景况要稍好一些,至少他们不会打爆账户,但是从此就放弃了任何对账户有较好增长的交易机会。那些在遭遇巨大亏损之后就陷入深度恐慌的投资者,会试图尽可能降低风险敞口。这时的风险就不再是25%、10%甚至2%,而是每笔交易的风险几近为零。所以你可以想象,即使这些投资者的交易决策非常正确,但他们的利润仍然很小,所以他们似乎永远都不可能让账户回到从前。当然,这些投资者也可能在这些小数额的交易中找回一部分自信。但是如果不加以注意,他们又会变得过于自信,交易冒进,最后再度回到那种状况。只有那些懂得如何避免陷入这两种极端情绪的投资者,才能拥有一个长时间稳定获利的投资生涯。

临场发挥

临场发挥意味着你没有预先为你的投资制订计划。你有可能对某一笔交易的信心超过对其他交易的信心,所以你决定在这笔交易上承受的风险超过其他交易。或者你可能根本没注意你在每笔交易中承受了多高的风险,所以你在每次决定进场时只是随便想出一个风险额度。不管你是怎么做的,只要你没有预先制定交易计划,你就置自己于潜在的失败中。

投资失败有两种形式,一是没有保护好本金,二是没有高效地增长本金。第一种失败形式我们已经讨论过了。那些风险控制走极端的投资者常

第16章 资金管理

常不能保护好本金。他们一开始过于冒险，在亏掉大部分本金之后，要么继续大幅度亏损直至爆仓要么再也无法赚回本金。第二种失败形式具有一定的迷惑性，因为它看起来还是成功的。举个例子来讲，假设你看到一些投资者的账户在过去数年的年均增长率为20%。表面上，他们看起来是很成功的投资者。但是，如果你知道这些投资者在交易中并没有资金管理计划，而如果有一个良好的资金管理计划，他们就可以让账户在过去数年的年均增长率为40%，那么你还会认为他们年均20%的增长是成功的吗？你一定希望让投资绩效最大化。如果你的年均增长率最高可以达到40%，那么你一定不会满足于20%。

那些临场才匆忙做决定的投资者不会花时间来理解和发展资金管理计划，并根据详细的资金管理系统来交易，从而削弱了自己的实力。当我们了解了本章剩下的内容后，你就知道把资金管理体系运用到你自己的交易中是多么简单和容易，这时你就会进一步发觉不进行资金管理是多么的愚蠢和不幸。

不知道哪部分资金真正处于风险之中

不知道哪部分资金真正处于风险之中通常是投资者不理解外汇市场保证金的概念的结果。保证金是你必须留出的一部分资金，以向交易商保证你账户里有足够的资金来弥补你交易中遭遇的任何亏损。大部分交易商要求迷你账户的每手合约占用100美元，标准账户的每手合约占用1000美元。很多投资者会误以为他们必须留出的这100美元或1000美元，是他们交易中可以亏损的最大数额。但事实并非如此。

假设你有一个10000美元的账户，你买入一手欧元/美元的标准合约。你的交易商会要求占用你约1000美元作为保证金。这意味着你这1000美元将被留起来作为交易商的保证，剩下的9000美元才可用于你的交易。现在的问题是你有多少资金处于风险之中。一些投资者会直觉地以为是那1000美元。但是，事实刚好相反，是那9000美元。如果交易做错，你会

外汇交易大师的工具与策略

亏损到9000美元之后才会收到追加保证金通知。追加保证金通知是你的交易商在你没有资金可亏的情况自动帮你平仓的订单。当你被交易商强行平仓之后,你还会收到最初留起来的那笔保证金——在本例中就是1000美元。

所以你在什么情况下才会亏损9000美元呢?首先,你必须确定一个点的价值。当你交易标准合约时,欧元/美元货币对的一个点是价值10美元。如果你进场买入一手欧元/美元的标准合约,之后货币对价格开始下跌,那么货币对每下跌一个点,你就会亏损10美元。接着,你必须计算欧元/美元货币对要下跌多少点,才会导致9000美元全部被亏完。这时,你只需要用你可以亏损的资金总额——9000美元,除以每一个点的价值——10美元,就可以得到答案,也就是900点(9000美元÷10美元/点=900点)。

我们希望你在看到这里时发现少了什么东西。是的,这里的确少了一样东西,就是止损。如果你不愿意的话,在任何交易中你都不需要冒900点的风险。外汇市场的一大优势就是你可以设置止损来保护自己。所以,你在任何一笔交易中都可以大幅减少你所冒的风险。你可以设置50点的止损,这样你一手约合的风险就只是500美元(50点×10美元/点=500美元),你也可以设置100点的止损,这样你一手合约的风险就只是1000美元(100点×10美元/点=1000美元)。不管你决定在什么地方设置止损,你为满足交易商的保证金要求而留起来的这部分资金,都不会告诉你你有多少资金处于风险中,除非你打算收到追加保证金通知。

理解并认识这些常见的资金管理陷阱,只是避免在你自己的投资中遭遇到的第一步。但是除非你花些时间来发展你自己的交易和资金管理规则,否则你很可能会落入这些陷阱中的一两个中。不过幸运的是,制定资金管理规则是一个异常简单的过程。所以现在就让我们开始吧。

第16章 资金管理

资金管理规则

那些在交易中享受了最大成功的投资者,通常是那些建立了明确交易规则的投资者。这些规则可以帮助他们避免遭遇你刚刚了解到的这些资金管理陷阱,并让情绪处于控制之下。下面列出了3条资金管理规则,你可以将其融入你自己的交易中。

1. 存活到第二个交易日
2. 知道你的风险额度
3. 懂得如何计算交易规模

存活到第二个交易日

存活到第二个交易日或许是你在交易中收到的最重要的一条建议。不管你的交易分析是对是错,只要你可以存活到参与第二天的交易,你就知道你还有赚钱的机会。我们接下来要讨论的两条规则将准确告诉你要在外汇市场存活,必须做些什么,但是只要你理解并坚守第一条规则,你就具有一个超越大部分投资者的优势。

导致大部分投资者做出冒进投资决定的一个因素就是贪婪。当投资者变得贪婪,他们就会承受一些不必要的风险。他们也会花数不清的时间来寻找堪称交易"圣杯"的一个技术指标或一项经济数据。他们相信只要遵照这个指标的指示或者这项经济数据的指向,他们就永远不需要担心交易赚不了钱——他们永远都是正确的。你也会听到他们把这称为"投资秘诀"。

不幸的是,所有的寻找和希望都是无意义的,因为世上没有秘诀。当然,他们或许可以找到一个在过去一段时间内绩效惊人的技术指标,但是市场是发展变化的,这个指标很快就会被其他技术指标取而代之。或者也会找到一个在过去数月市场给予了极大关注的经济数据,并认为他们找到

外汇交易大师的工具与策略

了打开成功之门的钥匙。但是还是那句话，市场是发展变化的，他们总有一天将不得不去寻找其他打开成功之门的钥匙。为了帮助你避免这样一直回到原点的问题，我们将向你展示如何存活到第二个交易日的方法。这样，不管市场如何变化，你都能成功。

知道你的风险额度

你的风险额度是要在你进场之前就要搞清楚的。这条规则是存活到第二个交易日的基本原则。如果你今天在任何一笔交易中都没有拿账户太多资金来冒险，那么明天你的账户中就还有足够的资金来做交易——即使你今天的交易发生了亏损。换句话说，把所有资金都投入到任何一笔或两笔交易中，不是很好的投资做法。因为你永远不知道市场未来将发生什么，所以你永远都不要把所有资金全部押在一个头寸上。

你首先要做的是决定你在任何一笔交易上愿意承受账户多高比例的亏损。一旦做了这个决定，剩下的就只是简单的数学计算。大部分投资者在任何一笔交易上愿意承受的风险水平约为账户余额的2%。虽然这是一个普遍法则，但你自己的账户还是要你自己决定是激进还是保守。如果你想要激进一点，你可以在每笔交易上承受较高比例的风险。如果你想保守一点，你可以在每笔交易上承受较低比例的风险。具体承受多高的风险还是由你自己决定，但是我们要提醒一句——避免走入极端。如果你愿意激进一点，可以考虑每笔交易承受2%~5%的风险。如果你想保守一点，可以考虑每笔交易承受1%~2%的风险。如果你过于冒险，那么你有可能再也无法参与第二天的交易。如果你不敢冒一丁点险，那么你的投资也可能赚不了多少钱。

一旦你确定了一个让你感到舒适的风险水平，接下来要做的就是把数字套入下面的公式。

$$账户余额 \times 风险水平 = 风险额度$$

这里有一个范例。假设你有一个50000美元的账户，你在每笔交易上

第16章 资金管理

愿意承受的风险水平为账户余额的2%。如果你把这两个数字套入公式，你就可以看到你每笔交易的风险额度不会超过1000美元。

$$50000 \text{ 美元} \times 0.02 = 1000 \text{ 美元}$$

有一点你要记住，这个风险额度是你在任何一笔交易上愿意承受的最大风险。如果你只把它看做是一手单的风险额度，而一次交易做两手单，那么你的风险总额就会超出这个风险额度。比如，如果你一次做3手单，你每手单愿意承受1000美元的风险，那么你这一次交易的总风险额度就是3000美元。一旦你确定了你愿意承受的风险额度，接下来你就要计算你的交易规模。

懂得如何计算交易规模

懂得如何计算交易规模是为了预防不必要的风险敞口。交易规模是你在任何一笔交易中购买的合约数量。一旦你知道了你愿意承受的风险额度，你就要确定多大的交易规模不会导致风险总量超过你愿意承受的风险额度。知道你的风险承受能力有多大，但是做的交易却是让账户太多资金面临风险，这对你来说一点好处都没有。

要确定你的交易规模，你首先必须决定在什么地方设置止损。一旦确定了止损位置，你就要计算入场位与止损位之间有多少点，也就是你的止损幅度有多大。之后你所要做的就是把这些数字套入另一个简单的公式中，这个公式是建立在之前用于计算每笔交易的风险额度的那个公式的基础上。

$$\text{风险额度} \div (\text{止损幅度} \times \text{每点的价值}) = \text{合约数量}$$

注意一点，虽然你可以在你投资的任何市场使用这个方法，但是在外汇市场使用具有较高的优势，因为你的止损是有保障的。在你制定资金管理规则时，这就是一个绝妙的好处。

这里有一个范例。假设你每笔交易愿意承受1000美元风险，并且发现了欧元/美元货币对的一个入场机会（见图16.1）。你在1.1900入场买入了该货币对。你决定把你的止损设在 1.1850，也就是止损幅度为 50 点（1.1900－1.1850＝0.0050，也就是 50 点）。如果标准合约中欧元/美元货币对的一个点价值 10 美元，把数字套入公式就会是下面这样：

$$1000\ 美元 \div (50\ 点 \times 10\ 美元/点) = 2\ 手合约$$

或者

$$1000\ 美元 \div 500\ 美元 = 2\ 手合约$$

图16.1

欧元/美元货币对走势图，用于计算交易规模

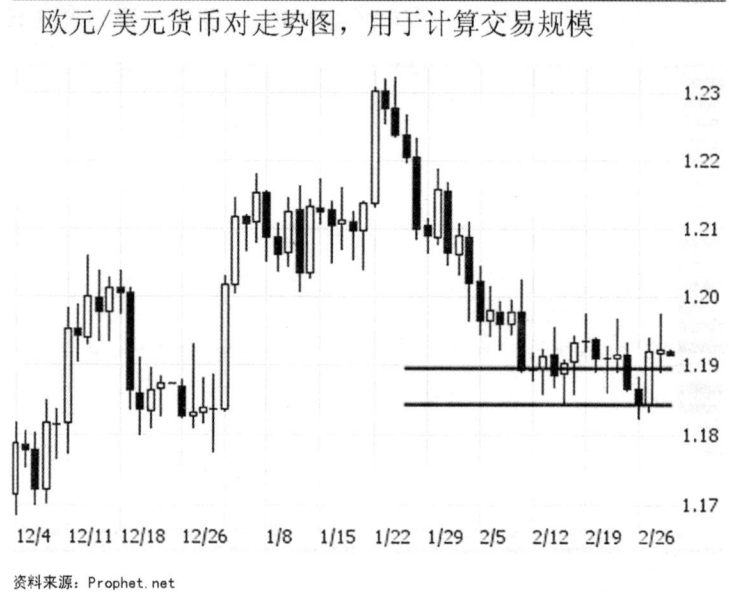

资料来源：Prophet.net

一旦你通过这两个公式计算出了你愿意承受的风险额度以及相应的交易规模，你就剔除出了投资中所有的猜测成分。你夜晚可以安心入睡，因为你准确知道你账户中有多少资金在冒险，并且不管今天发生什么，你都有机会参与第二天的交易。

第 16 章 资金管理

小结

理解并持续运用资金管理规则，将有助于你避免大部分个人投资者都会遭遇的常见陷阱。我们常常会遇到一些投资者因为变得贪婪或自负，而亏损了账户大部分资金。如果他们能够制定并坚持一些简单的资金管理规则，他们不仅可以防止单次大幅度亏损，还会有所获益。有时候这听起来太过简单，但是掌握你的风险状况，你不仅可以存活到第二天，还可以使你的盈利水平大大上升一个台阶。

第 17 章　准备开始

到了这里,你对外汇市场的了解可能超过了美国 99% 的人。现在的问题是,你会怎么处理你学到的这些知识?基本上你有以下三种选择:

1. 你认为你在本书学到的这些知识都很好,但是你不认为外汇市场是一个很好的投资场所,所以你不会考虑投资外汇市场。

2. 你对本书概述的这些内容非常感兴趣,你想要进入外汇市场以利用它的优势,但是你却没有时间参与外汇交易。

3. 你有兴趣,有时间,也想要对外汇市场了解更多,并且打算投入一笔钱自己做交易。

忠告

外汇市场并不适合每个人。有些人无法适应这么大规模的全球性市场。有些人不习惯这些新术语和放大的杠杆。而有些人则只是不想涉足任何新领域——他们非常满意现状。我们都能理解。如果你认为外汇市场不适合你,我们也希望你阅读本书后至少学到一点东西。请记住一点,一旦你改变了主意,你随时可以参与外汇交易。外汇市场永远都在那里,为那

第17章 准备开始

些有足够耐心投资的人产生源源不断的收益。

让专家为你赚钱

世界上没有任何一个市场比外汇市场更令人兴奋或更具有盈利潜力。当然，要掌握驱动外汇市场的基本面因素并灵活运用你在交易中学到的知识，需要花费一定时间。如果外汇市场巨大的盈利潜力令你向往，你只是没有这么多时间来学习交易成功所必需的所有知识和技术，那也别灰心，你还是可以参与外汇市场并把利润带回家。

专业外汇交易者每天都会参与这个市场，并为那些想要寻求专业指导的人提供服务。那些可以为你提供这种帮助的外汇专业人士被称为"商品交易顾问"（CTAs）。商品交易顾问的工作类似于共同基金经理，可以为你做所有的工作。你只需要看着你的账户余额就好了。但是，选择商品交易顾问的一个优势就是，你可以享有外汇市场带来的所有好处。你可以享有税收优惠和放大的杠杆，也可以随时进场交易，不管是白天还是晚上都可以。

如果你不想自己操心但又想让外汇市场为你赚钱，你可以登录网站www.OuroborosCapital.com，看看我们的商品交易顾问可以如何帮你从这个世界最大规模的金融市场赚钱。但是请记住，外汇市场只有在你将其作为多样化投资组合的一部分时，才能展现最大的优势。继续投资股票市场，继续购买债券，继续做你正在做的一切成功的事情，然后你才能真正享受到外汇市场无与伦比的优势。

我准备好进场了

对于那些无法理解自己为什么到现在都还没有参与外汇交易，并且想要马上投身外汇市场的人来说，目前最好的办法是先做练习。也许你会犯

外汇交易大师的工具与策略

的最大错误就是太早开始实盘交易。如果你保持耐心，确定你已经掌握了你需要掌握的知识和技能，你就可以享受成功的喜悦了。

我们说的做练习，是指在交易商那里开一个练习账户，也就是模拟账户。凡是正规的交易商都可以为你提供模拟账户，你可以用这种模拟账户来做练习以提高你的交易技能。所以交易的第一步是选择外汇交易商。我们在下面列出了我们认为值得信赖的各个外汇交易商的名字，它们是按字母顺序进行排列的。

盈丰财资市场（CMC Markets）www.cmcmarkets.com

西迈斯外汇（CMS Forex）www.cmsfx.com

德福外汇（Direct Forex）www.directforex.com

福汇集团（Forex Capital Markets）www.fxcm.com

嘉盛集团（Gain Capital Group）www.forex.com

全球外汇交易公司（Global Forex Trading）www.gftforex.com

哈特斯巴特外汇网有限公司（HotSpot FX）www.hotspotfx.com

银特贝克（Interbank FX）www.interbankfx.com

MG金融集团（MG Financial Group）www.mgforex.com

奥安达公司（Oanda）www.fxtrade.oanda.com

RJO期货公司（RJO Futures）www.rjofutures.com

可以了解一下这些交易商，然后选择在其中一个那里注册模拟账户。注册成功之后，你会收到来自这个交易商的指令，根据这些指令来下载软件并开始交易你的模拟账户。利用我们在本书讨论的这些工具和技术，看看你可以赚到多少利润。有时间别忘了登陆www.profitingwithforex.com，以确保你掌握了我们免费提供的所有工具、技术和报告。

在你练习的同时，你或许还想继续扩充你的外汇交易知识。如果你真的想把外汇交易作为你的全职工作或者赚外快的工具，你就需要尽可能多

第 17 章　准备开始

地掌握这些知识并勤加练习。我们建议你尝试一下 www.INVESToolsCT.com 上的程序。这个程序是我们开发的，我们对其了如指掌，所以热情向你推荐。你将会获得综合的训练材料、对外汇市场的新见解，以及最重要的是，有一个一路陪伴着你帮助你避开重大陷阱并利用好一切可利用的机会的教练。

结　语

　　外汇市场是目前世界上最大的金融市场。全球化使得世界变得越来越小，各个国家和经济体之间相互交换商品和服务变得越来越频繁，外汇市场也将变得越来越有活力。你生命中有多少次眼睁睁看着一辈子只有一次的机会从你眼前溜走，然后捶胸顿足，希望自己在这个机会到来时具有勇气或者远见及时将其抓住？现在就是其中的一次。你每天看着外汇市场波动而不参与，你就是在错失可以大幅提高你资产的好机会。

　　把自己从对股票市场和美国经济的担心中释放出来吧。如果股票市场上涨，你所有的账户都可以赚钱。如果股票市场下跌，你就可以用外汇市场赚的钱来进行弥补。不管你是经验老到的投资者还是投资菜鸟，你都可以利用外汇市场强大的盈利潜力获利。外汇市场向每个人都敞开了怀抱。来看看它能为你做些什么吧。

附录　肥尾事件(小概率事件)

钟形曲线（又称正态分布曲线）是统计学里一个最基本的概念。钟形曲线得名于它钟一样的外形——最高点在中间，两头迅速下降，到底部时向两边平缓延伸直至消失（见图 A.1）。我们在本书中关注的就是曲线的尾巴段。

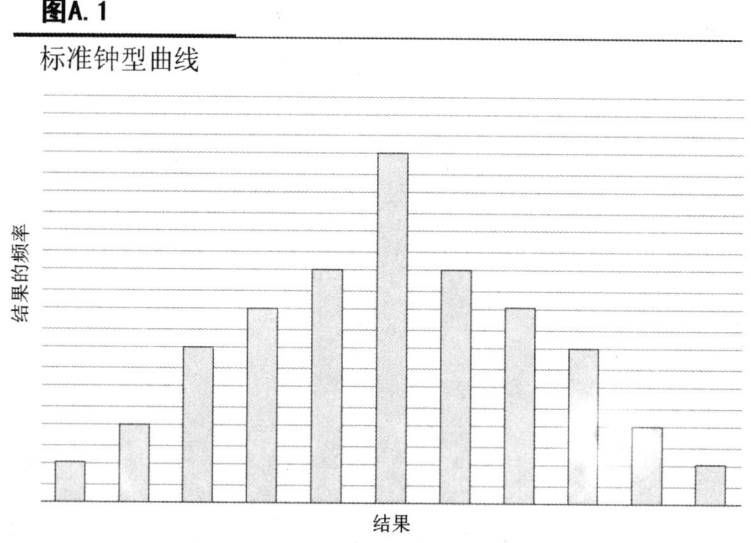

图A.1
标准钟型曲线

资料来源：Ouroboros Capital Management, LLC

外汇交易大师的工具与策略

钟形曲线中间部分代表的是大部分行为发生的区域。例如，当你掷一对骰子时，你有很高的概率会掷到 7，因为两个数字加起来等于 7 的组合最多——你可以掷一个 6 和一个 1，一个 5 和一个 2，一个 4 和一个 3 等等。一共有 6 个不同的组合可以让你掷到 7。接下来你可能掷到的数字是 6 和 8。这两个数字也可以通过不同的数字组合来得到，但是组合的数量就不如 7 多，只有 5 种不同的组合可以让你掷到 6 或 8。接下来可能掷到的数字就是 5 和 9，再下来就是 4 和 10，以此类推。你掷到概率最小的两个数字是 2 和 12。这是因为要掷到这两个数字中任何一个数字，都只有一个数字组合——1 和 1 得到 2，6 和 6 得到 12。所以如果我们要用曲线图来表示掷到各个数字的概率大小，就会得到像图 A.2 这样的曲线图。

在标准版本的钟形曲线中，曲线两头的尾巴都是平缓和狭窄的。如果我们足够幸运或者不幸掷到了两次两点而不是一次两点，那么我们的钟形曲线会怎样呢？它会使曲线左边的尾巴变肥，就像你在图 A.3 中看到那样。

图 A.2

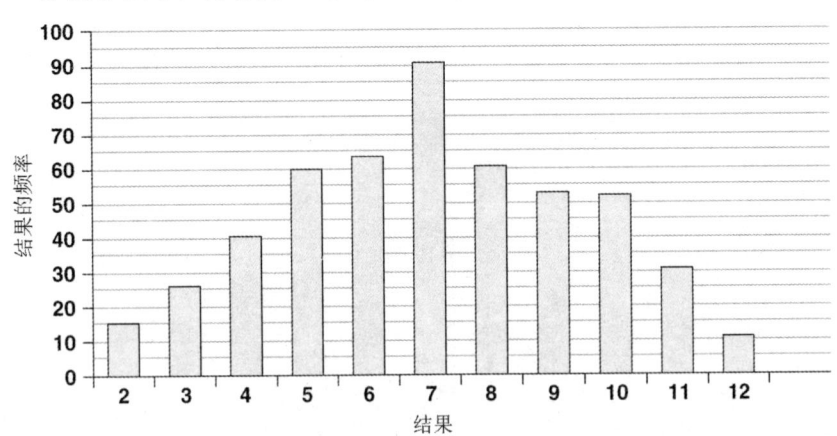

一共掷了 500 次骰子，掷到 11 个数字中每个数字的概率都分别标在了图中，形成了一条钟型曲线

资料来源：Ouroboros Capital Management, LLC

附录　肥尾事件（小概率事件）

图A.3

一共掷了500次骰子，实际掷到11个数字中每个数字的概率都分别标在下面图中，形成了一条不标准的钟型曲线

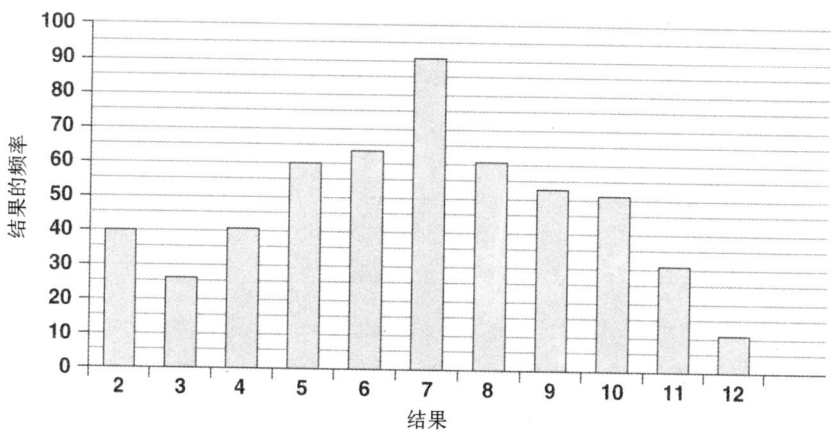

资料来源：Ouroboros Capital Management, LLC

图 A.3 中的钟形曲线有一条肥尾。肥尾都是生活中发生意外事件的结果。在生活中你要铭记一点，你永远都不可能预料到发生在你身上的每一件事。所以你应该做好意外准备。